# 21세기 선진국에 진입한 한국사회

제국주의 **침략과 내부 모순을 극복한** 대전환의 역사과정

# 21세기 선진국에 진입한 한국사회

박석흥 편저

이담
Books

# 머리말

　한국은 제2차 세계대전 후 출범함 140여 개 신생 독립국가 중 건국·산업화·민주화를 제일 먼저 달성한 국가다. 2010년에는 원조받던 나라가 다른 나라를 돕는 기적의 역사를 이룩했다. 뉴스위크가 선정한 '세계 최고의 나라' 15위 국가로도 뽑혔다. 국제 교역량도 2010년 10위 국가다. 그러나 새로운 꿈을 안고 출범한 한반도의 뉴밀레니엄 서막은 불확실성의 연속이다. 1989~91년 유럽 사회주의 국가 몰락으로 냉전은 갔으나 밀레니움 첫 10년 한반도는 미국·중국의 분쟁 예상 지역으로 떠오르고 북한의 핵전쟁 위협을 받고 있어 평화는 불안하다. 경제 통계는 좋아졌으나 분배는 악화되어 빈부 격차가 심해지고 있다. 대기업의 주식이 외국인에게 많이 넘어가 일부 한국 경제 방향은 외국인이 결정하고 노사분규로 많은 생산공장이 외국으로 이전하여 청년실업은 늘고 있다. 새 국제질서 개편이 본격화된 21세기 벽두 선진국에 진입한 한국사회의 격동과 진통은 각별한 것이다. 사법부·언론사·행정부·시민단체·국회·정부지원위원회 등 모두 부조리로 몸살을 앓고 있다. 정치, 경제, 사회, 문화 각 분야에서 구체제의 한계 때문에 많은 모순이 드러나 새 밀레니엄 초 우리 사회의 정체성 위기와 문화 혼란은 심각한 것이다. 이념 대립으로 건국 60주년 경축행사도 제대로 못했다. 정치적 목적에 의한 선전선동이 한국인의 바른 역사인식과 정체성 합의도 방해하고 있다. 군정 32년을 마감하고 출범한 김영삼 정부는 이승만, 박정희 정부를 부도덕한 정권으로 평가하며 상해 임정에서 김영삼 정부로 연결되는 대한민국사 새 정통성을 주장했다. 김영삼, 김대중, 노무현 세 정권의 이승만·박정희 정부를 부정하는 자학사관은 대한민국의 정체성, 정통성 혼란은 물론 세대 간 이념 갈등도 일으켰다. 좌편향정권 10년간 제기된 자학사관 논쟁은 한국사회 발전의 역사적 진실과 다소 거리가 먼 검증되지 않은 정치적 선전선동도 많았다. 전 정권이 검인정한 현대사교과서의 157항목의 오류를 이명박 정부가 수정할 대상으로 발표할 정도였다. 국민의 역사 의식과 한국사회에 대한 인식이 지금처럼 혼란스러웠던 시대는 일찍이 없었다. 좌편향정부 집권의 후유증도 한 원인이겠지만 시대정신과 국가 정체성도 정립하지 못한 한국 현대문화의 빈곤에서 비롯된 것이다. 고급문화를 선도해야 할 학술, 종교, 언론이 제자리를 정립하지 못해 혼미한 사회를 바로잡지 못하고 있다. 한국인의 정체성과 새 문화 방향을 제시해야 할 역사의식은 중국 동북공정과, 일본의 오리엔탈리즘 부활 속에, 북한의 대한민국 폄훼에 동조하고 있는 종북사관의 도전으로 사면초가다. 언론의 혼미도 마찬가지다. 강력한 권위주의 정권에 맞서 한국 민주주의 발전에 기여한 한국 언론도 대기업으로 발돋움했으나 정파주의 언론이었다는 비판과 언론 기업과 언론인의 윤리의식 제고를 지적받았다. 폭발적인 성장을 한 종교도 종교 본연의 사제적 기능과 예언자적 기능을 상실했다는 비판을 받고 있고 공교육도 무너졌다. 고급문화의 추락이 심각하다.

경술국치 100년, 6·25 60돌이었던 2010년 한국은 G20 회의 주관 국가로 부상했으나 100년 전 일본의 침략과 60년 전 중국의 한국 침략에 대한 공식 사과도 받지 못한 채 한반도가 다시 중국, 미국, 일본이 각축하는 화약고로 세계의 관심지역이 되었다. 한국이 21세기에 다시 분쟁 지역화될 위험을 안고 있다는 것이다. 망국의 치욕과 선진국 진입의 영광이 쌍곡선을 그린 100년은 바로 오늘의 한국사회의 자화상이다. 한국사회가 어떻게 돌아가는지를 이해하려면 한국사회에 영향을 미치는 사회적·역사적 과정에 대한 관계와 구조적 종합적 인식이 필요하다. 건국 세대와 해방 후 1세대의 피와 땀의 노력으로 선진국에 진입하고 있는 한국사회는 1997년 IMF관리체제로 편입한 후 해고, 부도, 이혼, 자살, 노사분규 등 사회갈등의 폭주도 경험했다. 세기말, 세기 초의 대변혁과 IMF라는 역사적, 사회 구조적 상황 변화에 따른 충격적인 현상이 돌출한 것이다. 21세기 한국사회는 IMF 충격에 이어 대중사회화, 정보사회화, 세계화, 새로운 국제질서 개편 등의 대전환으로 역사상 겪어 보지 못했던 혼란스러운 체험을 하고 있다. 분배 형태에 따른 평등과 불평등, 균형과 불균형, 조화와 갈등, 우호와 적대, 동등함과 지배 등 다양한 현상도 나타나고 있다. 한국이 6·25전쟁의 참화로 최빈국이었던 50년대 큰 도시 다리 밑에 즐비했던 거지가 김영삼, 김대중 정부시절 서울 지하도의 노숙자로 재등장하기도 했다. IMF 후 일어난 이러한 사회 현상이 왜 생기고 또 어떻게 극복할 것인지를 이해하려면 개개인들의 삶에 영향을 미치는 사회적 조건과 역사적 요인에 대해 구조적이고 종합적으로 접근하여 해석하는 사회학적 상상력이 필요하다. 이 사회학적 상상력은 한국사회가 모든 구성원의 기회를 공평하게 하고 자원과 소득의 공정한 분배를 하게 하기 위해 사회의 구조적 특성과 역사적 관계를 생각하게 하는 접근 방법이다. 역사적·사회학적 상상력은 사회현상이 과거의 역사적 유산 속에서 형성되었다는 전제 아래 새 사회 현상과 과거의 생활양식과 어떻게 다르며 어떠한 방식으로 변화할 것인지를 파악하고 예측하는 것이다. 전근대에서 근대로 다시 선진사회로 진입하는 한국사회의 급격한 변화를 이해하기 위해서 역사적 접근과 비판적 상상력이 필요한 것이다.

21세기는 문명사적 대전환의 시대다. 전자과학의 발달이 가져온 전자기술 고도기술사회의 파급 효과는 한국사회에도 미쳤다. 경제 활동의 지구화, 네트워크형 조직화, 작업의 유연화와 불안정화, 노동의 개인화, 문화의 가상화 시대가 되었다. 경제도 지구경제화 시대가 되었다. 세계적 규모의 경제활동이 실시간으로 진행된다. 지구경제 시대는 생산과정 장비 물품과 서비스 등이 빠른 속도로 용도폐기되고 있으므로 장기적 소유가 단기적 접속보다 불리해지게 된다. IT의 사회구조적 충격은 요소 간의 연결망이 강화되는 네트워크 사회로 구체화했다. 네트워크사회는 느슨하게 연결되어 서로 파동적 영향을 주고받음으로써 사회체계를 유동적 상태로 전환시킨다. 사이버 공간의 가상세계, 가상현실이 제공하는 사회적 충격이 사회 문제가 되기도 한다. 정보화 사회가 되어 한국사회에도 큰 변화가 나타났다. 첫째, 가치 규범이 변했다. 규격화에서 탈규격화로, 집중화에서 분산화로, 동시화에서 비동시화로, 분업화에서 통합화로, 극대화에서 축소화로, 중앙집권화에서 분권화로, 한마디로 전 시대의 획일화된 규범을 약화시키고 있다. 둘째, 정보 체제의 변화로 신문보다 텔레비전, 텔레비전보다 인터넷의 파급효과가 커졌다. 셋째, 고령화, 이혼자, 미혼자 증대로 단독 세대가 늘고 있다. 이혼, 다문화 가정, 세대 간 갈등 등 한국 전통 가족의 주의가 붕괴되고 있다. 빈부 격차 심화, 교육평준화 실패 등 양극화 현상이 나타나고 이념 대립, 지역대립 등 한국사회의 격변에 따른 변화가 사회 문제가 되고 있다. 국가의 정체성까지 뿌리째 흔들리고 있는 한국 현대사회의 갈등과 모순을 검증하기 위해선 한국사회와 한국 고급문화와 담당 파워엘리트를 재조명할 필요가 있다. 한국사회를 재조명하고 고급문화의 빛과 그림자를 실증적으로 분석 재평가하여 새 문화 방향 설정을 모색하여야 할 것이다. 21세기 초 격동의 변화 속에서 한국사회를 재조명, 새로운 국제 질서 형성에 대응할 새 좌표를 제시하는 것이 이 시대 지성의 과제다. 선진국 문턱에 들어선 한국사회의 내재적 동력과 걸림돌을 분석 검증하고, 한국 현대사의 중요한 변수였던 국제관계도 재인식해야 한다. 그리고 북한주민의 생존과 자유를 유린하고 남한에도 핵전쟁을 협박하는 '이상한 정치 집단'의 선전선동의 실체도 바르게 인식하는 역사적 탐구를 통해 민족통일의 바람직한 방향 설정도 모색해야 할 것이다. 한국사회 이해는 기왕의 당파, 지역, 인물, 이데올로기 위주의 후진적이고 도식적인 이해를 뛰어넘어 대한민국의 건국, 6 · 25 극복, 경제성장과 민주화 등 한국의 현대 정치 경제사의 실체 확인뿐만 아니라 국제 경쟁력 있는 예술, 체육, 대중문화, 학술의 발전을 역사적 사회과정을 종합적으로 정리하며 분야별 변천사와 문제점도 고찰해야 한다. 한국의 선진화를 발목 잡는 타기할 낡은 정치의 이중성과 후진성도 역사적으로 정리하여 반면교재로 삼으며, 이 시대 한국사회의 진정한 개혁이 무엇인지를 규명해야 할 것이다.

'21세기 선진국에 진입한 한국사회'는 편저자가 1960년대 말 언론사에 들어와 2010년까지 경향신문, 문화일보, 신동아, 대전일보 등에 보도했던 기사 · 칼럼 · 취재노트와 한국외국어대학교, 건국대학교, 대전대학교, 건양대학교에서 10년간 강의했던 자료와 학생들이 제출한 리포트를 정리한 것이다. 이 책을 출간하며 학술전문기자로 대학교수로 일할 수 있게 도와주시고 교육과 대학문제에 대한 자문을 해 주신 아버지(박재규 전 인천대학교 총장)와 자유당 말기 제1공화국 국무회의록을 넘겨주시며 4 · 19를 정리해 보라고 격려해 주신 신두영 전 감사원장, 어머니(류정숙 3 · 1여성동지회 명예회장), 아내(황규인) 그리고 남시욱 전 문화일보 사장, 김희수 건양대학교 총장, 신극범 전 대전대학교 총장, 신수용 대전일보 사장에게 감사한다. 한국학술정보(주) 채종준 대표이사와 김남동 기획위원, 김소영 편집자, 이종현 디자이너의 친절한 도움으로 책이 나온 것을 고맙게 생각한다.

2011년 1월

박석흥

# CONTENTS

# CHAPTER 01

# 21세기
# 한국사회의 이해 서론

# 21세기
# 한국사회의 이해 서론

## 1. 대전환의 한국사회와 사회학적 상상력

한국사회는 1997년 IMF관리체제로 편입한 후 해고, 부도, 이혼, 자살, 노사분규 등 사회 갈등이 폭주했다. 세기말 세기초의 대변혁과 IMF라는 역사적, 사회적 상황 변화에 따른 충격적인 현상이다. 사회는 가정, 직장, 애정, 우정, 핏줄, 재화, 종교, 노동력, 권력, 국가, 군사력 등 다양한 요인이 상호 작용하는 여러 개체의 집합체다. 다양한 사회적, 자연적, 물질적, 정신적 조건이 상호 영향을 미치는 복합적인 조직이다. 21세기 한국사회는 IMF 충격에 이어 대중사회화, 정보사회화, 세계화, 새로운 국제질서 개편 등의 대전환으로 역사상 겪어 보지 못했던 혼란스런 체험을 하고 있다. 분배 형태에 따른 평등과 불평등, 균형과 불균형, 조화와 갈등, 우호와 적대, 동등함과 지배 등 다양한 현상이 나타나고 있다. 한국이 6·25전쟁의 참화로 최빈국이었던 50년대 도시 다리 밑에 기거했던 거지가 김영삼, 김대중 정부시절 서울 지하도의 노숙자로 재등장했다. 극심한 노사분규로 기업들은 해외로 빠져나가고 공장이 줄어들자 한국 산업화의 동력이었던 공대의 매력이나 사회적 영향력도 약화되고 있다. IMF 후 일어난 이러한 사회 현상과 사회가 어떻게 돌아가는지를 이해하려면 개개인들의 삶에 영향을 미치는 사회적 조건과 역사적 요인에 대한 구조적 종합적 사고가 필요하다. 밀즈(C. Mils)의 사회학적 상상력(sociorogical imagination)이 한국사회 이해의 한 방법이다. 사회와 사회 속의 개인을 이해하기 위해선 개인들의 감정, 의식,

가치, 규범, 의도, 행위, 처지 등이 어떠한 사회적 관계 및 조건 속에서 형성되고 작용하는 지를 생각하는 사회학적 상상력이 필요한 것이다. 사회학적 상상력은 사회가 모든 구성원에게 기회를 공평하게 제공하고 자원과 소득의 공정한 분배를 생각하게 하는 접근 방법이다. 영국의 사회학자 기든스(A. Giddens)는 사회학적 상상력을 역사적, 인류학적, 비판적 상상력 등으로 접근했다. 역사적인 사회학적 상상력은 현재의 모습이 과거의 역사적 유산 속에서 형성되었다는 전제 아래 현재의 생활양식이 과거의 생활양식과 어떻게 다르며 어떠한 방식으로 변화했는지를 파악하는 것이다. 전근대에서 근대로 다시 선진사회로 진입하는 한국사회의 급격한 변화를 이해하기 위해서 역사적 접근과 비판적 상상력이 필요하다.

새로운 꿈을 안고 출범한 한국의 뉴밀레니엄 서막이 불확실성의 연속이다. 냉전은 갔으나 한반도는 미국, 중국의 분쟁 지역으로 떠오르고 김대중, 노무현 좌편향정부 10년 이후 국가 정체성과 안보가 흔들려 평화는 불안하다. 경제 통계는 좋아졌으나 분배는 오히려 악화되어 빈부 격차가 심해지고 있다. 국가 파산의 위기를 극복하고 선진국 문턱에 들어섰으나 대기업의 지배 구조는 외국에 넘어갔다. 새 국제질서 개편이 본격화된 21세기 벽두 선진국에 진입하는 한국의 격동과 진통은 각별한 것이다. 사법부·언론사·행정부·시민단체·국회·정부지원 위원회 등 모두가 부조리로 몸살을 앓고 있다. 정치, 경제, 사회, 문화 각 분야에서 구체제의 한계 때문에 많은 모순이 드러나 새 밀레니엄 초 우리 사회의 정체성 위기와 문화 혼란은 심각한 것이다. 이념 대립으로 건국 60주년 경축행사도 제대로 못했다. 정치적 목적에 의한 선전선동이 한국인의 바른 역사인식과 정체성 합의도 방해하고 있다. 김영삼, 김대중, 노무현 세 정권은 세계가 경이의 눈으로 보는 대한민국 건국 60년 역사를 친일 독재 외세 의존의 부끄러운 역사로 평가했다. 군정 32년을 마감하고 출범한 김영삼 정부는 이승만, 박정희 정부를 친일 부패 독재로 단죄하며 상해 임정에서 김영삼 정부로 연결되는 대한민국 새 정통성을 주장했다. 김영삼, 김대중, 노무현 세 정권의 이승만, 박정희 정권을 부정하는 자학사관은 대한민국의 정체성, 정통성 혼란은 물론 세대 간 이념 갈등도 일으켰다. 역사 해석엔 이견과 논쟁이 있을 수 있지만 그 논쟁은 진실에 바탕을 둔 것이었어야 한다. 김영삼, 김대중, 노무현 시대 한국 현대사 논쟁은 정치적 선전선동에 휩쓸려 역사적 진실과 거리가 다소 먼 감정적인 것이었다. 김대중, 노무현 정부가 검인정한 현대사교과서의 157 부분의 오류를 이명박 정부가 수정할 대상으로 발표할 정도였다. 많은 역사책과 논문이 쏟아져 나왔고 역사를 말하는 사람이 많았지만 국민의 역사의식이 지금처럼 혼란스러웠던 시대는 일찍이 없었다. 좌편향정부 집권 10

년의 후유증도 한 원인이 되었지만 시대정신과 국가 정체성도 정립하지 못한 우리 문화의 빈곤에서 비롯된 것이다. 건국 60년 한국사회는 중국·일본·북한과의 역사전쟁과 친북자학사학의 도전으로 혼란스러웠다. 일제식민사학을 완전히 청산하지 못한 상황에서 고조선·부여·발해·고구려 역사를 중국 변방사라고 주장하는 중국 동북공정의 도전과, 일제 침략이 한국을 각성시켰다고 주장하는 일본의 오만한 오리엔탈리즘 부활 속에, 주체사관을 추종하는 친북 세력들은 북한의 대한민국 60년 역사 폄훼에 동조하고 있어 한국사학은 사면초가다. 전통문화를 창조적으로 계승하고 발전시키며 시대정신을 이끌어야 할 언론의 혼미도 마찬가지였다. 강력한 권위주의 정권에 맞서 한국 민주주의 발전에 기여한 한국 언론도 대기업으로는 발돋움했으나 정파주의 언론이었다는 비판과 언론 기업과 언론인의 윤리의식 제고를 지적받았다. 애국계몽에 앞장섰던 종교가 폭발적인 성장을 했으나 종교도 종교 본연의 사제적 기능과 예언자적 기능을 상실, 사회 빈축의 대상이 되고 있다. 공교육도 무너졌다. 좌편향정부 집권 후 이런 사회 모순이 드러나고 있지만 한국은 세계 15위권의 경제대국으로 성장했다. 학술, 언론, 종교 등 고급문화를 선도한 건국세대와 해방 후 1세대의 노력으로 한국은 지금 선진국에 진입하고 있다. 그러나 사회 각 분야의 정체성 혼란 극복이 심각하다. 그 극복이 현안이다.

## 2. 선진국에 진입한 한국사회의 빛과 그림자

일제식민지로 전락한 경술국치 100년, 6·25 60돌이었던 2010년에, 대한민국은 중공의 한국침략이 정의로운 전쟁이었다는 중국의 6·25 관련 망언과 일본군의 한국 안보참여 계획 발표를 동시에 들었다. G20 회의를 주관했다고 자축했으나 100년 전 일본의 침략과 60년 전 중국의 한국 침략에 대한 공식 사과도 받지 못한 채 한국이 다시 분쟁 지역화될 위험을 안고 있는 것이다. 망국의 치욕과 선진국 진입의 영광이 쌍곡선을 그린 100년 역사를 반추하며 역사적 교훈과 민족의 새 진로를 설정해야 할 시점이다. 식민지 전락의 치욕과 10대 선진국 진입의 성취가 점철된 100년의 역사를 어떻게 해석하느냐는 우리의 미래를 어떻게 열 것인가 하는 문제와도 직결된다. 민족 공동체 삶의 기록인 역사는 그 삶의 노력이 현명했던가 현명하지 못했던가, 역사적 과제를 과감하게 해결했는가 해결하지 못했나, 문화의 한계를 극복했나 아니면 정체됐나, 문화가 탄력성이 있었나 단조로웠나,

세계사의 진전에 기여했나 기여하지 못했나, 대외 교섭 관계의 융통성 여부 등의 잣대로 평가된다. 지난 100년의 한국 역사는 국내외 파동과 혼란의 되풀이와 그를 극복하는 고난의 연속이었다. 좌우 이념 대립의 갈등, 저질 정치, 부패행정 등의 모순을 안고서도 우리는 다른 민족이 200년 걸려서도 못 이룰 과제를 불과 60년의 짧은 기간에 달성, 10대 선진국 대열의 문턱에 들어섰다. 국제공산주의와 김일성 주체사상의 직·간접 침략과 위협 속에서도 한국이 이룩한 민주주의와 압축 경제성장을 세계는 놀라워하고 부러워하고 있다. 그러나 한국 정치가들은 이 반백년의 역사 창조를 버려야 할 부끄러운 유산이라고 폄하하는 사람이 많다. 새 역사 창조를 위한 반성은 바람직하지만 한국 현대사를 치욕의 역사로 혹평하는 자학적인 사관은 사회통합을 어렵게 한다. 사회가 지향해야 할 새 문화 목표 설정은 역사의 바른 전망을 세울 수 있는 역사철학에 달려 있다. 국민 각자가 그런 역사적 신념을 가질 수 있도록 역사인식이 건전해야 할 것이다. 조선왕조가 역성혁명을 하고 정리한 고려사의 열전에 등장하는 인물들은 그들이 활약했던 시대의 모순과 한계를 극복하려고 노력한 출중한 인물들로 평가되고 있다. 그런데 좌편향 세력들은 이승만, 박정희 대통령까지 추악한 인물로 매도하고 있다. 식민지 시대와 기백만의 동족을 살상한 6·25 동족상잔의 후유증이라고는 하나 분노와 증오로 얼룩진 이 자학사관으로는 역사가 바르게 정리될 수도 없고 바람직한 미래를 그릴 수도 없다. 이 자학적인 역사관의 영향으로 국권 상실기에 선각자들의 애국 계몽으로 심어 준 일반 국민의 공동체 의식과 나라사랑 정신까지 퇴색되고 이념 논쟁과 계급투쟁 의식만이 선명하게 되었다. 이러한 사회 분위기는 국치·광복·대한민국사를 제대로 비판 정리하여 국가의 정체성을 인식시키는 국민교육을 충실하게 하지 못한 정치문화의 한계에서 비롯된 것이다. 현대사를 정리하여 국민의 바른 역사의식을 선도하는 작업이 시급하다. 우리 민족은 수천 년간 각 시대의 모순과 한계를 극복하는 과정에서 새롭게 살 수 있는 역량을 배양해 왔다. 안으로 사회 모순을 개혁하고자 하는 진통과 밖으로부터 오는 거센 파도를 극복하는 과정에서 우리가 살아갈 수 있는 능력을 증대, 새로운 생활을 운영할 수 있는 가치 기준을 설정하여 왔다. 그것이 전통이다. 하여야 할 것과 하지 말아야 할 것을 구분해 합의했다. 그러나 아직도 식민지 시대를 청산하지 못해 역사의 의미, 전통 의미를 바로 알지 못해 오늘날 삶의 의미도 바로 세우지 못하고 방황하고 있다. 이러한 문화 혼란을 극복하는 방법이 무엇인가. 전통문화를 바르게 인식하는 것이 미래의 방향 설정의 초석이 된다. 전통문화 정리와 함께 근·현대 문화도 검증해야 한다. 압축 성장과 광복 직후 국가 건국 과정, 김일성 남침에 대항하는 헌법 수호 과정에서 있었던 잊어버리고 싶은 참담한 일도 객관적으로 정리돼야 한다. 한국 전통문화와 현대사의 진정한 의미와 실상을 제대로 인식하지 못한 특수 분야 전문가들이 단편적인 사건과 이념에 맹목이 된 한국 현대사 왜곡에서 벗어나야 한다. 구소련의 문서 공개로 허구가 된 브루스커밍스류의 6·25 수정주의 사관을 따르는 많은 현대사 논문과 저술이 그런 것들이다. 기백만 동포를 학살한 전범 김일성과 북한주민을 희생시킨 김정일은 포용하면서 대한민국사를 폄하하는 종북자학사관의 영향은 심각하다. 편향된 시각에 의한 흑백 논리의 역사 재단은 사실 왜곡은 물론 흑백논리 교육을 받은 사람들이 법조, 언론, 정치, 행정 요직에 진출하는 많은 문제를 야기하고 있다. 현대 100년 역사 정리는 안으로 구한말 집권 세력의 부패, 무지, 무능의 실체와 밖으로 일제 침략 세력의 실체와 죄악상을 소상하게 밝혀내는 것에서 시작되어야 한다. 한국 학계는 일제 침략 전 조선 시대의 사회를 노예제 사회를 탈피하지 못한 정체 사회라고 왜곡한 일제 식민사관을 청산하기도 전에 다시 일본 극우파가 제기한 일제 식민 지배 미화론에 곤혹스럽기만 하다. 60년대 한국 경제성장은 일제가 한국 침략기에 깔아 놓은 경제 성장의 연장이라며 중진자본주의론을 제시한 나카무라 게이오대 교수의 가설이 한국 현대사를 해석하는 중요한 틀로 잡혀 가고 있는 것이 그 사례다. 참으로 딱한 형국이다. 한국 현대문화가 외양은 화려하게 갖추었지만 학술 등 고급문화 내용이 빈곤해 이런 문화혼란 사태가 발생한 것이다.

소련과 동구 공산국가가 망하고 이란, 아프가니스탄의 집권 세력이 강대국과의 전쟁으로 몰락하며 전범국 일본이 재무장하는 21세기 초 역사의 격랑 속에서 한국 현대사회를 재조명, 새로운 국제 질서 형성에 대응할 새 좌표 모색을 제기하는 것이 이 시대 지성의 과제다. 선진국 문턱에 들어선 한국의 압축성장의 빛과 그림자를 분석 검증하고, 한국 현대사의 중요한 변수였던 국제관계를 재인식해야 한다. 그리고 북한주민의 생존과 자유를 유린하고 남한에도 핵전쟁을 협박하는 '이상한 정치 집단'의 선전선동의 실체도 바르게 인식하는 역사적 탐구를 통해 민족통일의 바람직한 방향 설정도 모색해야 할 것이다. 한국 현대사회 연구는 기왕의 당파, 지역, 인물, 이데올로기 위주의 후진적이고 도식적인 이해를 뛰어넘어 대한민국의 건국, 6·25 극복, 5·16쿠데타, 경제성장과 민주화 등 한국의 현내 정치 경제사의 실체 확인뿐만 아니라 국제 경쟁력 있는 예술, 체육, 대중문화, 학술의 발전을 시대별로 정리하며 분야별 변천사와 문제점도 고찰해야 한다. 한국의 선진화를 발복 잡는 타기할 낡은 정치의 이중성과 후진성도 학습 토론 대상에 올려 반면교재로 삼으며, 이 시대의 진정한 개혁이 무엇인지도 토론해야 할 것이다.

북한 역사학은 "당의 노선과 정책을 마르크스 레닌주의적으로 깊이 연구하고 해설 선전하지 않으면 안 되고 당의 혁명과 민족문화 유산을 전면적으로 연구하지 않으면 안 된다"는 이른바 '김일성 수령'의 교시에 따라, 대외항쟁사, 계급투쟁사, 고대한일 관계사, 고조선사, 발해사, 한국사 시대구분에 관한 연구가 수행되었다. 북한은 조선통사, 조선문화사, 조선철학사를 체계화했다. 그러나 70년대 주체사상이 모든 학문을 규제하면서 역사해석도 수령교시를 자막대기로 하여 판단하지 않으면 안 되게 되었다. 1933년 완간된 "주체사상의 기치 밑에 승리해온 우리 인민의 자랑스런 투쟁과 창조의 력사총서"라고 자부하는 33권의 방대한 '조선전사' 절반이 김일성 일가의 꾸며진 이야기 중심으로 한 근현대사로 채워져 있다. 남한의 역사학은 어느 수준인가. 역사학도 식민지 근대화의 모순을 안고 있다. 해방 후 민족주의 사학, 유물사관, 실증사학이 일제 식민사학 극복을 위해 노력했다. 진단학회는 록펠러재단의 기금을 토대로 65년에 '韓國史'(7권)를 집대성했다. 광복 후 제2세대가 주축이 되어 '한국사'(25권)를 펴냈다. 1952년 피난지 부산에서 역사학회가 발족했고, 국사교과서 국정화(74) 등 일련의 작업을 하면서 식민사학 청산이 강조됐다. 식민사학 극복을 주도한 학회는 67년 발족한 '한국사연구회'였다. 감만길 교수가 75년 '분단시대사학론'을 제기했고 80년대에는 민중사학도 제기됐다. 역사 문제 연구 소(86), 구로역사연구소(역사연구소로 개칭), 망원한국사연구실(84), 한국 근대사 연구회(87) 등이 과학적, 실천적 역사학을 제창했다. 개설서로는 이병도 국사대관 시대에서 이기백 '국사신론' 시대를 지나 한영우의 '우리역사'가 많이 읽히고 있다. 90년대 후반 들어 해마다 1,000편을 넘는 논저가 쏟아져 나오고 있다. 사실 탐구를 바탕으로 한국사회 문화를 바르게 비판 분석하는 역사인식 능력이 요청되는 시점이다. 역사학의 유용성은 첫째, 역사에서 가르침과 교훈을 추구하는 것이다. 역사를 정리하는 것은 역사를 귀감으로 삼기 위한 것이었다. 둘째, 정체성 확인이다. 셋째, 역사공부란 고도의 지적 훈련 과정이다. 부분과 전체의 조화, 객관화, 경험 확대 등 현실적으로 유용하고 실용성이 강한 것이다. 역사연구를 통해 인간이란 무엇이며 어떤 인간이 되어야 하는가, 인간으로서 자기성찰을 하게 된다. 넷째, 당위(當爲)를 체득하게 한다. 우리 역사를 어떻게 보느냐 해석하느냐는 우리의 미래를 어떻게 열 것인가 하는 것과 직결된다. 어느 민족이나 사회조직이라도 그 사회의 정신적 기저를 진작시키는 이상 없이는 존속할 수 없으며 그 사회조직의 지도 원리에 대한 명백한 인식 없이는 생존할 수 없는 것이다. 우리는 어떠한 원리에 의해서 우리 역사가 지속되었으며 어떠한 미래가 올 것인지를 알기 위해 역사를 배우는 것이다. 냉전은 종식되고 정보 통신 혁명에 의해 글로벌리제이션(globalization)은 가속화되고 있으나 민족 간의 이해 상충으로 전쟁은 상존하고 있다. 1세기 전의 각축과 크게 다를 것이 없는 긴박한 상황이다. 이 불확실한 세기적 전환을 우리는 어떻게 해석하고 풀어야 할 것인가. 우리에게 이 난제를 풀 역사적 경험은 과연 없었는가. 대전환을 모색하던 시대는 옛것을 교훈 삼아 현재의 모순과 과제를 풀어 나가 새 역사를 개척했다. 역사계승 의식과 외래 문물을 과감하게 받아들이면서 후진성을 탈피하려는 진보적인 노력은 어느 시대에나 모두 필요한 것이다. 우리 역사를 어떻게 보느냐 해석하느냐는 우리의 미래를 어떻게 열 것인가 하는 것과 직결된다. 유구한 민족사를 어떻게 평가하느냐에 따라 개인의 삶은 물론 민족의 진로도 결정되기 때문이다. 우리는 어떠한 원리에 의해서 우리 사회가 형성되었으며 어떠한 미래가 올 것인지를 알기 위해 역사를 정리해야 한다.

## 3. 한국의 압축 성장과 국제 경쟁력

한국은 제2차 세계대전 후 140여 개 신생독립국 중 으뜸가는 국가가 되었다. 원조를 받던 나라가 다른 나라를 돕는 기적의 역사를 이룩했다. 건국의 아버지들의 노력으로 건국·산업화·민주화를 동반 달성했다. 경제규모 750배, 1인당 GDP 300배 이상 증가했다(56년 국민소득 65달러, 수출 1,800만 달러, 자동차 1만 8,000대, 전화 3만 2,000개). 국민의 높은 교육열, 남다른 근로·저축·성취 의욕 등이 그 기반이었다.ー대학진학률 2008년 84% 2006년 OECD 국가 중 읽기 1위, 수학 2위였다.ーOECD국가 중 최고의 근로국가였다. 연간 2,261시간 근로시간은 독일 1,353시간을 압도하는 통계수치였다. 변화를 즐기는 역동성과 낙천주의 유교적인 사고와 응집력(쏠림 현상)과 신바람 기풍 등이 50년의 노력으로 압축성장을 가능케 했다. 금모으기, 붉은악마, 태안봉사 등이 그런 것이다. 한국문화에는 문화적 독창성, 경로효친과 상부상조의 미풍양속이 있으며 지식정보화에 친화적인 한글과 IT 인프라 등의 좋은 조건이 조성됐다. 전 세계로 뻗어 있는 750만 동포와 한국어 인구 세계 10위도 무시하지 못할 조건이다. 세계와 경쟁하는 선도기업과 사업기술 기반이 구축됐다. 체육, 음악, 무용, 학술연구에서 두각을 나타내는 한국의 무서운 젊은 세대와, 어머니의 힘(김연아, 신지애, 이상화, 보태범, 장한나)도 있다. 그러나 종북 세력들의 적화통일도 좋다는 국론분열에 의한 정체성 위기도 있다. 산업화는 되었으되, '입김 큰 정부, 주눅 든 시장'이 상존하고 권력형 부패가 사라지지 않고 있다고 이명박 정부 박재완 청와대 비서관은 지적했다. 민주화는 되었으되, '권리주장은 과잉, 책임의식은 취약'하다. 외환위기 이후 성장과 분배의 동반 악화, 분열과 갈등의 격화로 사회통합문제가 급부상하고 있다는 것이다. 그러나 한국의 경제성장은 경이적인 것이다. 국제수지가 48년 2,230만 달러 수출에서 50년 뒤인 98년 960억 1,000만 달러로 4,800배 증가했다. 2010년 무역이 9,000억 달러를 초과했다. 국민총생산은 6,323배, 1인당 국민소득 53년 기준(67달러) 94년 126배 증가(8,433달러)했다. 45년 이전 한국은 세계사의 주변부에 지나지 않았지만 지금은 세계 경제의 중요 주체가 되었다. 원자재와 자원을 수출하고 제조업 제품과 기술을 수입하는 국가에서 기술, 철강, 선박, 자동차, 전자제품을 미국에 수출하는 국가가 되었다. 동유럽에 투자를 하는 국제적인 투자국이 되었다. 개도국 근로자의 시장 진입으로, 국제결혼 증가 및 임금격차가 확대됐다. 해외진출 한국 기업에 대한 개도국 내의 노사분규도 걱정해야 할 사태가 일어났다. 127개 국가와 사돈국가가 됐고, 14만 다문화 가정이 생겼다. 197개국에서 온 116만 체류 외국인과 6만 외국인 유학생이 상주하고 있다. 숨 가쁜 지식혁명으로 하루가 다른 세상이다. 시간·공간의 한계 극복으로 생산성이 비약적으로 향상했다. 지식의 창출·확산 경로가 재편되고 있다. 평생학습과 원천기술이 긴요하다. 생태계 변화도 심각한 시대에 살고 있다. 뜨거워지는 지구로 기상재해, 식량과 물 부족 현상이 나타났다. 2002년 태풍 루사로: 강원도 1일 강우량 870㎜로 5조 원 피해가 났다. 20년 안에 아시아 농경지의 30% 사막화가 예상된다. 온실가스의 위협으로(55%가 $CO_2$에 기인) 지난 100년간 지구 온도가 0.74℃ 상승했다. 지난 40년간 제주도 해수면이 22㎝ 상승했다. 세계 평균의 3배다. 금세기 말까지 지구온도 6.4℃, 해수면 59㎝ 상승예측된다. 수자원, 식량, 환경, 에너지, 도시계획 재설계가 필요하게 됐다. 한반도를 둘러싼 역동적인 동북아와, 세계질서 다극화에 대한 대책도 필요하다. 중국의 잠재력과 시장경제 연착륙으로 미국 일극 체제의 완화와 다극화된 국제 역학으로 상호 의존성이 증대된다. 경제파탄에 직면한 북한의 동향도 큰 변수다. 노령화 사회와 저출산도 문제다. 출산율 급락과 수명 연장으로 노인인구 비중 급상승 시대에 대한 준비가 늦은 것 같다. 인간의 평균 수명이 로마제국 28세 → 1800년 36세 → 1900년 50세 → 2000년 79세다. 세계 인구가 BC. 12C 1억 → AD 1년 2.5억 → 1000년 2.5억 → 1500년 5억 → 1900년 16억으로 기하급수적으로 늘고 있다. 사회보장 부담도 증가한다. 이모작 인생 설계 시대가 오고 있다. 정년제도 퇴색하고 임금 피크제가 확산되고 있다. 산업혁명, 제2차 세계대전에 이어 세계화로 인해 중산층이 3차 대폭발을 했다. 1980년 세계인구의 33%였던 통계치가 2006년 57%로 급증했다. 소득 상승과 여가 확대로 '삶의 질' 욕구가 급상승하고 있다. 인간과 자연, 경제와 문화를 함께 고려하는 '지속가능성'이 중시되고 있으며, 다학제 접근, 융복합 기술, 잡종 강세, 제3의 길, 1인 다기능제가 모색된다. 한국은 중진국에서 선진 일류 국가로 진입하며 민간활력 극대화로 경제 살리기가 민간에 넘어갔다. 경쟁과 기회의 보장 시대가 온 것이다. 개인의 존엄과 자유 극대화, 사유재산권 확립, 분권의 강화가 현실화되고 있으며 기업가 정신 진작, 시장친화적 유인기제가 확대될 것이다. 지구촌 시대에 세계 표준의 과감한 수용·적응과 새 기술의 주도적 창출이 요청된다. 정부의 규제·간섭·재량 최소화 및 공권력 남용 예방이 시급하다. 창의와 탈이념과 실사구시(實事求是)로 외화내빈(外華內貧), 허례허식 외형경영, 연공서열, 학력중시, 부실시공 등을 청산해야 한다. 한건주의, 일류병을 배격하고 유연성과 다양성 고취: 천편일률, 주류추종, 상명하복, 흑백논리가 지양돼야 한다. 천직의식과 장인정신 함양, 지식·기술과 전문성 중시하는 변화 국민 대통합을 추구해야 한다. 원칙과 기본의 확립이 우선돼야 한다. 법의 지배가 정립돼야 한다. 떼쓰기와 집단 이기주의를 배격하고 능력과 노력에 상응하는 보상, 투명·공정한 경쟁체제 및 승복문화가 정착돼야 한다. 학력·소득·부의 대물림이 완화돼야 할 것이다. 협력과 공영의 정신이 진작돼야 한다. 기부문화, 자원봉사 등 상류층의 도덕적 책무를 고양시켜야 한다. 원천약자의 자활, 소외·낙후계층의 재기 촉진, 상부상조·경로효친 문화의 계승·발전 및 가족가치를 함양하고 지구촌의 난제 해결에도 기여하고, 환경친화와 생명의 존엄성이 중시돼야 한다. 선진국 진입에 걸맞은 모든 분야의 조화로운 발전을 준비해야 한다. 경제산업 분야는 기업환경(세계은행)이 현재 30위에서 10위로 끌어올려야 하며 과학·기술 경쟁력도 높여야 한다. 국제특허(OECD는 미·일·유럽 동시 등록건) 3위 국가에 들어가야 한다. 환경 에너지는 에너지 자주 개발률을 현재 5%에서 30%로 올려야 하며 저탄소 국가가 돼야 한다. 복지사회 분야는 공적연금 수혜율을 35.2%에서 95.2%로 높여야 하며 교통사고 사망자(만 명당)는 현재 3.1명에서 0.8명 수준으로 바꾸어야 한다. 교육문화 분야는 국가브랜드를 32위 ⇒ 10위로 교육 경쟁력은 35위 ⇒ 10위로 외래관광객 수도: 600만 명 ⇒ 1,500만 명으로 올려야 한다. 통일외교는 능동적 글로벌 방위역량을 보유하고 세계 3위 해외봉사단 파견국으로 국제기구도 2개 이상 유치해야 한다.

한국은 크게 변하고 있다. 첫째, 가치 규범이 변했다. 규격화에서 탈규격화로, 집중화에서 분산화로, 동시화에서 비동시화로, 분업화에서 통합화로, 극대화에서 축소화로, 중앙집권화에서 분권화로, 한마디로 전 시대의 통일된 규범을 약화시키고 있다. 선택적 시간의 증대, 마음의 풍요로 옮겨지고 있어 매체도 변할 수밖에 없다. 둘째, 정보 체제의 변화－정보 수용의 능동화가 추진되고 있다. 셋째, 고령화, 이혼자, 미혼자 증대로 단독 세대가 늘고 있다. 넷째, 2009년 국내총생산 1,050조 원으로 세계 15위권이다. 2009년 명목 기준 국내총생산(GDP)이 플러스 성장에 힘입어 1,050조 원에 이른 것으로 추정됐다. 환율 상승으로 작년 GDP는 달러 환산 때 8,200억 달러로 크게 줄었으나 세계 15위의 경제 대국 입지는 유지한 것으로 추산됐다. 2010년 2월 2일 기획재정부는 지난해 명목 GDP가 1,050조 원으로 2008년의 1,024조 원보다 26조 원가량 증가한 것으로 분석했다. 이로써 우리나라 GDP는 2년 연속 1,000조 원 시대를 유지하게 됐다. 우리나라 GDP는 1996년 460조 원을 기록하고서 1997년 563조 원으로 500조 원 시대를 열었고 2000년 632조 원, 2002년 720조 원, 2004년 826조 원, 2006년 987조 원, 2007년 975조 원으로 가파른 증가세를 보여 왔다. 그러나 지난해 연평균 환율이 달러당 1천276원으로 상승한 여파로 달러 환산 GDP는 8천 200억 달러 수준으로 2008년의 9천287억 달러에 비해 1천억 달러 이상 줄어든 것으로 추산됐다. 우리나라의 달러 환산 GDP는 2000년 5천335억 달러, 2001년 5천46억 달러, 2002년 5천759억 달러, 2003년 6천436억 달러, 2004년 7천224억 달러, 2005년 8천447억 달러, 2006년 9천511억 달러를 기록하고서 2007년 대망의 1조 493억 달러로 1조 달러를 돌파했으나 2008년 9천287억 달러로 다시 9천억 달러대로 떨어졌다. 뉴스위크가 2010년 선정한 '세계 최고의 나라' 15위 국가로 뽑혔다. 경제의 역동성, 교육, 건강, 정치 환경, 삶의 질 등 5개 부문 평가 총점에서 83.28을 받아 100개 국가 중 15위 국가로 평가되었다. 국제 교역량도 2010년 세계 10위국이 되었다. 이런 한국의 폭발적인 성장의 요인으로 4가지를 상정한다. 첫째, 개인창의성과 자율성 확장, 둘째, 높은 교육열, 셋째, 긴장 상태, 넷째, 미국의 후원 등이다. 한국 현대사의 동력은 반공이데올로기, 관료, 기업가, 군부와 노동자, 농민, 학생, 언론, 지식인을 꼽을 수 있다.

# 4. 정보화 사회에 진입한 21세기 한국사회

21세기는 문명사적 전환의 시대다. 전자과학의 발달이 가져온 전자기술 시대 고도기술 사회의 파급 효과는 크다. 경제 활동의 지구화(globalization of economic activities) 네트워크형 조직화(networking form of organization) 작업의 유연화와 불안정화(flexibility and instability of work), 노동의 개인화(individualization of labor), 문화의 가상화(culture of virtuality) 시대가 되었다. 경제도 지구경제화(global economy) 시대가 되었다. 세계적 규모의 경제활동이 실시간으로 진행된다. 지구경제 시대는 생산과정, 장비, 물품과 서비스 등이 빠른 속도로 용도폐기되고 있으므로 장기적 소유가 단기적 접속보다 불리해지게 된다. 소유의 체제가 접속의 체제로 대체되었다. IT(Information Technology)의 사회구조적 충격은 요소 간의 연결망이 강화되는 네트워크사회로 구체화한다. 연결망사회(wired society), 그물망사회(grid society)로 규정되는 네트워크 사회는 모든 요소가 다른 요소와 상호 연관된다. 사회체계는 거점중심사회에서 연결중심사회로 이행되어 연결만이 살길이다. 네트워크 사회의 구성 요소들은 고착적으로 결합된 것이 아니고 느슨하게 연결되어 서로 파동적 영향을 주고받음으로써 사회체계를 유동적 상태로 전환시킨다. 따라서 삶의 터전인 공간개념도 space of stay에서 space of flow의 개념으로 변모하며 장소 귀속성의 탈피(disembeddedness)가 일상화하는 유목적 상황이 도래하게 된 것이다.

접속성 증대는 기존의 제도적 경계를 약화시킴으로써 제도 영역 간의 교류를 촉진한다. 다원적, 다문화적 상황이 도래한다. 제도적 차원의 유연사회(Flexible Society)가 조성된다.

문화적 차원의 사이버사회는 익명성이 보장되어 교류되는 정보의 수정, 삭제, 창조 가능하며 조작에 의한 사회문제도 일어날 수 있다. 사이버 공간의 가상세계, 가상현실이 제공하는 사회적 충격이 커져 문화적 충격이 클 수도 있다. 의식적 차원에서 자아지향적 사회(Self Directed Society)가 온다. IT에 의한 자아지향저성 확대는 자폐적 개인주의와 참여적 개인주의로 나타난다. 정보화 사회의 도래로 한국사회도 큰 변화가 나타났다. 첫째, 가치규범이 변했다. 규격화에서 탈규격화로, 집중화에서 분산화로, 동시화에서 비동시화로, 분업화에서 통합화로, 극대화에서 축소화로, 중앙집권화에서 분권화로, 한마디로 전 시대의 획일화된 규범을 약화시키고 있다. 선택적 시간의 증대, 마음의 풍요로 옮겨지고 있어 매체노 변할 수밖에 없다. 둘째, 정보 체제의 변화로 정보 수용의 능동화가 예견된다. 컴퓨터, 전화, 구글, 융합통합 시대다. 셋째, 고령화, 이혼사, 미혼자 증대로 단독 세대가 늘고 있다. 이런 사회 변화에 따라서 고급문화의 질 향상이 시급하다. 20세기 말 21세기 초 격변기에 한국 고급문화와 이 분야 파워엘리트들이 사회감시 · 아젠다 설정 · 전통문화 계승 · 사회통합 기능 등을 제대로 못하고 있다는 비판의 소리가 높다. 이혼, 다문화 가정, 세대 간 갈등 등 한국 전통 가족의 붕괴, 빈부 격차 심화, 교육평준화 실패 등 양극화, 이념대립, 지역대립 등 한국사회의 격변에 따른 변화가 사회 문제가 되고 있다. 국가의 정체성까지 뿌리째 흔들리고 있는 한국 현대문화의 모순을 검증하기 위해선 한국사회와 한국 고급문화와 담당 파워엘리트를 재조명할 필요가 있다. 한국사회를 재조명하고 고급문화의 빛과 그림자를 실증적으로 분석 재평가하여 새 문화 방향 설정을 모색하여야 할 것이다.


## 5. 세기말, 세기 초 세계의 격동과 한국

현대사의 기점은 나라마다 설정 기준에 따라 다르다. 프랑스 학자들은 1789년 프랑스 혁명을 현대사의 기점으로 설정했다. 독일은 제1차 세계대전이 끝난 1918년을, 마르크스 레닌주의자들은 러시아 혁명이 일어난 1917년을, 인도는 영국으로부터 독립된 1948년을, 중국은 무창봉기가 도화선이 된 신해혁명이 일어난 1911년이나, 손문이 중화민국 임시정부를 설립한 1912년, 중화인민공화국이 성립된 1949년이라고 다양하게 현대사 기점을 설정했다.

서양 사학계는 대체로 제2차 세계대전 후를 현대사 기점으로 한다. 제2차 세계대전 후 세계는 민주주의, 새로운 기술과 과학의 보급, 새로운 종류의 문화접변, 매스커뮤니케이션 활성화 등 여러 분야의 근본적 변화를 겪었기 때문이다. 현대사의 기점으로 설정한 제2차 세계대전 종전 후 1991년까지는 미 · 소 양극 체제였다. 미 · 소 두 초강대국이 '공포의 균형'(balance of terror)이라 불리는 핵전쟁의 위협으로 정돈 상태에 빠져 있었던 시기였다(U-2기사건, 쿠바사태, 베트남전). 1989~1991년 동유럽 공산주의 국가가 붕괴되었고 소련이 사라졌다. 그러나 냉전체제는 끝났으나 테러리즘 · 민족주의 · 빈곤 · '문명의 충돌' 등 다양한 위험이 도사리고 있다. 국제기구와 미디어의 역할이 민주주의의 결실을 강화시킴으로써 안정된 지구촌을 출현시킬 가능성이 있다고 주장하는 이상론자도 있다. 그러나 그것은 희망일 뿐이다. 한반도를 둘러싼 강대국의 이해타산은 천안함 사태 반응으로 나타났다. 미래를 예측하기 위해 먼저 냉전 종식 전 과정을 돌아보자. 냉전의 주역 미국과 소련의 대결 과정은 45년 이후 세계사 변화의 흐름을 요약한 것이다. 전통적 보호 무역주의자였던 미국은 1945년 이후에는 자유무역 정책을 채택했다. 1971년부터는 달러를 통해 통화의 안정성을 회복시켰다. '관세와 무역에 관한 일반 협정'(General Agreement on Triffs and Trade, GATT)의 체결로 관세율 인하와 다른 비관세 장벽의 철폐를 유도하였으며, Pax-Americana를 통해 세계를 공포와 전쟁 궁핍으로부터 해방시키고자 하였다. 마셜플랜(Marshal Plan)을 통해 서유럽 국가들을 전쟁의 폐허로부터 회복시켜, 새로운 유럽의 건설을 가능하게 지원했다. 미주기구(Organization of American States)와 대서양협약(Atlantic Pact)을 통해 서방을 자신의 보호하에 두었다. 전 세계의 문제에 개입할 수 있었고 군사력을 증강시켜 공포의 균형을 유지했다. 소련은 공산권 국가들을 강화시키기 위해 그들의 군사·산업 기반을 재구축하기로 결정했다. 초기 몇 년간 중앙집권적이고 독재적인 정책으로 이 계획을 밀고 나갔다. 스탈린주의는 개별적인 민족주의에 대한 강력한 정책들을 추진하며 수백만의 인권을 침해했다(보리스파스테르나크·솔제니첸). 스탈린은 '집단 안전 보장 정책'을 실행했다. 그 결과 세계는 두 개의 적대적인 블록으로 분리되었다. 1949년 중국에서 모택동 승리와 1950년 북한의 남침은 냉전의 악화를 의미하는 것이었다.

1947년 공산주의 세력의 폭동으로 공산화 위협을 받고 있던 그리스와 소련팽창주의 압력을 받던 터키에 대해 즉각적인 군사원조 지원을 공약 선언한 트루먼독트린은 한반도의 적화 방지에도 큰 역할을 했다. 미국 대통령 중 루스벨트, 아이젠하워, 닉슨, 카터 등은 한국에 대한 소극적이거나 부정적인 정책을 폈으나 트루먼, 존슨, 레이건, 부시 등은 적극적인 대한 정책으로 한국의 공산화를 막았다. 60년대 소련과 중공의 국경분쟁 등 균열은 동서 양극 체제를 변화시켰다. 중국과의 국경분쟁이 심각하다고 판단한 소련은 미국에 접근했다. 사회주의 진영의 중국과 소련 분열은 드골 정부가 주도한 다중심주의적 활동을 촉진시켰다. 미국도 중국과의 관계 개선을 시도 이른바 삼각 외교로 전환했다. 소련은 막대한 국방 예산 투자로 국내 경제가 더 악화되었다. 55년 반둥회의(Bandung Conference)는 냉전 확산과 미소 중심의 동맹 가입을 모두 반대했다. 제2차 세계대전 전후 처리 과정에서 미국은 세계 산업 생산의 거의 절반을 책임지고 있었다. 원자력, 컴퓨터, 합성 섬유 등과 같은 중요한 분야의 기술을 독점하고 있었다. 그러나 그로부터 30년이 지나 미국은 자동차 생산 부분에서 지배력을 상실했다. 71년에는 달러하이 평가절하 등과 같은 미국의 리더십 약화를 인식하게 되었다. 미국의 약화 대신 중국, 유럽 공동체, 일본의 부상 등이 있었다. 그럼에도 불구하고 70년대 초기 미국은 30개국에 군대를 주둔시키고 100개 국가에 경제원조, 군사원조를 했다. 1991년 12월 25일 소련이 사라졌다. 전쟁이나 혁명 없이 붕괴되었다. 아무런 사전 예고도 없이 무너졌다. 1985년부터 고르바초프가 소련 사회를 통제하기 위해 시도한 네오 레니니즘(Neo Leninism)은 완전히 실패로 끝났다. 페레스트로이카는 예기치 못했던 사건들로 그 궤도를 벗어났고, 1989년 고르바초프는 동유럽에 대한 소련의 지배권을 포기했다. 동유럽에서 TV와 여론이라는 새로운 영향력이 전면에 등장해 동유럽인들의 견해를 표명하기 시작, 독립을 요구하는 민족주의 운동이 분출했다. 1989년 혁명은 스탈린 구상에 대한 루스벨트 구상의 승리였으며 자유주의와 민주주의 성공을 의미하는 것이었다.

　　1989년 11월 9일 10일 사이에 베를린 장벽이 무너지자 후쿠야마(Fukuyama)는 '역사의 종언'을 선언했다. 후쿠야마는 스탈린 브레즈네프 체제의 붕괴는 프랑스 혁명의 와중에서 '이제 원칙적으로 역사는 종말을 고했다'고 한 헤겔의 선언을 다시 한 번 확인시켜 주었다고 주장했다. 프랑스 낭트대학 이브앙리 누웰라 교수는 1917년 볼셰비키 혁명으로 개막된 막간극은 1989년 '인민민주주의' 및 소련의 종말과 함께 막을 내렸다고 주장했다. 20세기 말 동유럽 공산주의 체제 전복의 요인으로 역사학자들은 세 가지를 꼽는다. 첫째, 마르크스주의 체제의 실패, 둘째, 동유럽 지역을 지배한 가톨릭(종교)의 힘, 셋째, 모든 것을 상대화하며 모든 것에 대해 대항 이미지(counter image)를 제공해 주는 미디어의 영향력 등이 마르크스주의적 체제를 흔들었다고 역사학자들은 분석한다. 거대한 폭동으로 지각 변동을 일으켰던 1918년, 1945년과 비교해서 1989년의 혁명이 크게 대조되는 것은 1989년은 지구적 규모의 충돌도 없이 급진적인 전환이 일어났다는 사실이다. 거대한 균열이 일어난 1989년 이후에는 새로운 국제 질서를 책임질 수 있는 영향력 있는 강대국을 확인하기 어렵게 되었다는 것도 주목할 현상이다. 소련과 동유럽 사회주의 국가가 몰락한 1989~1991년은 핵시대의 중요한 전환기였다. 핵폭탄은 핵확산과 세계를 전쟁 위협에 떨게 하는 불안의 요소였다. 핵확산 금지 조약에 가입하지 않은 나라들 때문에 잠재적인 위험이 심화되고 있다. 9·11사태 후 전쟁 못지않게 테러리즘과 마약도 새로운 위험으로 대두되었다. 동유럽에서는 사라진 공산주의가 중국, 북한, 베트남에서 여전히 존속하고 있다. 21세기는 역사가 더 이상 총체적 방향성을 가지고 있지 않은 시대다. 역사적 진보라는 개념도 신뢰성도 잃어버렸다. 공산주의 붕괴로 자유주의적 자본주의 체제의 우월성과 경쟁할 어떠한 경쟁자도 없어졌다. 바로 그러한 관점에서 역사는 종말을 고하고 있다고 후쿠야마는 말했다. 민족과 민족주의에 대한 재조명, 재정의도 요청된다. 종북(從北) 세력이 정치권력으로 부상한 한국에서는 더욱 그렇다. 지난 수십 년간 세계는 급격하게 변했다(물질적, 사회적, 지적 조건). 사무엘 헌팅턴은 1993년 포린어페어(Foreign Affair)지에 '문명의 충돌'을 발표했다. 역사, 언어, 문화, 전통, 종교 차이로 구분되는 8개 문명권(서구문명, 유교문명, 일본문명, 이슬람문명, 힌두문명, 러시아 정교문명, 남미문명, 아프리카문명)의 격돌을 내다보았다. 조지 케넌이 포린어페어(Foreign Affair)지에 소련의 팽창저지를 봉쇄정책으로 저지할 것을 제시했던 논문과 비슷한 혜안이었다. 팍스아메리카나는 언제까지일까. 제2차 세계대전 후 파운드화 퇴조에 이어 달러가 약화되기까지 GATT-WTO-FTA가 세계 경제 질서를 유지했다. 자유무역협정(FTA)은 나라와 나라 사이에 존재하는 관세 등 무역 장벽을 완화하거나 아예 철폐하여 상품과 서비스의 이동이 자유롭게 이루어지도록 하는 '무역 자유화'를 실천하기 위한 협정이다. 자유무역협정(FTA) 체제는 국가 간의 상호 무역 증진을 위해 물자나 서비스 이동을 자유화시키는 협정으로, 나라와 나라 사이의 제반 무역 장벽을 완화하거나 철폐하여 무역자유화를 실현하기 위한 양국 간 또는 지역 사이에 체결하는 특혜무역협정이다. 그러나 자유무역협정은 그동안 대개 유럽연합(EU)이나 북미 자유무역협정(NAFTA) 등과 같이 인접국가나 일정한 지역을 중심으로 이루어졌기 때문에 흔히 지역무역협정(RTA, Regional Trade Agreement)으로 부르기도 한다.

20세기 말 강대국이 군대를 동원해 다른 나라를 전복시키는 침략도 일어났으며 그런 전쟁이 TV로 생중계됐다. 이런 지구적 대전환의 요인으로 4가지를 지적한다. ① 기술혁명-컴퓨터의 도입이 결정적이다. 자동화, 첨단기술 이전이 생산 방식 변화, 노동력이 서비스 산업으로 이동, 국민총생산에서 제조업이 차지하는 비율이 상대적으로 감소 추세이며 소비가 보다 더 중요한 위상을 차지하게 되었다. 피고용인들 중 중산층의 증가와 함께 하층 계층이 증가되면서 노동자 계급은 대부분 사라지는 추세. 언론도 종래 종이 신문 위주에서 복합융합 정보체계로 넘어갔다. 이런 변화에 민감하게 대처하지 못하는 국가는 선진국 경쟁에서 탈락하게 된다. 한국에서도 종북주의자들의 이념이 그렇게 할 위험이 있다. ② 세계화-통신과 수송 분야 혁명은 단일 세계 시장과 세계 공동체의 건설을 촉진시켰다. 세계가 상호 의존적이 되었다. 유럽 헤게모니 시대가 종결하고, 일본, 중국이 강대국이 되고, 한국, 대만, 동남아 국가의 약진을 4마리 용이 부상하는 것으로 경계했다. 인도, 파키스탄도 무시할 수 없는 국가가 되었다. 21세기는 더 놀라운 속도로 변화한다. 한국이 이미 폐기 처분된 김일성주의에 감염돼 질척거리고 있다는 것은 큰 오류에 빠진 것이다. 교육의 반성이 급선무다. ③ 자본주의 변화-세계화 확산과 연관되어 고삐 풀린 자본주의가 재등장했다. 20세기 후반까지 북미주에서는 규제와 사회복지 입법화 등을 통해 자본주의를 다소 순화할 수 있었다. 기술 혁신과 시장 확대 과정에서 지속적으로 약화되었다. 규제 완화는 효율성과 이윤 증대를 추구하는 경제적 합리화 과정을 반영하는 것이었다. 선진 공업에서 새로운 경제체제에 잘 통합된 이들과 기술 변화에 적응하지 못하여 주변화된 이들 간을 양극화시키는 소득 분배를 가져왔다. 일자리는 인건비가 싸고 노동조합이 취약한 저개발국가로 이전되었다. 마르크스 정권들은 급변하는 세계 경제에 적응해 생존할 능력이 없는 정체된 국가 통제 경제체제였기 때문에 붕괴되었다. 좌편향정부의 오류를 서둘러 시정해야 할 것이다. ④ 사회적 전환─민족주의와 자민족 중심주의가 강력한 세력화로 유엔 회원국이 50개국에서 200여 개국으로 늘고, 소련, 체코슬로바키아, 유고슬라비아 연방국이 해체됐다. 스리랑카 타밀족, 터키, 이란, 이라크 쿠드르족, 스페인 바스크족, 중국 신강지방 이슬람 위구르족이 독립투쟁을 하고 있다. 이슬람 힌두교, 유태인 북미신교도들 사이에 종교적 근본주의가 세속주의에 도전하고 있다. 현대세계는 동질화되지 않고 있다. 다양성에 대한 자각이 필요하다. 한민족의 역사적 연고권이 있는 중국 동북삼성과 붕괴로 치닫고 있는 북한을 예의 주시하고 그 대응전략도 마련해야 할 것이다.

## 20세기 말 지구적 전환의 4측면

(1) 기술혁명─컴퓨터의 도입이 결정적이다. 자동화, 첨단기술 이전이 생산 방식 변화, 노동력이 서비스 산업으로 이동, 국민 총생산에서 제조업이 차지하는 비율이 상대적으로 감소 추세에 있으며 소비가 보다 더 중요한 위상을 차지하게 되었다. 피고용인들 중 중산층의 증가와 함께 하층 계층 증가가 동시에 전개되면서 노동자 계급은 대부분 사라지는 추세다.

(2) 세계화

통신과 수송 분야 혁명은 단일 세계 시장과 세계 공동체의 건설을 촉진시켰다. 세계가 상호 의존적이 되었다. 유럽 헤게모니 시대 종결, 일본 강대국, 한국, 대만, 동남아 4마리 용이 부상. 인도, 파키스탄도 무시할 수 없는 국가가 되었다. 서구적 시각에서 서술되는 역사가 아니다.

### (3) 자본주의 변화

세계화 확산과 연관되어 고삐 풀린 자본주의가 재등장했다. 20세기 후반까지 북미주에서는 규제와 사회복지 입법화 등을 통해 자본주의를 다소 순화할 수 있었다. 기술 혁신과 시장 확대 과정에서 지속적으로 약화되었다. 규제 완화는 효율성과 이윤의 증대를 추구하는 경제적 합리화 과정을 반영하는 것이었다. 선진 공업에서 새로운 경제 체제에 잘 통합된 이들과 기술 변화에 적응하지 못하여 주변화된 이들 간을 양극화시키는 소득 분배를 가져왔다. 일자리는 인건비가 싸고 노동조합이 취약한 저개발국가로 이전되었다. 마르크스 정권들은 급변하는 세계 경제에 적응해 생존할 능력이 없는 정체된 국가 통제 경제 체제였기 때문에 붕괴되었다.

### (4) 사회적 전환

민족주의와 자민족 중심주의가 강력한 세력화. 유엔 회원국 50개국에서 200여 개국, 소련, 체코슬로바키아, 유고슬라비아 연방국 해체, 스리랑카 타밀족, 터키, 이란, 이라크 쿠드르족, 스페인 바스크족, 중국 신강지방 이슬람 위그르족이 독립투쟁. 이슬람 힌두교, 유태인 북미신교도들 사이에 종교적 근본주의가 세속주의에 도전하고 있다. 현대세계는 동질화되지 않고 있다. 계급구조의 변화, 여성의 노동시장 진출이 급증하고 있다. 다양성에 대한 자각이 필요하다.

## 인용도서 및 참고문헌

박석흥, 『건국 60년 한국의 역사학과 역사의식』, 한국학술정보(주).
한국정신문화연구원 현대사연구소, 『한국 현대사의 재인식 6』, 오름.
한영우, 『다시 찾는 우리 역사』, 경세원.
이성무, 『조선왕조사』, 동방미디어.
박석흥, 『신뢰와 존경을 받는 언론』, 한국학술정보(주).
정진성 외, 『한국사회의 트렌드를 읽는다』, 서울대출판문화원.
김종길, 김문조 『디지털 한국사회의 이해』, 집문당.
송호근, 『한국사회 이해의 새로운 패러다임』, 나남출판.
한국산업사회학회, 『사회학』, 한울아카데미.

# CHAPTER 02

# 한국사회의
# 정체성 위기와 역사의식

# 한국사회의
# 정체성 위기와 역사의식

## 1. 청·일본·북한의 침략과 내부 갈등

　2010년 11월 북한의 연평도 포격 도발 후 중국·러시아·북한은 60년 전 6·25전쟁 도발과 같은 공조체제를 발표했으며 미국·일본도 이 삼국 공조체제에 대응하는 전략을 수립했다. 가쓰라·태프트 밀약 비슷한 것이 미국과 일본 사이에 협의됐는지도 모른다는 추측도 나돌았다. 100년 전 일본 침략, 60년 전 중국 침략이 또 재현될지도 모른다는 기우까지 생기는 절박한 상황이었다. 이런 긴박한 국면에도 국회는 정쟁으로 세월을 보냈고 나머지 지배엘리트들도 이념논쟁과 이권경쟁으로 국론은 사분오열됐다. 북한의 핵공격 위협 속에서도 국회 새해 예산안 심의 때마다 반복되는 국회 파행이 2010년에도 또 벌어졌으며 좌편향 판결을 비판하는 여론에 대법원장이 맞불을 놓아 좌편향정권 후유증이 심각함을 드러내었다. 2010년 연평도 북한 포격 도발을 목격하고도 북한 침략을 변호 옹호하는 일부 386국회의원과 지방자치단체장들의 발언과 북한 동조 행태는 남한사회의 정체성 혼란을 표출했다. 좌편향 정치집단의 반정부 선전선동 정치와 통일지상주의 전교조 정치교육으로 한국의 반공 교육은 죽었다. 학교 도서관은 좌편향 역사책으로 채워지고 전교조 교사들은 MB 정부가 무려 157개 항목을 수정 지시한 김대중, 노무현 정부 시대 건인정한 교과서로 종북 반미교육을 하고 있다. 21세기 새 국제 질서 개편 과정에서 한반도가 미국과 중국의 각축상으로 부상되는 과정에서 드러난 안보 교육의 맹점은 심각한 것이다. 한국사회는 좌편향정권 집권 후 적화 통일도 좋다는 반미친북 정서에 휩쓸리다가 2011년에야 비로소 북한을 적으로 설정한 대북정책으로 전향, 나라의 이데올로기가 극에서 극으로 진자운동을 하고 있다. 김대중, 노무현 10년 집권으로 한미 혈맹관계도 금이 갔다. 좌파 정치가의 역사인식은 망국 전 구한말 파워엘리트의 국제관계 인식 수준을 크게 뛰어넘지 못했다. 대외관계 파동을 대응하지 못해 망국을 초래한 구한말 집권 세력의 무지몽매를 제대로 반성하지 못한 역사인식 혼란의 답습이다. 한국사회는 친북좌경 사관에 의한 대한민국사 폄훼는 물론 이명박 정부에 들어서 공론화된 대한민국건국 논쟁도 정리하지 못했다. 항상 정치적 시각으로 접근하여 역사적 진실과 동떨어진 해석이 많았기 때문이다. 100년 전 일본 침략으로 식민지로 전락한 망국의 역사도 정리하지 못했으며 1965년 한일 협정에서도 일본의 한국침략에 대한 공식 사과를 받지 못했다. 순조 이후 일당독재의 부패로 조선이 1905년 을사조약(제2차 한일협약), 1910년 경술국치(한일병합조약)로 망했지만 망국의 빌미는 임진왜란 병자호란이었다. 임진·병자 양 난에 대한 책임자 처벌이나 국정쇄신 정책이 없었다. 잘못된 보고로 큰 환란을 초래한 통신사와 국방 책임자들에 대한 징계도 없었다. 오히려 그들을 전쟁의 영웅으로 미화했다. 임진·병자 두 전쟁으로 전 국토가 초토화되었음에도 긴박한 국제정세와 국가의 현안을 외면한 채 권력 장악을 위해 당파적 명분만을 내세우고 탁상공론했다. 북한의 연평포격 도발 후 종북 세력의 북한 편 들기도 비슷했다. 인조반정 세력의 후손들은 안동김씨 세도정치로 나라는 망했지만 나라 망한 후에도 부일 세력이 되어 잘살았고 조선의 많은 농민은 농토를 빼앗기고 만주, 시베리아로 떠나게 했다. 충남 조치원 근교 예양리에는 임진·병자 두 전쟁에 5부자가 의병으로 순국한 것을 고종 시대 현창한 오충신 비각이 있다. 임진왜란 초기 왜군을 최초로 격퇴한 청주성 탈환에서 선봉대로 순국한 아버지 의병(박천붕)과 병자호란에 죽산산성에서 순국한 4아들 의병(원겸, 인겸, 예겸, 의겸)을 기린 정려(旌閭)에 최익현·기우만 한말 의병 장과 을사조약 직후 자결한 송병선 순국지사 등이 오충신의 애국을 추모한 글이 남아 있다. 양대에 걸친 오부자의 충절을 기린 예양리 오충신 비각은 임진·병자 두 대전 뒤에도 국가를 위해 희생한 의병에 대한 포상이나 두 전란에 대한 책임을 묻는 징계가 제대로 이루어지지 않았음을 증언하고 있다. 오충신에 대한 국가 포상은 아버지(朴天鵬) 의병이 청주 상당산성 탈환에 성공하고 순국한 지 155년 만인 1747년(영조 23년) 지방 유림의 상소 36년 만에 오충신 정려가 처음 세워진다. 14대 선조 때 희생한 아버지와 16대 인조 때 순국한 4아들 5부자를 21대 영조가 정려(旌閭)를 세워 현창하고 오충신의 순국을 기려 마을 이름까지 충효동으로 했다. 그러나 지방 관리들은 오충신 후예에게 보훈 시책이 없었고 오히려 국가 공훈자에게는 면제하는 잡역까지 부과하자 유림들이 부당함을 상소, 순조 4년 (1804년)과 고종 10년(1873년)에 충훈부 계하사목(啓下事目)을 두 차례나 발표하고 현감을 문책한다. 순국 희생자에 대한 포상 지각은 물론 국가를 뿌리부터 흔든 양 난 후 본격적인 국가 개혁이 조선 후기 역사에 없었다. 문제는 이러한 모순에 대한 당파적 역사 해석을 학계 일각은 아직도 털어 버리지 못했다는 사실이다. 북한학계도 교조적인 조선 시대 성리학 이데올로기의 변형인 김일성 주체사관으로 북한 주민을 김일성교도로 만들었다. 21세기 한국사회가 남북 모두 중세사회 체질을 탈피하지 못했다. 역사학자 중에도 좌우 이념을 먼저 생각하고 어느 당파의 후손인가를 따지는 사람도 있다. 일본이 경험하지 못했던 조선의 높은 정치 문화를 당쟁으로 매도했던 일제(日帝) 식민사학의 오류는 당연히 극복되어야 한다. 일제식민사관 청산과 함께 조선 시대사를 당파 의식으로 평가했던 중세사관도 탈피해야 한다. 과거에 일어난 일을 현재의 시각으로 조명, 오늘의 교훈으로 제시하는 것이 역사학의 한 기능이다. 임진·병자 두 전쟁의 비극을 제대로 반성했다면 한말 일본 제국주의 침략에 또 속수무책으로 당하지는 않았을 것이다. 병자호란으로 전 국토가 초토화되고 여인들이 중국에 잡혀갔다가 '환향녀'로 돌아왔던 비극의 단초였던 인조반정부터 재검토돼야 할 것이다. 한국사 해석의 맹점은 임진왜란·병자호란 해석에 국한되는 것이 아니다. 중국과 팽팽한 대결을 했던 고조선, 부여, 고구려, 백제의 국제관계사 이해도 마찬가지다. 북한사학은 평양의 정통성을 강조하기 위해 당에 패해 28,000여 호의 주민이 포로로 끌려간 고구려사를 미화하고 당나라 침입에 맞서 한반도와 한민족의 정통성을 지킨 신라사를 폄하한다. 고구려 패망과 신라의 당과의 대결을 객관적으로 평가해야 한다. 건국 60주년에 386세대의 좌편향 종북사관에 대한 비판이 제기된 것은 다행이다. 종북 세력들은 북한의 연방제 통일론을 선호하며 대한민국 건국을 분단의 원인으로 거짓 선전하고 있다. 6·25 관련 소련, 중국 자료가 공개돼 북한의 남침이 확인되었는데도 반미교육이 불식되지 않고 있다. 소련 문서가 북한의 남침을 증언하자 최근 민중사관 계열의 일부 현대사 저술에서 6·25 부분이 축소되고 있다. 그러나 6·25 왜곡 평가를 공개적으로 인정하지 않아 나쁜 책을 배운 학생들에게 각인된 잘못된 역사인식은 바뀌지 않고 있다. 과거는 고도의 분석 비판 능력 있는 학자들이 과학적인 방법으로 재구성하여야만 우리 앞에 역사적 실체로서 나타난다. 역사가에 의해서 해석되고 걸러진 과거가 엄밀한 의미의 역사다. 역사는 과거의 수많은 경험들을 우리에게 알려 줌으로써, 우리의 지식과 판단 기준을 넓혀 주고 현실 비판과 비전을 바로 갖게 하는 것이다. 그러나 그 모든 것이 탐구된 지식을 기초로 하는 것이다. 21세기 한국사회는 대전환기의 이념 혼란을 극복하기 위해서 과거에 있었던 사실의 진실을 밝혀 교훈을 삼는 학문적인 노력이 필요하다. 역사학을 무지한 정치가들의 포퓰리즘의 선전선동의 도구에서 벗어나게 하기 위해서는 정직한 역사 연구가 무엇보다도 시급하다. 건국 60주년에 벌어진 근현대사 교과서 논쟁 등 우리 사회의 진보, 보수의 뜨거운 역사 논쟁도 정치싸움의 연장전이었다. 역사학이 이제는 퇴색한 좌우 싸움을 뛰어넘어 한국사의 진실을 밝히는 데 집중해야 한다.


## 2. 한국문화의 뿌리 찾기와 그 특성

한국 고대문화의 뿌리와 특성이 무엇인가. 이것은 구한말 제국주의 침략 과정에서 우리의 정체성을 찾는 민족사학자들의 화두였다. 최근 한국문화의 정체성을 찾는 한국학연구는 종합적인 학문으로 발전했다. 고고학, 인류학, 언어학 등 종합적인 연구 풍토와 해외 한국학의 연구 성과가 크게 기여했다. '조선'과 '고려'는 고조선 시대부터 한말까지 우리 민족을 지칭하는 대표적인 어휘다. 중국 한민족에게 큰 활을 쓰는 이(夷)로 비친 고대 우리 민족은 중국의 한민족과는 다른 집단이었다. 신석기, 청동기 시대부터 중국 한족과 달랐다. 토기, 청동기 제작 방법이 다르고 고인돌 등 거석문화가 중국 한족의 고대문화와 구별되었다. 중국 후한서에 동이(東夷)가 언급된 후 중국 사서의 외국 열전에 꼭 동이를 넣어 기록했다. 조선은 사기 전후의 중국 문헌 관자(管子), 산해경(山海經), 전국책 등에도 나온다. 공자(BC. 551~479)의 논어 제9권 자한(子罕)편에 "자욕구구이(子欲居九夷)러시니, 혹 왈루(或曰陋)이니, 여지하(如之何)잇고 자왈 군자거지(子曰 君子居之)면 하루지유(何陋之有)리오"(공자께서 구이(九夷)에 살려고 하시니 혹자가 말하기를 그곳은 누추하니 어떻게 하시렵니까 하자 공자께서 대답하셨다. 군자가 거주한다면 무슨 누추함이 있겠는가) 하는 글에 붙은 주석(동방지이 유구종(東方之夷有九種)이라 욕거지자(欲居之者)는 역승 부 유해지자의(亦乘桴 浮海之意)라="동방의 이족에 아홉 종족이 있다. 공자께서 구이에 살려고 한 것은 뗏목을 타고 바다를 항해 하시려고 하신 뜻")이라고 했다. 산해경이나 동방삭의 신이경 등에도 산동반도 건너 한국을 도덕적인 이상향으로 기술하고 있다. 중국 사서에 보이는 편린으로 추측했던 한국 상고사가 고고발굴과 새 문헌자료의 출현으로 재구성이 가능하게 되었다. 한말 민족사학자들은 중국 사서에 보이는 이런 기록들이 고대에 한반도·산동·만주에 걸쳐 중국이 동경하는 선진문화가 있었다고 추론하며 그 대표적인 문화가 고조선이라고 설정했었다. 삼한 시대에 이미 철과 비단을 가지고 국제 무역에 참여했으며 백제, 고려는 국제 무역을 활발히 한 상업국가였다. 장보고 이전에 백제의 중국과 일본 진출은 김상기 교수의 '백제의 요서경략(遼西經略)에 대하여'와 김석형의 '일본의 삼한 분국설' 등으로 학계에 보고돼 정설로 인정됐다. 이성계의 조선 500년을 제외하고 대체로 우리 역사는 외국과의 교류가 활발한 개방적인 문화였다. 위화도 회군으로 역성 혁명한 조선은 고려 말기의 모순 극복이란 시대적 과제를 해결하긴 했으나 태종, 세조, 인조 등의 잦은 정변과 성리학 이데올로기를 제외한 새로운 사상과 문화를 배격하여 탄력성을 잃고 단조로운 문화로 국제 경쟁력에서 후진적인 맹점을 드러냈다. 조선조의 배타 고립적인 이데올로기를 못 벗어난 북한의 중세적인 역사관을 뒤늦게 남한의 386세대와 민중사관 논자들이 추종하는 것은 국제문화 교류에 개방적이었던 전통문화와도 상충하는 정체성의 혼란이다. 10년 좌경정부 시대에 일어난 역사의식 혼란은 극복되어야 할 것이다. 김철준 교수는 한국 전통문화의 특성으로 동양의 남북대립과 동서연형의 영향에 의한 국제성·강인성·종합성·조화성 등을 꼽으며 한국문화의 개방성과 높은 문화 밀도를 환기시키며 식민지 체질 극복을 역설했다.

## (1) 동양사의 남북대립과 동서연형(連衡)의 충격

　김철준 교수는 한국문화가 동양역사의 남북대립과 동서연형(連衡)의 두 국제 파동의 충격 속에서 성장·발전했다고 해석했다. 삼국 시대까지는 남방 한족의 농경문화와 대립 항쟁하는 유목문화 내지 반농·반목축문화의 북방문화권에 속하여 한족과 대결했다. 삼국 시대까지 북방 문화권이 주류였으나 삼국 시대에 이미 가야와 백제는 무역을 통해 남방의 해양문화나 남조문화와 교류했다. 그러나 중국의 남북대립 파동이 한반도까지 밀려와 고구려, 백제, 발해가 망하기도 했다. 중국으로부터 왔던 이런 파동의 영향과 동시에 선사 시대부터 중앙아시아 방면에서 동방으로 고대 무역로를 통한 유럽과 아시아를 넘나드는 동서연형(東西連衡)의 문화 파동이 한반도에 유입되었다. 동서연형(東西連衡)의 파동은 돌궐, 서장을 잇는 실크로드로 들어오는 세계문화가 만주와 한반도에도 충격을 준 것이다. 돈황석굴 벽화에는 신라인의 얼굴이 나타나며 인도·돈황의 석굴문화가 경주 토함산에 최고의 결정체로 정리되는 것을 보게 된다. 동서연형 파동의 하나로 바이칼 호로부터 몽골 지역을 이동하는 유목 문화도 한국 선사문화의 한 원류가 되었다. 이 문화 파동은 한반도에 들어와 새로운 문화를 만들어, 일본과 오끼나와 지역으로 진출하기도 했다. 한반도의 고대문화는 동서연형의 파동을 받아들여 문화의 밀도가 높아졌다. 선사 시대부터 중앙아시아 방면에서 동방으로 진출한 동서연형 문화 이동의 파장과 유럽과 아시아를 넘나드는 상업 문화 파동이 고대 실크로드 무역로의 종착점인 한반도에서 복합된 문화를 만들었다. 터키, 서장, 실크로드를 이용한 생활 문화가 큰 충격을 주었다. 고분 벽화와 고대 유물, 불교문화, 음악, 춤 등에 많은 흔적이 남아 있다.

### (2) 위기 극복 능력과 민족의 강인성

한반도는 외부 변화에 노출된 민감한 지정학적인 조건으로 고대로부터 현대까지 세계사의 새로운 파동의 중심에 있었다. 계속되는 외래문화의 많은 충격에도 말과 글, 역사를 잃지 않고 독자 문화를 계승 발전시키며 다시 21세기 선진국으로 진입하게 된 것은 우리 민족의 위기 극복 능력과 강인성, 우수성, 국제관계에 적응할 수 있는 통찰력 덕분이었다. 동양사의 남북대립과 중앙아시아로부터 오는 파동에 민감한 지정학적인 조건으로 중국 북부와 산동성을 연결하는 동이문화권의 서쪽 절반 지역을 이미 4천 년 전에 한족에게 빼앗긴다. 고대 실크로드 무역로의 종착점인 한반도에 중국 북부와 산동성을 연결하는 지역에 있었던 동이문화권의 서쪽 절반 지역이 중국 하·은·주 시대에 중국 한문화에 밀려나는 과정이 중국 고대사서와 삼국유사에 고조선, 삼국 건국 기록으로 남아 있다. 한국 고대 역사의 편린만을 전하는 고조선, 고구려, 백제의 건국신화와 대외 관계사는 지속적인 시련과 각축에서 한국문화가 형성되었음을 알려 준다. 청동기 고인돌 시대에 한반도 서부와 산동반도 난하와 요하에 걸쳐 형성됐던 한·예·맥·고조선이 한나라에 정복되고 만주와 한반도로 이주해 부여·고구려·백제·신라를 건국한다. 철기문화가 유입되어 유목사회에서 농경사회로 정착하며, 세계제국을 건설한 한족문화를 수입하여 문화능력을 확대한다. 삼국과 가야문화는 중국, 인도, 서역문화를 소화한 고대국가로 중국을 통일한 수와 당과 다툴 수 있는 강력한 고대국가였다. 중국에 유학한 신라승들이 중국 불교계의 정상에 진입했다. 원측, 무상 등 중국불교의 정상에 도전한 신라승이 즐비하다. 고구려, 백제 멸망 후 통일신라와 고려 초에 한 단계 높은 당시 선진 수준의 문화로 전환하여 소중화로 자처하며 여진, 몽고 등 북방족과 왜를 낮추어 보았다. 고려 시대는 원 제국에 버금가는 원숙한 문화로 국제화된 찬란한 문화를 이룩하고 풍요한 국가를 자랑했다. 고려문화를 정리한 조선 초 세종조 문화는 세련되고 잃어버린 고토 회복에 나서는 중흥기였다. 그러나 세조, 인조의 잇따른 권력 찬탈과 사림정치의 성리학 일변도는 한국 고대 문화의 강인함과 탄력성을 상실하고 임진·병자 양 난 후 일본의 식민지로 전락한다. 식민지로 전락한 한국은 기독교를 통해 서구문화와 접촉, 다시 나라를 세워 세계 10대 무역국으로 끌어올렸다. 중국에서 온 파동을 잘 소화해 소중화를 자처했듯이 미국문화도 잘 흡수해 21세기에 다시 선진국 대열에 들어섰다. 세계사의 파동을 극복하고 자기 문화를 지켜 온 강인성은 민족의 우수한 머리와 변화에 적극적으로 대응하는 능력이 있었기에 가능했다.

## (3) 다양한 문화를 축적 종합하는 특성

한반도의 지정학적 특성으로 여러 파동의 문화가 다 들어와 온축되는 문화의 종합성을 갖게 되었다. 북방문화와 남방문화가 종합 축적되었다. 우리 민족의 선조였던 한족(韓族), 예맥(濊貊)족이 춘추전국 시대 산동반도나 중국 동북 지방에서 중국문화와 접촉했고 고조선, 한사군 시대에 중국문화의 본류와 교류했다. 불교가 들어와 원효와 원측이 새로운 해석을 했고 원광의 세속오계에는 유교적인 윤리와 불교사상을 종합, 신라의 청소년 교육정신으로 제시했다. 교종, 선종을 종합한 조계종을 정립했다. 고려 시대의 대장경 간행은 불교문화의 종합 집대성이다. 조선 시대 의방유취, 향약집성방, 동의보감 등도 동양의학의 종합 정리였다. 조선 초 세종 시대 문화는 세계제국 원과 교류했던 고려문화를 종합 정리한 것이다. 고려자기, 활자, 인쇄술 발달도 당 시대 최고 문화의 정화였다. 세종 시대 문화의 극치도 고려의 개방되고 탄력 있는 문화를 종합 정리한 것이다. 그러나 세종 시대 고려 문화를 집대성하여 이룩한 창조적인 문화도 경직된 성리학 일변도 문화에 의해 탄력성을 잃게 된 것을 교훈 삼아야 한다. 남한의 종북 세력이 1991년 자본주의에 패한 사회주의 이데올로기의 포로가 되어 사회주의 국가 건설을 지상 과제로 삼아 친북자학사관을 고집하는 것은 조선 시대 성리학의 포로가 되었던 잘못과 비슷하다. 한국은 수입한 문화를 보존 발선시키는 장점과 단점을 나타냈다. 중국의 성리하이 양명학으로 대체되었는데도 한국은 원형을 보존하며 정치 이데올로기로 정립시켰다. 사상만이 그런 것이 아니라 건축, 생활, 문화도 그런 것이 보인다. 유럽에서 소련식 사회주의가 종언을 고했음에도 북한과 남한에 그 변형인 김일성 주체사관을 맹종하는 세력이 버티고 있는 것도 그런 전통의 일면인 것 같다.

### (4) 외래문화를 재창조하는 조화성

선진 외래문화를 선별, 수용, 재창조하는 조화성이 뛰어났다. 다양한 불교 사상을 대장경으로 집대성하고 선종, 교종을 융합한 한국적인 불교로 발전시켰다. 한자를 빌려 이두 구결로 쓰다가 한글을 창조했다. 세계제국이었던 원나라의 문자 연구를 한글창제에 활용했다. 조선조 성리학은 사회를 경직시킨 면도 있긴 하나 중국 주자학을 한 단계 끌어올린 것이다. 새로운 문화를 잘 수용 발전시켰다. 우수한 머리와 노력으로 단기간에 수입 문화의 정상에 올랐고 정통을 지켰다. 중국 불교사에는 한국인 유학승이 지도자의 위치에 오른 사람이 많다. 중국에 귀화해 고위직에 진출하기도 했다. 고구려, 백제가 당에 멸망했으나 신라가 삼국을 통일, 삼국문화를 조화시켜 독자적인 문화를 계승 발전시키는 저력을 발휘했다. 통일신라문화는 백제, 고구려 문화의 창조적인 융합이었다. 불교도 자주적으로 발전시켰다. 석굴암 · 반가사유불상 · 감은사 석탑 등 유물에서도 문화의 조화성을 읽을 수 있다. 사대교린과 문화자존 의식으로 항상 새로운 문화를 창조했다. 정치지향성, 권력지향성 교육열은 역사를 역동적으로 변화시키는 에너지가 됐다. 전통문화를 계승하는 보수성과 변화를 추구하는 국민의 진보성이 조화를 이루어 잦은 외침에도 단일 민족의식으로 저항하여 민족의 정통성을 유지했다. 삼국 이전 부여 시대에 하늘을 두려워하는 고등종교를 선택했으며 가족과 마을, 국가공동체에 대한 귀속감이 강한 민족이었다. 고구려, 고려, 조선, 대한제국 등의 국호에 담긴 역사 계승 의식에도 한국문화의 조화성을 찾아볼 수 있다.

### (5) 전통문화 보존과 귀속의식이 강했다

전통문화 계승 능력과 외침에 저항하는 국민의 저력이 동양사의 부침과 잦은 외침에도 말과 글을 잃지 않았으며 왜곡된 역사도 수정했다. 가족 · 마을 · 국가 공동체에 대한 귀속 감이 강했다. 매향비, 두레정신, 추석과 설의 귀성, 혈연 의식이 그런 사례다. 고대로부터 유일신 하느님을 공경하는 선민의식이 강한 민족이었다. 국제관계를 사대교린으로 대응했으나 문화자존 의식이 강했다. 정치지향성, 권력지향성 교육열이 강했다. 고구려, 고려, 조선, 대한제국 등의 국호에 담긴 강인한 역사 계승 의식과 위기에도 굴복하거나 포기하지 않는 한국인의 끈질긴 생명력과 주체의식이 다시 세계사의 주역으로 끌어올리고 있다. 중국에서 잃어버린 유교 석전제를 보존하는 한국문화의 특성이 이미 퇴출한 사회주의 이념을 북한이 집착하고 있는 것으로도 나타난 것이다. 이러한 보수성은 역사 변혁의 걸림돌이 되기도 하지만 장점이 될 수도 있다.

## 3. 조선의 중세 도덕정치와 그 한계

### (1) 조선의 도덕정치와 신유학

조선조 정치체계는 국왕을 정점으로 하는 절대군주체제였으나 실질적으로는 사대부 관료에 의해 통치되는 제한된 절대군주체제였다. 명 베트남 조선이 신유학에 의한 새로운 정치체제를 도입했다. 일본만 후진적인 절대군주체제를 명치유신 시대까지 유지했다. 주자학적 정치이념으로 천명덕치(天命德治)라는 정치목표를 실현하기 위해 구조적이고 기능적으로 분화된 통치제를 발달시켰다. 천명덕치(天命德治)는 통치자가 자신을 닦아 덕을 이루고(修德) 이를 바탕으로 백성을 복되게 하기 위해 노력해야 한다(爲民, 安民)는 것이었다. 서구절대군주제와는 다른 것이었다. 이러한 도덕정치를 구현하기 위해 군주는 덕을 밝히고(明德) 그 권력을 자의적으로 행사하는 것을 방지하기 위해 언로를 비교적 넓게 그리고 제도적으로 개발하여 비판을 장려하고 견제와 균형을 이룰 수 있는 제도적 장치를 모색했다. 국왕, 관료, 사림 때로는 일반민중이 상호 복합적으로 작용하는 정치과정을 운영하였다. 도덕정치는 500년 존속의 기반이었다. 도덕정치의 이념과 합리적이고 민주적인 제도 및 정치 형태가 상호 유기적으로 통합을 이루면서 작동한 것이 500년 지속의 원동력이 되었다. 그러나 주자학적 정치이념의 부정적 측면으로부터 비롯된 사변성과 형식주의 명분주의의 폐단이 있었으며 비민주적인 신분차별, 정치참여한계, 당파적 갈등, 투쟁 변화하는 환경에 부적응 등의 폐단이 있었다. 조선조 정치 체계의 유교 이념저 기초는 삼국시대로 올라간다. 삼국 시대에 유교가 도입되어 한국의 정치에 영향을 주었으나, 고려 후기 충신왕 이후에 이곡, 이색, 이제현, 정몽주, 정도전을 거치며 심화된 성리학은 조선 건국의 이념으로 발전했다. 조선은 개국하면서 척불 숭유 정책을 국시로 내세우고 주자학을 새로운 정치이념으로 제시했다. 고려 말부터 싹튼 새로운 사조였다. 주자학적 정치윤리는 지식이 아니라 심성의 순수성을 중시하고 도덕적 순결과 절의를 강조했다. 조선조 정치제도는 절대왕권과 양반관료의 권력구조였다. 대통령중심제에 내각제를 통합한 정치체계였다. 국왕 및 의정부 6조(曹) 3사(司)가 상호 관련된 정치체계였다. 국왕이 최고권력기관이며 그 밑에 의정부가 있어 중요한 국사를 논의 결정하고 그 밑에 집행기관 6조가 있다. 국왕자문기관 홍문관 대간(臺諫)인 사헌부와 사간원 등 언관 3사가 국정 운영에 대한 비판과 견제 기능을 담당했다. 각 기관의 의사결정에 합의제를 도입했다. 정5품인 이조 전랑에게 주어진 3공 6경에 대한 비판과 견제 기능이 독특했다. 의금부, 형조, 한성부 등이 사법기능을 담당했다. 예문관, 춘추관이 역사기록을 담당했다. 성균관과 유생의 국정 참여도 공론화의 기회였다. 승정원은 국왕 비서기관이었다. 경연을 통한 국정 논의 등이 복합적으로 작용. 독단을 경고, 왕도정치 이념을 펼칠 수 있는 제도적 장치를 마련해 놓았다. 권력 중추부에 견제와 균형을 하고 질 높은 정치 결정을 하도록 언로를 개방하고 여론을 중시하는 민주적인 정치체제였다. 공론을 따라 국시(國是)가 정해졌다. -양사합계(-사헌부, 사간원). 3사합계-(사헌부, 사간원, 홍문관). 합사복궐(合司伏闕)은-3사 관원이 일제히 궐문에 엎드려 간청하는 데모였다. 의정부는 최고정책 결정기관으로 영의정, 좌우의정, 좌우찬성, 좌우참찬이 함께 논의했다. 도평의사사는 혁명시기에 설치(정도전, 이성계 정종 2년), 태종이 권한 축소 세종이 강화했다. 언론 3사는 사헌부, 사간원, 홍문관으로 국왕 의정부 6조와 상호 견제하는 위치였다. 사헌부는 정사를 논평하고 문무백관의 치적을 조사 규탄, 풍속을 시정하고 형벌을 밝히며 외람된 행위와 언동을 규찰, 사법 기능, 조정의 출납, 제사, 과거 등을 점검했다. 사간원은 정3품 아문으로서 간언과 정사를 논박했다. 사헌부, 사간원은 대간, 언관, 간관, 남사로 조직. 언론감찰기관, 국가정책과 국왕에게 극간도 했다. 홍문관은 경서와 사적을 정리, 옥당 정3품아문. 영사(의정겸임), 대제학(정2품), 제학(종1품), 부제학(정3품), 직제학(정3품), 예문관, 춘추관, 경연 등 겸임했다. 조선의 유교 정치문화는 1) 덕치주의, 2) 예치주의, 3) 정명의리주의, 4) 유교적 관료주의였다. 도평의사사는 3사, 중추원, 3도의 2품 이상 중신으로 구성된 합의기구다. 왕권 제한과 비판을 제도적으로 보장했다. 성종 때 경국대전 전까지 전범이었던 경제6감에는 재상을 정치와 교화 명령이 나오는 직책으로 규정했다. 재상의 임무는 자기 몸을 바르게 하고[正 己] 임금을 바로 세우며[格 君] 인재를 바로 알아내고[知 人] 일을 제대로 처리[處 事]하는 데 있다고 보았다. 조선의 정책결정 과정은 개방체계였다. 권력집중 방지, 상호 견제 기능을 모색한 것이다. 의정부는 3정승 합의제였다. 사헌부, 사간원, 홍문관은 군왕의 이목구비였다. 전원참석과 만장일치제다. 임금이 관리를 서임한 뒤 그 사람의 성명, 문벌, 이력을 갖추어 써서 대간에게 그 가부를 구하던 서경을 거쳐야 공포했다. 시사와 경연에도 정부 관료의 폭넓은 참여와 토론이 보장됐다.

## (2) 조선조 후기의 정치 부패와 숙종 영조의 언로 파괴

유럽은 르네상스, 종교개혁, 산업혁명을 거쳐 근대화의 길로 들어섰다. 중국은 태평천국의 난(1850~1864), 의화단의 난(1900), 신해혁명(1911), 5 · 4운동 등 전근대사회의 모순에 대한 변혁이 꿈틀거리기 시작했다. 그러나 조선은 정주(程朱)의 주석(註釋)을 한 자라도 다르게 해석하면 사문난적(斯文亂賊)이라고 비난을 받았으며 신유학(성리학)만이 공인되는 사상과 사유가 통제받는 전근대사회를 벗어나지 못하고 있었다. 안동김씨 세도정치의 부패, 무지몽매한 대원군 민씨 일파의 권력 싸움으로 세계의 대전환에 대응하지 못해, 미국, 영국, 러시아의 공인하에 조선은 일본 제국 침략의 제물이 되었다. 성리학 정치시스템의 체제 내 견제와 균형마저 숙종 영조 시대 무너진 것도 한 요인이 된다. 영정조 시대의 이른바 실학이 새 방향을 모색하기는 했으나, 중세사회의 모순을 극복하는 대안이 제시되지 못했다. 선조 때 서인, 동인의 싸움으로 일본의 한국 침략 기미를 알고도 5년을 헛되이 보내고 임진왜란 참화를 겪은 뒤 징비록은 나왔으나 임진왜란에 대한 지배계층의 반성 없이 인조반정 형식으로 기존 세력이 재집권했다. 전쟁 책임을 물어 처단됐어야 할 사람들이 임란의 공훈자, 의병 등으로 미화되었다. 병자년 청군의 침입에도 구태의연하게 대응해 국토가 또 초토화되었다. 임진년(1592)부터 병자년(1636)까지 44년간 국란을 겪은 뒤에도 국민을 기망했다. 국난을 타개하기 위해 현실을 수용했던 최명길, 이경석 등은 반대파의 지탄 대상이 되었다. 청나라와 싸우자고 주장했던 명분론자들은 병자호란 후 다시 정권의 실세가 되어 조선을 망하게 하는 안동 김씨 세도정치로 연결되는 조선 후기 역사의 모순이 반복된다. 지배층 중심의 질서 유지를 표방, 가부장적 가족 윤리를 강조하여 공적인 사회의식, 국가의식보다는 족벌의식 시연, 학연의식을 강화하는 전근대성을 보강했으며 보수적 경향으로 새로운 사상과 문화 능력의 성장을 억제하고 소수 기득권 세력의 이데올로기만 인정되있다. 조선 후기 한계에 대한 냉철한 반성이 필요하다. 안동김씨 세도

정치와 부패는 숙종 영조의 전랑권 혁파가 결정적인 전기가 된다. 조선 망국의 원인이었던 정조 사후 순조(1800~1834), 헌종(1834~1849), 철종(1849~1863) 시대 3대 60년간 안동 김씨 세도 정치는 숙종과 영조가 전랑의 당하관 통청권과 전랑의 자대권을 혁파해서 조선 시대 언로를 장악했던 정랑을 무력화시킨 정치과정에서 나온 모순이었다. 사헌부 · 사간원 · 홍문관의 이른바 청직의 정삼품 이하를 추천하는 전랑의 통청권(通淸權)과 후임자를 스스로 지명하는 자대권(自代權)을 빼앗아 전랑을 중심으로 이루어진 조선조의 절묘한 견제 장치가 무력화되어 안동 김씨 일당 독주와 부패를 가능하게 한 것이다. 사헌부, 사간원의 견제 장치를 무력화시켜 영조와 정조는 잠깐 왕권 강화를 즐기지만 나라는 외척의 발호와 일당 독재로 망국의 길에 들어선 것이다. 정조가 죽자 1804년 사도세자를 참소했던 정순왕후가 순조 4년까지 수렴청정하며 먼저 사도세자 죽음이 당연하다는 노론 벽파와 결탁, 사도세자에 동정했던 노론 시파를 공격하고, 이어 천주교도 제거를 빌미로 시파를 포함한 반대파를 축출했다. 정순왕후는 남인도 신유박해로 대거 숙청하여 기호남인을 정권에서 완전히 배제했다. 노론은 갑술환국으로 영남과 기호남인을 정계에서 축출하고 이어 신유박해로 다른 당파도 모조리 몰아낸 것이다. 안동 김씨 60년 횡포는 병자호란 때 척화파 김상헌, 김상용의 손자 김수홍, 김수항이 줄지어 영의정에 오르고 김창흡, 김창집 시대 노론의 주류가 되어 정순왕후가 죽자 김조순이 딸(순조 왕비 순원왕후)을 이용해 정권을 장악한 후 김조근(헌종 장인), 김문근(철종 장인), 김병기, 김병국, 김병학 등 왕의 처족들이 전교동 시절을 구가한다. 김좌근의 애첩 나주 기생이 나주합부인으로 행세하며 벼슬을 팔아먹어 그 치마폭에서 20만 냥이 나오는 부패 시대를 연출하여 뇌물 정치, 사랑방 정치의 놀음 속에 나라가 일본의 식민지가 된 것이다. 순조의 장인 김조순은 경복궁 북쪽 창의문 아래 북악산과 인왕산 사이 자하동에 살았다. 당시에 사람들은 장동[자하동] 김씨라고 지칭하며 욕했다. 김유근, 김좌근, 손자 김병기가 교동, 철종 장인 김문근, 조카 병학, 병국이 전동에 살아, 김씨들이 전횡한 이 시대를 전교동 시절이라고 사람들은 비웃었다. 전랑이 사헌부 · 사간원 · 홍문관의 인사권을 장악하고 있던 숙종 이전 시대에는 권력이 집중되는 세도정치가 불가능했다. 부패하지는 않았다. 숙종 · 영조가 언관들의 견제를 없애 버리자 국가 권력이 영조, 정조를 거쳐 안동김씨 손에 들어간 것이다. 정치가 척족의 농간에 좌우되는 시대였다. 이러한 정치적 혼란 속에 전정 · 군정 · 환곡 소위 조세 행정은 극도로 문란했다. 정약용은 감사와 수령 향리를 큰 도적과 굶주린 솔개에 비유했다. 피곤한 백성은 유민, 화전민으로 전락하여 간도, 연해주로 이주하는 자가 줄을 이었다. 명화적 · 수적 등 도적이 창궐하고 방서, 괘서가 붙고 조세저항 운동도 생겼다. 순조 11년(1811년) 홍경래, 우군칙, 김사용, 이희저, 김창시 등이 주동이 된 홍경래난이 평안도민의 호응으로 청천강 이북 9읍을 점령했다. 좌수, 향임, 별장, 유랑, 농민이 참여했다. 철종 13년(1862년) 진주민란을 필두로, 경상도 20개 군현, 전라도 37개 군현, 충청도 12개 군현, 경기도, 함경도, 황해도에서도 민란이 있었다.

## 4. 조선조 정치체계의 언관 기능과 전랑의 권한

절대왕정의 견제와 균형의 장치였던 언론 기능은 삼국 시대 기록에서부터 나타난다. 그 연원은 중국 주·진·한·당·송(周, 秦, 漢, 唐, 宋)에서 연원, 삼국 시대 우리나라에도 도입, 고려 문하부랑사(門下府郎舍)의 직장(職掌)이 간관의 임무를 담당했다. 조선 태조원년 관직을 정할 때, 사헌부를 설치, 시정의 득실을 논집(論執)하는 일, 풍속을 교정하는 일, 백관의 공과를 고찰하는 일을 장악하게 했다. 홍문관, 사헌부, 사간원을 조선 시대 언론삼사라 한다. 세종 시대는 집현전에도 언관기능을 주어 그들은 시정(時政)의 득실을 논하고, 군주·백관의 과실을 간쟁, 탄핵하며, 관리의 인사에 서경권(署經權)을 행사하는 등의 정치적 소임을 담당하였다. 이들을 언관(言官) 또는 왕의 이목관(耳目官)이라고도 불렀다. 대간들은 왕권과의 대립, 재상의 규탄, 백관의 논핵 등의 직무를 수행하여 그들에게는 직권행사에 부응하는 여러 특권과 은전이 있었다. 대간은 재직 중 함부로 체포되지 않고, 곧바로 지방관으로 전보되지 않았으며, 어사대는 불가범(不可犯)의 특수지역으로 인정되었다. 대간은 가문과 능력 등의 여러 부면을 심사한 뒤 엄선되었다. 세가출신(世家出身)으로서 풍부한 교양과 깊은 학식을 갖추고, 군주와 재상을 상대로 논리적이고 설득력 있는 언론을 펼 수 있어야 하였다. 나아가서 사세에 따라 왕권과 맞서게 되므로 특별한 강직성이 요구되었다. 대간의 탄핵 대상은 군주와 재추문무양반(宰樞文武兩班)이다. 실록에는 언관이 왕과 며칠씩 토론하며 왕권을 규제한 기록이 자주 나온다. 왕권의 일방적인 독주를 막고자 한 것이었다. 조선대간제도는 고려 것을 거의 그대로 계승하였다. 조선 시대의 대간은 왕권 및 의정부와 육조(특히 이조)와 상호 견제하도록 짜인 권력구조 위에서 정치의 인정을 도모하는 데 큰 구실을 하였다. 조선 시대 언관제도의 중심인 전랑(銓郎)은 문무관의 인사행정을 담당하던 이조와 병조의 정5품관인 정랑(正郎)과 정6품관인 좌랑(佐郎)직의 통칭이다. 이조 정랑은 문관 인사에서 정승이나 판서도 제재할 수 있을 정도로 권한이 컸다. 전랑은 각 부서 당하관(堂下官)의 천거(薦擧), 홍문관 등 삼사 청요직의 선발[通淸權], 재야 인재의 추천[部薦權], 후임 전랑의 지명[薦代法] 등 여러 가지 특권을 갖고 있었다. 인사권과 언론권이 전랑에 집중되어, 전랑직을 누가 차지하느냐에 따라 권력의 향배가 결정되었다. 그래서 전랑직을 둘러싼 쟁탈전이 당쟁을 격화하는 요인이 되었다. 1685년(숙종 11)에는 <전랑천대법銓郞薦代法>을 폐지했다. 그리고 영조는 1741년에 전랑의 통청권을 제한하였다. 그리하여 전랑의 권한은 차츰 약화되고, 그에 비해 대신들의 천권은 강화되어 갔다. 영조는 조선왕조의 견제와 균형장치였던 전랑의 인사권을 박탈, 언론의 기능을 통제했다. 언관은 태종 세조의 정권 탈취 과정의 도덕적 모순에 대한 지속적인 문제 제기를 했다. 사림파의 군주 정치에 대한 인식 변화가 정치쟁점이 되었다. 조선왕조 초기의 중앙집권적 왕정 체제 아래에서 정치 주체는 천도(天道) 실현의 유일자인 군주였고, 신하는 그 보조자에 불과하였다. 그런데 16세기 사림의 성리학적 군주관은 군주가 진정한 정치 주체가 되기 위해서는 신하와 마찬가지로 '치인(治人)'을 위한 '수기(修己)'의 노력이 있어야 한다는 것으로 바뀌었다. 주자의 '대학' 정신에 근거하는 이러한 인식의 변화는 군주제 자체를 부정하는 것은 아니었으나, 그 절대권을 부정하는 것으로 이후 조선 시대 정치에 큰 영향을 미쳤다. 왕조 초기의 왕권은 과전(科田)이란 물적 보장을 통해 군주 측의 일방적인 군신 관계가 요구되었다. 반면 과전이 직전(職田)으로 바뀌고 그것마저 폐기된 16세기에 와서 군신 관계는 신하 측의 자의가 크게 신장되었다. 군주의 부름이 있어도 신하가 자의적 판단으로 나아가지 않는 사례는 16세기 이후부터 많아졌다. 사림파의 성리학적 정치관은 옳은 인재의 등용을 위해 과거제보다 천거제를 중시하였다. '치인'의 입장, 곧 관인이 되기 위해서는 '치인'부터 해야 한다는 성리학적 입장에서 과거제는 치인의 성과를 측정하기에 부족한 것이 많았다. 때문에 사림이 공인하는 인재들을 천거로 써야 한다고 하였다. 중종대에 조광조 등이 펼친 현량과(賢良科)는 그 대표적인 예이다. 그러나 그 실현은 훈신·척신 계열의 반발을 받아 사화의 수난을 거듭 당했다. 16세기의 사림은 정치적으로 훈신·척신 계열과 대립하는 관계 속에서 하나의 정치 세력으로 규합되었다. 그러나 16세기 말엽 선조 즉위를 계기로 척신정치가 일단 종식되고 사림의 관료 진출이 활발해지면서 사림사회는 학연에 따라 여러 정파로 나뉘는 변화를 일으켰다. 붕당(朋黨)으로 표현되는 이 정파의 분립은 공도(公道)의 실현을 위해 정파 간의 상호 견제가 필요하다는 신유학의 새로운 붕당관으로 뒷받침되었다. 사림과 신진사류 출신이 최초로 숙청당한 무오사화는 신진사류의 언론을 탄압한 필화사건이다. 1498년(연산군 4) 김일손(金馹孫) 등 신진사류(新進士類)의 실록 기록을 문제 삼아 유자광(柳子光), 이극돈(李克墩)을 중심으로 한 훈구파(勳舊派)에 의해 화를 입은 사건이다. 사대사화(四大士禍) 중 첫 번째로 일어났던 사화로, 사초문제(史草問題)로 발단되었다. 1498년 성종실록 편찬 때 김종직이 쓴 조의제문[弔義帝文, 중국 진(秦)나라 때 항우(項羽)가 초(楚)의 의제(義帝)를 폐한 것과 세조의 단종을 폐위한 사건을 비유해 은근히 단종을 조위한 글]과, 훈구파 이극돈(李克墩)이 세조비 정희왕후(貞熹王后)의 국상 때 전라감사로 있으면서 근신하지 않고 장흥(長興) 기생과 어울렸다는 불미스러운 사실을 사초에 올린 것이 직접적인 동기가 되었다. 신진사류에 대한 참혹한 박해를 빚어 낸 것이다. 대의명분(大義名分)을 존중하는 김종직과 신진사류들은 단종을 폐위, 살해하고 즉위한 세조의 불의를 탐탁하게 여기지 않았다. 또한 정인지(鄭麟趾) 등 세조의 공신들을 멸시하는 한편, 대간(臺諫)의 직책을 이용해 세조의 잘못을 지적하고 세조의 공신을 제거하고자 계속 상소해 그들을 자극하였다. 김종직은 유자광이 남이(南怡)를 무고(誣告)로 죽인 자라 하여 멸시하였다. 그리고 함양군수로 부임해서는 그의 시가 현판된 것을 철거해 소각한 일이 있어 유자광은 김종직에 대해 원한을 품고 있었다. 또 김종직의 문하생 김일손도 춘추관의 사관으로서 이극돈의 비행을 직필해 서로 틈이 벌어져 있었다. 이극돈과 유자광은 서로 손을 잡고 보복을 꾀하려 했으나 성종 때는 김종직이 신임을 받고 있어 일을 꾸미지 못하였다. 그러나 성종이 죽은 뒤 연산군이 즉위해 1498년 성종실록 편찬을 위한 실록청(實錄廳)이 개설되고, 이극돈이 그 당상관으로 임명되었다. 이극돈은 이때 김일손이 기초한 사초 속에 실려 있는 김종직의 조의제문을 세조가 단종으로부터 왕위를 빼앗은 일을 비방한 글이라 문제 삼고자 그 사실을 유자광에게 알렸다. 유자광은 노사신(盧思愼), 윤필상(尹弼商) 등과 모의해 김종직이 세조를 비방한 것은 대역부도(大逆不道)한 행위라고 연산군에게 보고하였다. 연산군은 유자광의 상소를 기회로 김일손 등을 7월 12일부터 26일까지 2주간 신문하고 이 사건은 모두 김종직이 교사한 것이라 결론지었다. 김종직을 대역죄로 부관참시(剖棺斬屍)하고, 김일손, 권오복(權五福), 권경유(權景裕), 이목(李穆), 허반(許磐) 등은 능지처참(凌遲處斬)하였다. 실록에 진실을 기록한 기자가 무참하게 죽은 언론자유 침해사건이다. 조선 시대 목숨까지 건 언관의 직필은 숙종 영조에 의해 제도적으로 봉쇄된다.

# 인용도서 및 참고문헌

한영우, 『다시 찾는 우리 역사』, 경세원.
박석흥, 『건국 60년 한국의 역사학과 역사의식』, 한국학술정보(주).
이성무, 『조선왕조사』, 동방미디어.
박석흥, 「정약용의 행정개혁론연구」, 1972년 연세대행정대학원 석사논문.
김철준, 『한국문화 전통론』, 세종대왕 기념사업회.
김철준, 『한국문화사론』, 서울대학교 출판부.
이성무, 『조선 시대 당쟁사 2』, 동방미디어.

# CHAPTER 03

# 전근대
# 한국사회의 모순과 극복

# 전근대
# 한국사회의 모순과 극복

## 1. 구한말 파워엘리트의 도덕적 결함

　예수성심수녀회 사제관 남루이 델랑드 신부(1895~1872)가 수집한 대원군 컬러 사진이 1979년 10월 10일 경향신문에 공개됐다. 안동김씨 세도정치로 기울어 가던 조선은 대원군의 무지와 민비 일족의 부패로 망국으로 치달았다. 영조의 현손 남연군구(南延君球)의 넷째 아들 이하응(1820~1898)은 종친부의 유사당상(有司堂上), 오위도총부의 도총관 등의 한직으로 안동김씨 세도정치 시대 천희연(千喜然)·하정일(河靖一)·장순규(張淳奎)·안필주(安弼周) 등 이른바 천하장안(千河張安)과 작당해 파락호(破落戶) 행세를 했다. 익종비(翼宗妃), 조대비(趙大妃)에게 접근하여 철종의 왕위 계승자로 그의 둘째 아들 명복(命福, 고종의 兒名)을 지명하도록 모사를 해 왕권은 잡았으나 무식하여 나라를 망쳤다고 당시 언론인 박은식은 혹평했다. 고종(이재황)이 12세에 왕이 되어 이하응(흥선대원군)이 섭정으로, 전권을 장악한 1863년은 일본이 메이지유신(1868)을 하기 5년 전이다. 대원군은 외척의 전횡을 막고 왕권을 강화하기 위해 개혁을 단행했다. 정조가 타계한 후 60여 년 만에 김씨정권을 종식시킨 변화였다. 대원군은 안동김씨 세도정치를 정리하고 국가 권력을 다시 이씨에게 돌려놨다. 그러나 권력의 주체만 바뀌었지, 근본적인 변화는 없었다. 이하응은 안동김씨 일파를 축출하고 남인과 북인 무신까지도 등용했다. 면세면역특권, 당론의 온상으로 여론을 조직한 서원도 폐쇄했다. 국가 재정 수입을 늘리고 세 부담을 고르게 했다. 그러나 고종 5년(1868) 경복궁을 재건하는 무리한 사업을 추진하기 위해 원납전, 당백전 등으로 물가 등귀 민원 부작용이 생겼다. 세도정치 중심 기관이던 비변사를 철폐하고 의정부 기능을 회복하고 삼군부를 설치하여 군부의 위상을 높였다. 그러나 당대 언론인 박은식은 '한국통사' 제1장에 대원군을 조선을 망친 통사(痛史)의 주범으로 비판했다. 망국 전야의 부끄러운 역사와 국권 상실과 독립 투쟁의 아픈 역사를 지켜보았던 언론인 박은식의 '한국통사'는 제국주의 침략에 대한 철저한 고발 규탄과 함께 자기성찰과 자기반성, 자기비판으로 일관하고 있다. 허문만 숭상하고 국력을 쇠약하게 한 조선 후기 정치를 비판했고 무식한 대원군이 국정 쇄신의 기회를 잃어버렸다고 통탄했다. 박은식은 "대원군이 배운 것이 없어 세계의 흐름을 몰라 문명한 열국과 바다와 육지로 함께 달렸어야 하는데 쇄국으로 일관 스스로 소경이 됐음이 아픈 역사가 여기에서 비롯된 것"이라고 한탄했다. 3대에 걸친 세도정치를 척결할 대원군의 등장을 백성들이 환영했고, 대원군의 자리, 재주, 시운 모두 긍정할 만했으나 배우지 못해 도모하지 못한 것이 아쉽다고 했다. "배운 것이 없어 내정을 다스리되 사사로운 지혜를 사용하여 파동이 크고 거동이 지나쳤으며 외국을 배척하여 스스로 소경이 되고 가까운 데서 변이 발생하여 화가 나라에 미쳤으니 애석하다. 한국통사의 비극이 여기에서 비롯됐다"고 통탄했다. 민비는 유림의 서원 철폐 반발과 통상개화론을 이용해 흥선 대원군을 집권 10년 만인 1873년에 퇴진시켰다. 정권만의 교체였다. 박은식의 민비 일파의 부패 정치에 대한 비판도 통렬했다. 통사 25장에는 '내정 부패가 극도에 달함'이라는 항목에서 민씨 외척의 발호를 예리하게 지적했다. "갑신정변 후 10년간은 내정 부패가 극도로 치닫고 있었다. 외척 처족 세력을 믿고 방자한 짓을 서슴지 않고 왕의 측근은 권력을 휘두르고 시정무뢰배까지 관계에 간여하여 거간 노릇을 하고 무당, 점쟁이들이 거만하게 은택을 입고 음사를 널리 확장하며 연회를 즐기고 주지육림에 허비하는 돈이 큰 액수였으며 매관매직이 성행했다"고 지적했다. 박은식은 100년의 외척 세도정치가 나라를 망쳤다고 한탄했다. 권위주의 정치 대신 등장한 이른바 민주화 시대 정치가들이 백암이 한탄한 흥선 대원군의 무지함의 전철을 밟지 않았다고 단언할 수 없게 됐다. 민씨 일족의 부패는 당시 외국 선교사들에게 국민을 굶겨 죽이는 김정일 일파와 비슷하게 비쳤다.

## 2. 개화당의 치기와 임오군란 갑신정변 위정척사

민씨 일파가 정권을 장악한 후 고종은 민비의 권유로 사물의 이치를 밝혀 일을 성취하고 인민을 교화하여 좋은 풍속을 이룬다는 개화를 정치 이념으로 선택하고 개방(대외통상)을 추진했다. 이른바 개화정치를 폈다. 개화는 중국의 변화에 놀란 북학파들이 제기했던 이데올로기다. 박제가는 청, 일, 서양과도 통상의 길을 터야 국가가 부강해질 것이라고 주장했고 이규경, 최한기, 박규수, 오경석, 이유원 등도 그렇게 역설했다. 고종은 중국의 중체서용(中體西用)이나 양무운동(洋務運動)과 비슷한 서양의 과학기술을 빌려 자강정책을 추진하려 했다. 북학을 계승한 대외통상론은 일본의 영향력이 커지면서 김옥균, 홍영식, 안경수, 김홍집, 서광범, 윤치호 등에 의해 일본의 메이지유신을 모델로 하는 변법 개화사상으로 발전했다. 변법 개화론은 극단적으로 힘을 숭상하는 공리주의로 나가고 매국론으로 전락했다. 일부 학자가 개화의 선구자로 높이 평가하는 이동인은 일본의 첩자였다. 개화파 중에는 친일매국으로 전락한 인사가 적지 않았다. 고종은 1875년 운양호(雲揚號)가 강화도 초지진을 침략했을 때 박규수, 신헌 등 개화파의 의견을 들어 1876년 12개조의 통상조약 병자수호조약을 체결 일본의 한국 침략을 가속화시켰다. 1882년 조·미 수호통상조약, 조·청 상민수륙무역 장정, 1883년 영국, 독일과 수교, 1884년 이탈리아, 러시아, 1886년 프랑스, 오스트리아와 통상조약을 각각 체결했다. 연암 박지원의 손자 박규수(1807~77)는 평양감사 재직 시 셔먼호를 격퇴하였으나 개국을 주장했다. 한성판윤, 우의정을 역임한 개화당의 원조다. 유길준, 김윤식 등에게는 유학을 권유했다. 1872년 박규수가 처음 북경 갈 때 오경석이 역관으로 수행했다. 박규수를 수행했던 오경석, 유대치(홍기) 등이 놀라운 세계 변화를 김옥균, 박영효, 홍영식, 서광범, 서재필 등에게 알리고 설득해 개화당이 형성된다. 1876년 일본에 김기수 일행을 수신사로 파견한 것을 필두로, 1880년엔 김홍집 일행, 1881년엔 조선시찰단[일명 신사유람단·박정양, 조준영 등 12명 관리 51명]이 4개월 도쿄 오사카를 시찰했다. 유길준, 윤치호 등을 일본 유학생으로 파견했다. 1881년 김윤식을 영선사로 38명 학도와 장인을 청나라에 파견, 1년간 천진 기기국에서 무기 제조 기술을 배우게 했다. 1883년 미국에 민영익, 홍영식, 서광범 등을 파견하여 서양 문명을 견문하게 했다. 1882년 6월 구식군인과 왕십리, 이태원 빈민들이 선혜청 당상이며 병조판서 민겸호 등 일부 관리를 처단하고 일본 공사관을 습격하여 불태운 임오군란이 일어났다. 민비는 장호원으로 피신하고 고종은 대원군에게 정권을 넘겨주었다. 청은 김윤식, 어윤중의 요청을 받아 '속국'을 보호한다는 명분으로 3천 명 군대를 파견, 일본군을 견제하며 대원군을 청나라로 납치했다. 오장경, 원세개 등이 지휘하는 군대를 서울에 상주, 마건충, 묄렌도르프 등 30여 명을 정치 외교 고문으로 보내 내정을 간섭했다. 일본은 하나부사 공사를 파견(군함 4척, 육군 1개 대대)하여 대처했다. 김옥균, 박영효, 서광범, 홍영식, 이동인, 변수, 유상오, 이창규 등 이른바 일본당원들은 갑신정변을 일으켰다. 일본의 재정, 군사적 협력을 받아 서구형 근대국가를 만들려고 했던 일본당은 1884년 12월 4일 우정국 개국 축하연을 기회로 정변, 박영효, 서광범, 홍영식, 서재필, 김옥균 등이 실권을 장악하고 갑신혁신 정강을 발표했다. 이 쿠데타는 심순택, 김윤식 등 동도개화파의 요청으로 원세개가 지휘한 청군대(1,500명) 개입으로 3일 만에 무너졌다. 김옥균, 서재필, 박영효, 서광범은 다케소에 일본공사와 함께 일본에 망명, 일본은 7척의 군함과 2개 대대 군사를 인천에 파병, 무력 시위하여 한성조약(1885년 1월)을 맺고 사죄와 더불어 배상금 10만 원을 요구했다. 이토 히로부미를 중국에 보내 이홍장과 담판하여 천진조약도 체결했다.

고종의 개화정책은 교육, 언론, 기술 분야 등으로 추진됐다. 1883년 발행하기 시작했으나 갑신정변으로 중단됐던 한성순보를 1886년 주간으로 속간으로 발행했다. 83년 8월 근대적인 관립학교 동문학사를 세워 외국어를 가르쳤다. 86년에는 육영공원을 세워 현직 관료와 고관 자식들을 가르쳤다. 원산학사, 배재학당, 이화학당, 영명학교, 경신학교정신학교 등 사립학교도 설립됐다. 고종은 위정척사운동을 누르면서 개혁개방정책을 적극 추진했다. 망국전야 조선 파워엘리트의 마지막 저항이 위정척사로 표현되었다. 바른 것을 지키고 옳지 못한 것을 물리친다는 벽이론(闢異論)에 기초한 유교적 정치 윤리사상인 위정척사(衛正斥邪)는 주체성의 위기(identity crisis)에 대한 대응이었다. 수구적이고 모화적인 면이 있지만, 국가의 보위와 민족의 자존을 지향했던 민족 자주 사상이었다. 식민지 전락을 앞둔 조선 파워엘리트의 마지막 저항이었다. 중국에서 송대 이후 여진족의 침공으로 한민족(漢民族)과 중화문화의 위기에 주자(朱子)는 한민족의 독립과 문화적 자존성을 확립하기 위해 유교의 정통성을 강조하고 존왕양이의 춘추대의로 이민족을 응징할 것을 역설하여, 화이의식(華夷意識)을 근간으로 한 위정척사사상을 체계화하였다. 조선은 건국과 동시에 신유학(성리학)을 국가 지도이념으로 받아들여 정통사상으로 정립해 갔다. 그러나 성리학은 점차 형식화되면서 그 본질을 상실해 갔다. 이를 시정하기 위하여 실학(實學)이 대두하였으나, 근본적 개혁 논리로 발전하지 못했다. 천주교(서학·西學)가 들어오자, 전통사회를 위협하는 위험한 사상으로 인식되어, 위정척사사상이 대두되었다. 위정척사사상은 주자학적 화이의식에 기반, 이질적 문화를 무조건 비문화(非文化)로 배척하는 주자학적인 배타성을 드러냈다. 이단사설인 천주교를 신봉하는 자는 사람이 아닌 금수로 규정했다. 성리학자들은 천주교를 국가의 전통 질서를 파괴하는 반국가적, 반사회적인 위험사상으로 배격했다. 위정척사사상을 애국우국의식의 민족주의 사상으로 발전시킨 사상가는 이항로(李恒老), 기정진(奇正鎭) 등이다. 기정진의 민족자존적인 위정척사사상을 이어받아 실천한 사람은 기우만(奇宇萬)과 송병선(宋秉璿)이다. 기우만은 1895년(고종 32) 을미사변과 단발령을 계기로 일제의 만행과 위정자들의 친일개화를 응징, 배격하기 위하여 의병을 일으켰다. 1905년 을사조약이 일제의 강압으로 체결되자 결사 항쟁을 호소하기도 하였다. 송병선은 벽사론을 지어 양학(洋學)의 배격과 강화도조약의 체결을 반대하였다. 을사조약이 체결되었을 때 조약의 폐기와 조약 체결에 참여한 역신들의 참형을 극력으로 간하였으나, 받아들여지지 않자 순국하였다. 한말 위정척사사상의 양대 지주의 또 한 사람은 이항로다. 그의 애국우국정신, 위민정치관, 문화적 자존의식, 경제적 배타성은 한말의 역사적 위기 상황에서 위정척사사상의 전개 방향을 제시하였다. 이항로의 사상은 제자들에 의해 실천화, 행동화되어 한말 위정척사사상의 주류가 되었다. 김평묵(金平默)·유중교(柳重敎)·최익현(崔益鉉) 등이 대표적인 인물이다.

한국 성리학의 특징은 크게 5가지로 정리할 수 있다.

① 정주학의 절대 우위 전제한 교조주의로 사상을 제한했다. 성리학은 처음에는 불교의 비인륜성을 비판, 나중에는 육상산·왕양명 계통의 심학을 이단시했다. 일부 학자는 양명학에 개방적 태도를 보인 적 있었지만 중국이나 일본에서처럼 발전할 수 없었다. 특히 17세기경부터 정주학은 교조주의적 성격을 띠어 주희의 이론과 다르면 사문난적(斯文亂賊)으로 배척했다. 윤휴, 윤증, 박세당이 당시 주류를 비판, 사문난적으로 제재당했다.

② 주지주의(主知主義)적 경향: 사단칠정론, 인물성동이론 등의 탐구는 200~300여 년에 걸친 것으로 중국이나 일본의 성리학에서는 찾아볼 수 없을 만큼 심오하고 풍부하다. 특히 이와 기에 대한 담론이 활발해져 주리(主理), 주기(主氣), 유리(唯理), 유기(唯氣) 등 다양한 학설이 나왔다.

③ 예학(禮學)의 발달: 명분론적 예학을 꽃피웠다. 정몽주·권근·김장생·박세채(朴世采)

④ 주리론(主理論)의 보수성: 이념형적 가치를 강하게 추구. 정통성을 중시하면서 이 규범에 어긋나는 행위는 가차 없이 지탄했다. 주리적 경향은 기존의 규범과 가치를 묵

수하려는 보수성이 강해 척사위정을 부르짖으며 창의호국(倡義護國)운동을 벌였다.

⑤ 인존정신(人尊精神)의 지향: 사칠논변을 통하여 인간의 선한 감정이 무엇인지 연구하였고 인물성동이론을 통하여 인간의 본질을 밝히고자 하였다.


## 3. 갑오 동학농민 항쟁

동학란은 1894년(고종 31) 전라도 고부의 동학접주 전봉준(全琫準) 등을 지도자로 동학교도와 농민들이 합세하여 일으킨 농민봉기다. 교조 최제우(崔濟愚)의 신원운동(伸冤運動)을 통하여 정치운동으로 성장하고 뒤에 민란과 결합하여 동학농민전쟁으로 전개되었다. 1860년 민중종교로 창도된 동학은 1864년 최제우 교주를 처형, 기세가 수그러졌으나 70년대 후반 경상, 충청, 전라에 뿌리내려 80년대에는 충청도에서 손병희, 손천민, 전라도에서 손화중, 서장옥, 황하일, 김개남 등의 지도자가 나와 교세를 확충했다. 1892년 삼례집회에서 교조 신원 요청, 1893년 광화문에서 40여 명의 동학교도가 복합상소. 4월 보은 속리면에 2만여 명이 모여 교조 신원 요구 차원을 넘어서 '일본과 서양을 물리치고 대의를 세운다' 척왜양창의(斥倭洋倡義)를 내걸고 싸울 것을 결의했다. 동학란은 고부군수 조병갑(趙秉甲)의 수탈 때문에 일어난 민란이다. 만석보(萬石洑) 수세징수 사건에서 비롯되었다. 조병갑이 군수로 부임하여 동진강(東津江)에 건설한 수리 시설에 덧붙여 강의 하류에 신보(新洑)를 쌓게 하고 농민들에게 고율의 수세를 징수함으로써 700여 섬이나 착복하였다. 1893년 12월 농민들은 동학접주 전봉준을 장두(狀頭)로 삼아 군수 조병갑에게 두 차례에 걸쳐 호소하였으나 받아들여지지 않았다. 전봉준은 고부성을 격파하고 군수 조병갑을 효수할 것, 군기창과 화약을 점령할 것, 탐리(貪吏)를 격징(擊懲)할 것, 전주영을 함락하고 경사(京師)로 직향(直向)할 것 등 4개 항을 결의하였다.

동학농민군의 봉기 제1차 항쟁(1894. 2.~1894. 6. 11.): 1894년 2월 10일 전봉준은 김도삼(金道三), 정익서(鄭益瑞), 최경선(崔景善) 등과 함께 봉기하여 수탈되었던 수세미(水稅米)를 되찾아 농민에게 돌려주고 일단 해산하였다. 1894년 4월 전봉준은 김기범(金箕範)·손화중(孫華中)·최경선(崔敬善) 등의 동학접주들과 무장현(茂長縣)에 모여 탐관오리 숙청과 보국안민을 천명하는 창의문을 발표하였다. 전봉준·손화중·김개남의 이름으로 된 '무장동학포고문'으로 불리는 이 창의문이 발표되자 근방의 10여 읍에서 호응, 10여 일 만에 1만여 명이 동원되었다. 전봉준은 1천여 명 농민을 이끌고 고부 관아를 습격했다. 고종은 청에 동학 진압을 위해 출병 요구, 청병 3천여 명이 아산만을 통해 들어왔다. 7천 명의 일본군도 거류민 보호를 구실로 출병, 인천을 통해 서울로 들어와 궁궐을 점령(1894. 7. 23), 민씨 척족 세력을 밀어내고 대원군을 내세웠다. 갑신정변 후 10년 만에 청일 두 나라가 대치, 청일전쟁도 도발했다. 전주화약과 집강소의 설치: 한편 초토사 홍계훈이 거느린 경군은 동학농민군의 뒤를 따라 6월 1일에는 전주성 밖에서 대치, 6월 4일과 6월 6일의 두 차례 양군의 접전은 동학농민군이 전주성을 나와 선제공격했으나 동학군의 패전이었다. 전봉준은 원정서(原情書)를 두 차례에 걸쳐 양호순변사 이원회(李元會)에게 제시하였다. 제1차 원정서는 14개 조목, 제2차 원정서는 24개 조목이었다. 탐관오리의 숙청과 개항 이후 나타난 외국상인의 횡포와 국내 특권 상인의 배격 그리고 물가 등귀의 원인이 되었던 미곡의 국외 유출 방지 등을 주장한 것이었다. 전봉준은 폐정개혁안을 제시하고 강화안을 제시하였다. 초토사 홍계훈이 이를 받아들임으로써 6월 11일 전주화약이 성립되고, 동학농민군은 전주성을 점거한 지 10여 일 만에 철수하여 각자 고향으로 돌아갔다. 그러나 전봉준은 20여 명의 동지와 순창 남원에 남아 있었다. 전봉준은 수천의 동학교도를 거느리고 금구, 원평 등지를 근거로 하여 전라우도를 관할하고, 김개남은 남원을 근거로 하여 전라좌도를 관할하였다.

제2차 봉기(1994년 10월): 동학농민 10만여 명이 10월 전주 북쪽 삼례에서 집결. 손병희도 10만여 명의 북접 농민군을 이끌고 논산에서 합류했다. 공주 남쪽 우금치(牛禁峙)에서 관군 및 일본군과 1주일간 50여 회의 공방전 후 500여 명의 생존자가 전주 남쪽 금구, 원평으로 후퇴했다. 무기의 열세를 극복하지 못해 크게 패했다. 전봉준은 순창에서 체포되어 일본공사의 재판을 받고 사형됐다(95. 4). 외세 배척 반봉건의 기치를 높이 들었으나 1년 만에 실패하였다. 고부 민란으로부터 1년여에 걸쳐 전개되었던 동학농민 저항은 결국 실패하였으나, 동학농민군은 항일 의병 항쟁의 중심 세력이 되었고, 3·1독립운동으로 계승되었다.

# 4. 갑오경장 민비시해와 의병, 경술국치

아산만에서 일본군의 선제공격으로 시작된 청일전쟁은 일본이 승리, 시모노세키에서 조약을 맺고 칭은 요동반노와 대만을 일본에 주기로 했다. 일본은 친일 정권을 세워 갑오

경장을 단행케 했다. 이노우에 카오루를 특명전권공사로 조선의 내정에 직접 간여했다. 대원군을 축출하고 고종에게 압력을 넣어 군국기무처를 해체하고 박영효, 서광범 등을 입각시켜 친일적인 개혁을 추진케 했다. 94년 7월 27일 군국기무처라는 임시 특별기구를 만들어 경장을 추진했다. 영의정 김홍집을 총재관으로 박정양, 김윤식, 김가진, 안경수, 유길준 등 17명이 위원으로 12월까지 210건의 제1차 개혁안을 제정 실시했다. 정치와 경제 개편이었다. 왕권은 축소시키고 의정부와 8개 아문의 실권을 높여 주고 삼사의 언론기관을 폐지했다. 궁중의 잡다한 부서를 궁내부 산하에 통합, 기능을 축소하여 왕실을 약화시켰다. 경제개혁은 은본위 화폐제도와 조세의 금납화를 실시했다. 과부 재가 허용, 공사노비, 반상문벌, 죄인연좌제를 혁파했다. 제1차 개혁(94. 7.~94. 12.)은 8도를 13도로 개편. 일본의 정치적, 경제적 간섭과 침투를 강화하는 환경조성을 했다. 제2차 개혁(94. 12. 17.~95. 7.)에는 213건의 개혁안이 제정되었다.

## 민왕후 시해와 을미의병

갑오경장으로 일본의 외압이 거세지자 고종과 민비는 러시아를 끌어들여 일본을 견제하려고 했으나, 일본 앞잡이 박영효는 민왕후를 폐위시키려고 하다가 발각되어 일본으로 망명했다. 고종은 1895년 8월 김홍집, 김윤식, 이범진, 박정양, 이완용 등으로 내각을 구성하고 반일정책을 추진했다. 친일세력 실각에 불안한 일본은 미우라 고로를 주재공사로 보내 일본인 수비대와 경찰, 신문기자 등으로 경복궁을 습격하여 민왕후를 시해했다(1895. 10. 8). 민왕후 시해 후 제3차 김홍집 내각(95. 8.~96. 2.)을 구성하고 일본 조종하에 140여 건의 법령을 제정 공포했다. 태양력 사용, 연호 건양, 서울에 소학교 설치, 단발령과 양복 착용, 서울에 친위대, 지방에 진위대를 설치했다. 민왕후 시해와 단발령에 항거, 친일관료 응징을 명분으로 내걸고 여주 박준영, 춘천 이소응, 제천 유인석, 강릉 민응호, 홍주 김복한, 산청 곽종석, 문경 이강년, 장성 기우만이 관군·일본군과 싸웠다. 고종은 1896년 2월 11일 러시아 공사관으로 피신(아관파천)하며 친일 관료 체포를 명했다. 김홍집, 정병하, 어윤중 등이 군중에게 맞아 죽었다. 유길준은 일본으로 도망, 김윤식은 제주도로 유배됐다. 이들 대신 이완용, 이범진, 윤치호 등으로 새 내각을 구성했다. 고종은 1년간 러시아 보호를 받았다. 1904년 노일전쟁이 일어나기까지 8년간은 러시아가 일본의 한국침략을 견제했으나 나라는 파국으로 치달았다. 1897년 2월 20일 경운궁[덕수궁]으로 돌아온 고종은 10월 12일 원구단에서 황제 즉위식을 거행하고 국호를 대한제국으로 고쳤고 연호는 광무로 고쳤다. 광무개혁을 단행했다. 황제권 강화, 무관학교 설립, 국가, 어기, 군기 제정, 해삼위통상사무관 북변도관리 설치. 1898년 토지조사사업 실시, 확인된 소유주에게 지계 발급. 과학기술 상공업진흥정책도 추진, 기예학교, 의학교, 외국어학교 설립, 방직, 제지, 금은 세공, 무기 제조공장 설립을 지원. 황제 직속 궁내부 내장원이 재정을 관장하고 이용 익에게 일임. 서울을 근대도시로 계획, 서대문 홍릉 간 전차 부설, 전화 가설, 미국식 도로 건설(대한문 앞을 중심으로 계획한 흔적이 있다), 경의철도 부설 시도, 강력한 황제권을 바탕으로 국방, 산업, 교육, 기술 면에서 근대화를 시도했고 일부 성과를 거두었다. 을미 의병(1895) – 여주 박준영, 춘천 이소응, 제천 유인석, 강릉 민응호, 홍주 김복한, 산청 곽종 석, 문경 이강년, 장성 기우만이 민비 시해, 단발령에 항거하여 친일관료 응징을 명분으로 내걸고 관군과 일본군과 싸웠다.

고종이 아관파천한 후 유길준은 일본으로 도망, 김윤식은 제주도로 유배하고, 이들 대신 이완용, 이범진, 윤치호 등으로 새 내각 구성. 1년간 러시아 보호로 국왕은 일본의 압제에서 벗어나 운신 폭은 자유로웠다. 러시아와 일본이 서로 견제하는 이 시기부터 1904년 노일전쟁 이 나기까지 8년간은 다소 자유로울 수가 있었다. 이러한 분위기에서 대한제국이 탄생한다.

### 을사조약(1905), 정미조약(1907), 경술국치(1910)

러시아 – 두만강, 압록강, 동해안 연안 광산 산림 어장 개발권. 미국 – 운산 금광채굴권, 서울 전차운영권. 독일 – 강원도 당현금광 채굴권. 일본 – 경부철도부설권, 경인철도부설 권, 어업권, 금광채굴권, 금융시장잠식. 활빈당, 보부상이 황국협회조직상권 지키기에 나 섰다. 영일동맹(1902)으로 일본은 한국에 대한 특수 권익을 영국으로부터 인정받았다. 정 치적 간섭과 군사 점령 가능케 한 한일의정서(1904. 2), 한국주차군(1904. 3), 군사경찰제 (1904. 7), 한일협정서(제1차 한일협약 1904. 8. 고문정치), 태프트 – 가쓰라 밀약(1905. 7. 일 본의 한국지배 미국과 사전협의) 등을 하나씩 진행했다. 1905년 11월 제2차 한일협약(일명 을사조약) 황제 재가 없는 조약문서로 외교권을 박탈했다. 1907년 7월 순종 한일신협약 (190/. 7. 성미 7조약 차관정치), 1907년 8월 – 군대해산 보안법 신문지법, 1910년 8월 29일 황제가 퇴위했다. 조선이 망한 것이다. 을사조약 후 민영환, 조병세, 홍만식, 송병선, 이상 철 등이 자결했다. 민종식, 최익현, 정용기, 신돌석 임병찬 – 의병, 군대 해산 후 의병

(1907~1910)—민긍호, 지홍윤, 유명규. 13도 창의군—1907년 양주에 집결—이인영 허위.
언론투쟁—황성신문, 대한 매일신보제국신문, 만세보. 정치 사회단체—대한자강회, 대한
협회, 기호흥학회, 신민회. 교육—3~4년 사이에 3천여 개의 사립학교를 설립했다. 영명
(1905). 종교—YMCA, 천도교, 기독교, 단군교, 불교. 국학운동에는 주시경, 장지연, 김택영,
신채호, 박은식 등 지식인들이 앞장섰다.


## 5. 파란 눈에 비친 구한말 한국사회

외국선교사에게 비친 경술국치 후 한국은 크게 두 가지다. 미국인은 당시 조선을 미개
한 사회로 보았고 유럽신부들은 전통 있는 고급문화로 높게 평가했다. 조선은 쇄국정책을
폈으나 이 시기 조선에 들어와 오래 머물면서 조선왕조의 정치와 문화를 관찰한 기록이
100여 권이나 된다. 전근대 조선의 모순을 파헤친 선교사들의 신랄한 고발과 조선 전통문
화에 대한 긍정적인 해석 등이 눈길을 끈다. 선교사들은 왕실과 안동김씨들이 일본과 중
국에서 곡물을 사 오면 백성들이 굶어 죽지 않을 터인데 백성들이 굶어 죽는 것을 왜 보
고만 있는지 알 수 없는 일이라고 한탄했다. 노베르토 베버 신부(1870~1956 성베네딕수
도회 원장)는 일제 침략으로 사라지는 조선 문화에 대한 연민의 글을 남겼다. 조선이 일본
의 식민지로 전락한 경술국치(1910년) 5개월 뒤 한국을 찾아온 성베네딕수도회 원장 노베
르토 베버 신부(1870~1956)는 높은 문화를 향유하던 한국민족이 열등한 일본민족에게 나
라를 빼앗겨 귀한 전통이 사라져 감을 애통해하는 기행문을 남겼다. 그는 민속자료를 사
진, 영화필름, 현장 조사로 채집하고, 조선이 꼭 독립하여 독자문화를 계승 발전시키기를
염원한다는 보고서를 발표했다. 경향신문은 경술국치 직후인 1911년 2월 21일부터 5개월
간과 1925년 2차 방문, 6개월간 금강산 등 한국을 탐사하며 아름다운 산하와 문화를 글·
사진·필름으로 담아 놓은 노베르토 베버 신부(1870~1956)의 '조선', '금강산' 두 저술과
기록 영화 4롤을 왜관 베네딕도수도회에서 발굴하여 79년 4월에 공개했다. 베버 신부는
서독 뮌헨 근처 성오틸리엔 농촌에 본부를 둔 성베딕도수도회 원장으로 2년여 준비를 하
고 한국에 2차례 방문, 한국문화를 2권의 책과 영화필름으로 정리했다. 460면의 '조선'에
는 컬러사진만 24장이 수록됐다. 1925년 두 번째로 한국에 온 베버 신부는 16㎜ 기록영화
필름 4롤에 금강산·불교의식·소고춤·승무·장례의식·짚신 만들기·옹기 굽기·서

울거리·우물가·서당 스케치 등을 담았다. 베버 신부는 독일에 돌아가 저술한 '조선'으로 뮌헨 대학에서 명예박사를 받았다. 한국인의 늠름하고 자연스런 모습을 컬러사진으로 담은 베버 신부는 한국의 높은 문화 수준에 심취했다. 그의 일기체 저술 '조선'에는 한국 사랑이 물씬 풍긴다. 부산에 도착한 베버 신부는 일본 침략 기점인 부산의 변모를 기록하며 "외모가 당당한 조선인들이 체구가 작은 일인들의 지배하에 노예생활을 하고 있다니 얼마나 모순인가" 하는 것으로 기행문을 시작한다. 조선인은 짚신을 싣고 있어 걸음이 탄력성이 있는데 게다를 신은 일본인들은 발을 질질 끌면서 걷는다고 묘사했다. 조선인의 옷은 눈이 부실 정도로 흰데 일인의 옷은 칙칙하다고 했으며 일본 어린이들은 요란한 꽃무늬를 수놓은 옷을 입고 있으나 베버 신부의 눈은 담백하고 짙은 색깔 옷을 입은 조선 어린이를 좇고 있었다고 고백했다. 서울에 온 베버 신부는 튼튼한 성곽이 외견상 견고한데 나라가 왜 망했을까를 생각하며, 조선 파워엘리트의 부패와 안일 독선을 안타까워한다. "백성을 지도하고 투쟁의 선봉에 서야 할 고관대작들이 시골에 파묻혀 재산과 정력을 탕진하면서 주색잡기에만 골몰하고 있는 실정이다. 돈으로 관직을 매수한 후 백성의 고혈을 착취하고 고리대금으로 치부를 일삼다 이제는 일신의 안전을 도모하기에 전전긍긍하고 있는 실정이다. 이미 진정한 저항을 생각할 수 없을 만큼 백성은 지도자를 잃고 말았다. 그러니 조선은 옛날의 기백을 잃고 물밀듯 들어오는 동서열강에 맞서 항쟁 한 번 제대로 못한 채 수탈당할 수밖에 없게 된 것이다. 일본은 조선 고관을 매수하여 민족을 배반하는 매판적 활동을 하도록 유혹하고 관직을 제공할 것이다. 가난한 사대부에게 많은 은급을 주고 있으나 사용 가치가 없으며 이것마저 중단할 것이다." 부패한 지배층의 모습을 베버는 이렇게 측은하게 지적했다. 그러나 한국문화의 기본은 일본보다 월등하며 세계에 내놓아도 경쟁력이 있다고 높이 평가한다. "조선 문화 가운데 염색술은 가장 발달한 예술 가운데 하나다. 조선 의복의 색깔이 맑고 밝은 것은 특수한 식물에서 추출한 천연색 염료를 이용하기 때문이다." 그러나 일본에서 만든 광물 색소와 염색술이 유입 보급됨에 따라 조선 고유의 염색술이 점점 자취를 감추고 있어 안타깝다고 베버는 지적했다. 비단 염색술만이 아니라 조선의 전통적인 민속·과학·예술 감각마저 소멸될 위기에 있으니 애석한 일이라고 지적했다. 조선인의 옷 색깔은 자연과 나이에 따라 잘 적응한다. 일본인은 야유를 가도 자연을 파괴하며 아름다움을 소유하려고 하지만 한국인은 관조할 뿐이리고 한국문화의 우수성을 베버는 칭찬했다. 개화기 미국, 영국, 일본의 한국 조사팀과는 다른 시각으로 1910·-1925년의 한국을 정리했다. 베네딕도수도회는 혜화동에 기술학교를 세워 한국에 독일 기술을 가르치려고 했다. 이 베네딕도수도회가 서울에 정착하지 못하고 북한으로 넘어가 만주로 선교지를 바꾼 것은 아쉬운 일이다(경향신문 79. 4. 박석홍 기자).

## 6. 독립운동 - 임시정부

망국 후 광복까지 의병, 3·1운동, 강제 징용 등으로 한국인의 인명 피해는 기하급수적으로 늘어 갔으며 이민, 민족문화 말살, 역사 왜곡 등 식민지 피해는 극심했다. 1941년 12월 11일 임정은 대일본 선전포고를 하고 이승만을 통해 미 국무성에 임정 승인과 광복군 지원을 요청했으나 미국은 이미 미국과 교전 중에 있었던 일본이 일본 지배하에 있는 미국인에 대한 보복 가능성을 이유로 거절했다. 그뿐만 아니라 당시 주중 미국 대사관은 "임시정부는 중경에 와 있던 1천여 명의 한국인만을 대표하여 세력도 약하고 당파 분열로 조직도 미비하여 본토 국민들과 접촉도 없고 국부 중국의 원조는 받아 왔지만 이는 중국의 전통적 패권 복구노력의 일환이었다"고 본국 정부에 보고했다. 독립운동사 연구는 정치나 이데올로기의 선전선동과 별개로 실사구시해야 할 대상이어야 한다. 채만식의 탁류, 이난영의 목포의 눈물, 독립운동가의 아내수기 등이 모두 독립운동 연구사료로 분석 대상이 될 수 있다. 독립운동 개념은 독립, 광복, 해방, 복벽, 민족운동, 민족해방운동, 사회주의 혁명 등 다양하다. 진실 탐구여야 한다.

### (1) 독립운동 전개

일본은 메이지유신(1868) 후 7년 만인 1875년 운요호[雲揚號]로 강화도 초지진을 침공한 지 35년 만에 조선을 속국으로 만들었다. 1895년 8월 20일 민왕후 시해와 단발령 계기로 의병봉기 - 유인석(제천), 맹영재, 김백선(지평), 허위(문경), 이설, 김복한(홍주) 기우만(장성). 1905년 한일신협약(을사조약 통감정치 외교권박탈 보호국)을 황성신문이 검열받지 않고 보도했다. 이상설, 이유승, 안병찬, 조병세 항의 상소. 민영환, 송병선, 이상철, 김봉학이 순국했다. 최익현 격문. 1910년 8월 22일 한일합방조약, 경술국치, 군대해산, 제1대대장 박승환 순국. 민긍호 의거. 황성신문, 제국신문, 대한민보, 대한매일신보, 경향신문 폐간. 최면암집, 소의신편, 음빙실문집 압수. 서북학회, 기호학회, 교남학회, 호남학회, 관동학회, 흥사단 등의 애국계몽운동을 전개했다. 박은식의 독립운동지혈사에 따르면 3·1운동은 1919년 3월부터 5월까지 1,542회의 항의 집회에 2백여만 명이 참여했으며 일본군 2개 사단과 경찰이 동원돼 대량 학살, 무더기 체포, 고문, 태형, 방화 등으로 7,500여 명이 학살됐다. 4만 6,948명이 구속됐고 불탄 민가가 715호, 교회가 47개였다. 1919년 11월 9일 상해 임정 수립, 1920년대 봉오동전투, 청산리대첩, 국내 물산장려운동, 자산가운동, 농민운동 형평운동, 여성운동, 학생운동, 1930년 대한국독립군, 조선혁명군, 윤봉길 의사 의거, 낙양군관학교 출신의 대일전투 참여 등 다양하게 독립운동을 벌였다. 독립운동 지역─한반도 내, 만주, 연해주, 미주, 일본. 1895년 강계의병, 유인석 의병 서간도 관전현, 연해주 이범윤, 안중근 의병활동, 상해 임시정부. 하와이, 멕시코─1902년 하와이 노동 이민이 시작되면서 한인 사회가 형성되고 독립운동단체 결성, 프랑스─임시정부 파리통신부 설치, 런던 1905년 이한응 자결, 만국평화회의 열린 네덜란드 헤이그, 모스크바 이르쿠츠크, 인도, 버마, 일본 동경 등지에서 독립운동이 전개되었다.

## (2) 독립운동 방법

전쟁=의병투쟁 계몽운동의 실력 양성론이 경술국치 전후 국외 독립운동기지 건설로 합의. 1910년대 후반부터 만주지역 독립군 국내 진입 작전 전개. 1920년대 봉오동 청산리 전투, 1931년 중국 반만 항일군과 연합 일본군과 전투, 37년 조선 의용대 대일 항전, 41년 한국광복군 인도, 버마 전선에서 영국군과 함께 대일전 수행했다.

의열 투쟁=1908년 전명운, 장인환 스티븐슨 처단, 1909년 안중근 이토 저격, 1931년 이봉창 일왕에게 폭탄 투척, 1932년 윤봉길 의사 홍구공원 의거.

외교=1907년 이상설 헤이그, 1919년 파리 강화회의 대표 파견, 이승만 대미 외교.

실력양성론=군자금 경제적 후원, 노동운동, 농민운동, 학생운동, 여성운동, 교육운동, 국학운동, 언론 활동.

## (3) 독립운동의 목표와 이념

유생과 농민 의병은 복벽론, 개화지식 계몽 운동은 공화주의 국민 국가 건립. 노선과 이념차이는 3·1운동에서 극복. 민주공화제를 표방했다. 1920년대 자유주의, 사회주의, 무정부주의로 다원화 독립운동 분열했다. 1920년대 중반 민족유일당 운동, 안창호의 대공주의(민족평등, 정치평등, 경제평등, 교육평등)와 조소앙의 삼균주의(정치, 경제, 교육의 균등)가 독립운동의 지도 이념이 되었다. 1930년대 임시정부 인사들은 한국독립당으로 삼균주의를 채택했으며, 한국 국민당, 조선 혁명당도 마찬가지였다. 1935년 5개 정당단체가 통일, 조선민족해방혁명당도 삼균주의를 수용했다.

## (4) 독립운동의 특기할 사항

① 1894년 일본군 경복궁 침입 대원군 정권 수립한 갑오왜란에 대항한 의병 봉기 후 1945년 해방까지 50년간 독립운동 지속. 3 · 1운동 후 임시정부 23년 국민대표회가 무산되면서 국내외에 민족유일당운동 일어났다. 29년 신간회가 결성되어 국내에서 통합 기능, 31년 해체, 만주에서 참의부, 정의부, 신민부 3부가 국민부와 한족 자치 연합회로. 집합과 분열의 역사였다.

② 세계성 – 1908년 연해주에서 유인석, 이범윤, 최재형, 안중근 의병, 해조신문, 한민학교 중심 계몽운동, 1908년 미국에서 장인환 전명운 스티븐슨 처단, 1909년 박용만도 미국에서 덴버 해외독립운동지도자 총회 네브라스카 소년병학교 운영, 1905년 안창호도 미국에서 공립협회 공립신문, 1910년 유인석, 이상설 등이 러시아에서 성명회를 결성, 국제적으로 항쟁하자 러시아 정부 독립운동자 검거. 문창범 등 7명은 이르쿠츠크로 유배. 1914년 다시 탄압, 이상설, 박은식, 신채호 중국으로 탈출. 이동휘. 1917년 2월 혁명 시 활동 10월 혁명 후 일본군 진주 4월 참변 자유 시 참변. 1937년 스탈린 한국인 강제 이주시켰다.

③ 독립운동의 성과 – 민족의식과 민주주의 발전 민족문화정리.

④ 독립운동 반성 – 지역 분파 다툼이 심했다. 동족 살해＝김좌진, 현익철, 송진우, 장덕수, 여운형, 국제 인식 결여. 이념 다원성과 분열 다양성 격렬 민중주도.

## (5) 상해임시정부

▶ 대한민국임시정부(大韓民國臨時政府) 5개 수립
  3 · 1운동 후 3월부터 4월 사이에 국내외에 민주공화국 건국을 목표로 하는 5개 임

시정부가 조직됐다.

- 대한국민회의(2. 25, 블라디보스토크, 손병희 대통령, 이승만 국무총리)
- 조선민국임시정부(4. 9, 서울, 손병희 정도령, 이승만 부도령)
- 대한민국임시정부(4. 10, 상해, 이동녕 의정원의장, 이승만 국무총리)
- 신한민국정부(4. 17, 철산 의주지역, 이동휘 집정관 이승만 국방총리)
- 한성정부(4. 23, 이승만 집정관총재, 이동휘 국무총리총재, 13도 대표 국민대회명의)
가 각각 세워졌다.

▶ 통합임정

상해를 거점으로 1919년 9월 11일 개헌 형식으로 통합되어 1919년 11월 9일 대한민국임시정부를 정식 수립했다. 임시정부는 3권 분립에 기초한 민주공화국, 대통령제와 내각책임제 절충, 한성정부안을 따라 대통령 이승만, 국무총리 이동휘, 활동 중점을 민족운동 통합과 국제외교, 본국과 연락을 위해 연통제 설치, 교통국설치 독립신문기관지발행, 워싱턴, 파리, 북경에 외교관 파견, 1919년 5월에 김규식 등 대표 파리강화회의에 파견 독립청원서 제출. 국제적으로 한국 정부 알리고 암흑기 국민에게 희망과 용기 주었다. 그러나 이승만 임시정부 대통령이 미국 대통령에게 국제연맹에 의한 위임통치 청원에 불만을 품은 사회주의 계열 인사들이 적극적인 무장투쟁 노선을 주장하면서 이승만 사임을 요구했다. 이승만은 상해에 와서 6개월간(1920~1921) 체류하면서 이동휘를 해임하고 이동녕과 신규식을 국무총리 대리로 임명했다. 임시정부가 이승만과 사회주의 계열 사이에 노선 갈등이 일어났다. 이승만 중심의 임정에 반대하는 세력들이 요구한 국민대표회의(1923. 1.~1923. 5.)가 소집되었다.

▶ 국민대표회의(國民代表會議)

상해 임정의 이승만 노선을 반대하던 세력이 2년 준비 과정을 거쳐 1923년 1월 3일 국민대표회의(國民代表會議)를 개막했다. 국내, 상해, 만주 일대, 북경, 간도 일대, 노령, 미주 등지에서 120여 개의 단체 대표가 참여했다. 임시정부를 해체하고 새 정부를 조직해야 한다는 창조파와 임시정부를 그내로 유지하면서 실정에 맞게 효과적으로 개편, 보완하여야 한다는 개조파가 맞서 싸웠다. 정부조직만 개조하자는 개조파는 실력 양성을 우선히면서 자치운동과 외교 활동을 강조한 안창호와 상해공산주의자 57명 정도였다. 창조파는 무력항쟁을 강조하면서 조선공화국 수립을 내세웠다. 원세훈, 김규식, 김창숙, 박은식, 신채호, 이동휘, 이상룡 등이 참여했다. 민족주의 좌파 계열과 노령공산주의자 등 80여 명이 지지했다. 임시정부를 그대로 유지하자는 현상유지파[이동녕, 김구 등]가 상해 임정 유지를 주장했다. 국민대표회의는 3월 13일 임시정부 개조안이 상정되면서 양측의 대립, 5월 15일 개조파 대표들이 사임했다. 창조파는 윤해(尹海)를 의장에 추대하고 회의를 계속 진행시켜 개조안을 부결시켰다. 이에 개조파가 회의를 전면 거부하여 국민대표회의는 사실상 결렬되었다. 국민대표회의 개최 자금은 한형권(韓馨權)이 모스크바로부터 받아 온 붉은 돈으로 충당했다. 개조파와 창조파가 상해를 떠나 버림으로써 현상유지파는 1925년에 이승만을 해임시킨 다음 박은식을 제2대 대통령으로 추대하고, 헌법을 개정하여 국무령 중심의 내각책임제로 고쳤다. 1927년에는 주석이 국무위원의 합의에 의해 정부를 운영하는 집단지도체제로 바뀌었다가 1940년 주석중심제로 개편하였다. 이상룡, 홍진, 김구 등이 국무령에 취임하고 이동녕이 주석에 선출되었다.

▶ 김구의 임정 공산당 운동 증언

당시 상황을 백범일지는 "기미년 대한민국원년에는 민족운동만으로 진전됐으나 임시정부 직원 중에도 공산주의니 민족주의니 분파적 충돌이 격렬했다"고 증언하고 이동휘는 "이대로 독립되면 피 흘리는 공산혁명을 하게 되니 자기와 함께 공산혁명을 하자고 요구했다"고 술회했다. "한형권이 받아 온 붉은 돈 이십만 원으로 상해에서 개최된 국민대표대회라는 것은 참말로 잡동사니회라는 것이 옳을 것이다"라고 기술. "형형색색의 명칭으로 2백여 대표들이 모였는데 이르쿠츠크파, 상해파 두 공산당이 민족주의자인 다른 대표들을 서로 경쟁적으로 끌고 쫓고 하여 이르쿠츠크파는 창조론, 상해파는 개조론을 주장했다. 두 파는 암만 싸워도 귀일이 못 돼서 소위 국민대표회는 필경 분열되고 말았다. 창조파는 한국 정부라는 것을 창조하여 김규식이 수반이 되어서 해삼위로 가서 러시아에 출품하였으나 모스크바가 돌아보지도 아니하므로 흐지부지 쓰러지고 말았다." 상해 국민대표회의는 모스크바의 의도를 크게 훼손하였으며 창조파는 눈 밖에 나고 말았다. 임정을 개조하여 통일하려던 코민테른의 계획은 와해되고 말았다. 러시아에 새 정부를 세우는 것을 건의했으나 허락하지 않았다. 1922년 일본의 시베리아 철병과 노일 협상으로 일본의 도발이 두려워 한국의 새 정부 수립을 러시아가 기피한 것이다. 블라디보스토크는 창조파 40명을 추방. 창조파는 만주로 옮겼다. 모스크바 당국은 자금 원조를 중단됐다. 이동휘는 레닌에게 받은 40만 루블을 휴대한 한형권에게 비서장 김립(金立)을 보내 수령케 했다. 김립은 임시정부에 내놓지 않고 북간도에 개인 토지를 매입하고 공산분자라는 한인, 중국인, 인도인에게 일부 주고 상해에 비밀 잠복하여 광동 여자를 작첩하여 향락했다. 임시정부가 이동휘를 문책하자 총리 사면하고 소련으로 도망했다. 한형권이 소련으로 가서 통일운동을 하겠다고 하고 다시 20만 루블을 가지고 상해에 돌아와 공산도당에게 돈을 뿌려 이른바 국민대표회의를 소집했는데 공산당도 3파로 분립하였다. 상해파 수두는 이동휘, 이르쿠츠크파 수두는 안병찬, 여운형, ML파는 일인 福本和夫와 김준연이었다. 이들은 상해에서는 세력이 미약하나 만주에서 맹활약했다. 국민대표회의가 창조 개조로 싸우자 김구는 내무총장 직권으로 해산령을 내리고 공금 형령범 김립을 총살하라고 명령했다. 임시정부는 한형권을 파면하고 안공근을 러시아에 파송했으나 단절됐다. 그 후 한국독립당이 조직, 이동녕, 안창호, 조완구, 이유필, 차이석, 김붕준, 김구, 송병조 등이 한국독립당을 조직, 민족주의자와 공산주의자가 조직을 따로 갖게 되었다.

▶ 청산리대첩(靑山里大捷)

청산리대첩(靑山里大捷)은 1920년 10월 김좌진(金佐鎭), 나중소(羅仲昭), 이범석(李範奭)이 지휘하는 북로군정서군(北路軍政署軍)과 홍범도(洪範圖)가 이끄는 대한독립군(大韓獨立軍) 등을 주력으로 한 독립군부대가 독립군토벌을 위해 간도에 출병한 일본군을 청산리 일대에서 크게 이겼다. 10월 21일부터 시작된 청산리대첩에서 독립군은 26일 새벽까지 10여 회 전투에 연대장을 포함한 1,200여 명을 사살하였고, 독립군 측도 100여 명이 전사했다. 청산리대첩은 독립군이 일본군의 간도 출병 후 그들과 대결한 전투 중 가장 큰 규모였으며, 독립군이 최대의 전과를 거둔 가장 빛나는 승리였다. 이 전투에 참가한 북로군정서군의 병력은 그해에 사관 연성소를 졸업한 298명을 포함해 약 1,600명이었고, 무기는 소총 1,300정, 권총 150정, 기관총 7문이었다. 대한독립군, 국민회군, 이군부, 한민회(韓民會), 광복단, 의민단, 신민단 등이 홍범도의 지휘 아래 이 전투에 참여한 연합부대다. 그 병력은 약 1,400명이었다.

▶ 일제의 잔혹한 한인학살 경신참변(庚申慘變)

1920년 10월 청산리에서 한국 독립군에게 대패한 일본군은 이에 대한 보복으로 3, 4개월 동안 만주의 한인을 무차별 학살하였다. 일본군은 한국인 마을을 포위, 습격한 뒤 모든 남자들을 한자리에 모아 놓고 총이나 창으로 학살했고, 부녀자들은 보이는 대로 겁탈하고 살해하였다. 모든 민가를 소각하고 가축을 약탈, 마을을 폐허로 만들었다. 화룡현 장암동(和龍縣 獐巖洞)에서는 28명의 기독교인을 세워 놓고 소총 사격 연습의 과녁으로 만들었으며, 연길현 의란구(延吉縣 依蘭溝)에서는 30여 호의 전 주민을 몰살하고 4형제를 불타는 가옥 속으로 밀어 넣어 태워 죽이기도 하였다. 연길현 와룡동(延吉縣 臥龍洞)에서는 교사를 붙잡아 얼굴 가죽을 모두 벗기고 두 눈을 빼내어 누구인지 식별할 수도 없게 만들었다. 어린아이를 칼로 찔러 죽이고 시체를 태워 버렸으며 어린 소녀를 폭행한 뒤 죽이는 등 만행을 저질렀다. 이와 같은 일본군의 잔인한 만행은 만주에서 선교활동을 하고 있던 선교사 마틴(Martin, S. H.)과 푸트(Foote) 선교사의 기록과 사진으로 전 세계에 알려졌다. 패전 후 '인간의 조건'이라는 소설로 폭로됐다. 일본군의 학살 장면을 목격한 미국인 선교사는 "피 젖은 만주 땅이 바로 저주받은 인간사의 한 페이지"라고 개탄했다. 당시 이와 같은 일본군의 만행을 취재하기 위해 현지에 갔던 장덕진(張德震) 동아일보 기자는 실종됐다. 1920년 10월 9일에서 11월 5일까지 27일간 간도 일대에서 학살된 한국인은 3,469명이었다.

## 인용도서 및 참고문헌

한영우,『다시 찾는 우리 역사』, 경세원.
박석흥,『건국 60년 한국의 역사학과 역사의식』, 한국학술정보(주).
박석흥,『신뢰와 존경을 받는 언론』, 한국학술정보(주).
이성무,『조선왕조사』, 동방미디어.
박석흥,「정약용의 행정개혁론연구」, 1972년 연세대행정대학원 석사논문.
윤병석,『근대독립운동사조』, 집문당.
박은식,『한국독립운동지혈사』,『한국통사』, 동방미디어.

# CHAPTER 04

## 건국과 6 · 25
### —패러다임시프트

# 건국과 6 · 25
# — 패러다임시프트

## 1. 해방과 분열

　일본이 무조건 항복을 하고 물러갔으나 남한은 일제식민 통치의 후유증이 여러 분야에서 드러났다. 최악의 조건에서 대한민국은 건국됐다. 일본이 패망해 도망갈 때 남한의 보수진영은 준비한 것이 없었다. 미국도 사전 준비 없이 상륙하며, 최악의 경우 한반도를 중국이나 소련에 넘겨주고 일본을 방어선으로 한다는 대안까지 논의됐었다. 이런 악조건에서 출범한 대한민국이 건국 60년 만에 선진국에 진입한 것은 건국 주역들의 탁월한 노력의 결실이다. 해방 공간에 학생, 지식인 등 중간 계급이 빈약했다. 그나마 좌우로 분열되어 있었다. 일제식민지 교육은 조선인의 일본 동화와 일본 제국주의 체제 통합 방편이었다. 그러나 학교가 의식 고취와 집단행동 기회를 제공하는 유일한 기관이었다. 학교는 마르크스주의 급진 사상이 싹튼 장소였으나, 민족의식이나 독립을 위한 체계적인 사고와 조직이 싹트지는 못했다. 대한민국 건국기에 일할 수 있는 교육받은 인재는 대체로 일제치하에서 복무했던 사람들이었다. 건국기 국민 통합에 앞장서야 할 언론도 이데올로기와 소속 집단에 충성하는 정파주의 언론이었기 때문에 언론의 바른 기능을 하지 못했다. 일제는 불교와 유교의 기세를 초기에 꺾었고 민족운동의 구심점이었던 천도교도 회유했고 대종교는 사이비 신흥종교로 몰아 압살했다. 3 · 1운동 후 종교 활동을 허용했으나 기독교, 천주교, 불교계의 많은 종교지도자를 일제부역자로 회유했다. 3 · 1운동 추진 세력까지 일

제 탄압과 회유로 일제에 순응하는 친일파로 전락했다. 미군정과 대한민국 건국기에 좌파와 싸우면서 치안을 담당한 사람들은 일본경찰과 일본군에서 일했던 사람들이어서 친일파 기용이었다는 지적을 받아 왔다. 해방 후 공산당은 민족적 대표성을 내세우기는 무리였으나 이들이 내세운 민중적 개혁 정책들이 일반 대중과 지식인의 호응을 얻었다. 일제와 타협하지 않은 투쟁으로 희생당했다는 명분이 있었기 때문이다. 국내에 남아 지하 조직을 구축했던 경험은 해방 후 정국 전개에 적극적으로 대응할 수 있었다. 해방공간에서 보수우파의 지도자는 이승만과 몇 명의 추종 세력이 전부였다. 해방 후 우리 민족의 제일 과제는 반제국주의 반봉건 통일 민족국가 건설이었다. 그러나 추진할 국민대표 세력이 빈약했다. 미국의 불확실한 한반도 정책으로 남한은 공산화될 뻔했다. 제2차 세계대전이 끝날 무렵 미국 정부가 가지고 있던 한반도 정책은 ▶ 카이로회담에서 소련 및 영국 정부와 합의한 대로 적당한 시기에 독립시킨다. ▶ 임시정부를 승인하지 않고 모든 독립운동 세력을 동등하게 취급한다. ▶ 국제 신탁통치하에 둔다. 1943년 카이로 선언에서 처칠의 긴급동의로 in due course(적당한 때에, 일이 순조로이 진행되면, 오래지 않아)를 삽입했기 때문이다. 무조건 독립에서 조건부 독립을 밝힌 것이다. 얄타회담(1945. 2. 11.)에서 소련 참전 결정, 원폭투하 후 소련이 서둘러 참전(1945. 8. 9), 일본이 포츠담선언 수락(1945. 8. 10.)으로 종전. 1945년 8월 12일 소련군 청진에 상륙, 미군은 유구에 있다가 1945년 9월 8일에 인천에 상륙했다.

### 38선 획정

임진왜란 중 일본과 명 사이에서도 한반도 분할을 논의했었다. 노일전쟁 직전 러시아 남하에 위협을 느낀 일본이 38도선을 경계로 분할을 제기(1896)했었다. 영일 동맹에 위협을 느낀 러시아가 39도선 이남에서 일본의 우위권을 인정하고 그 이북의 땅을 중립지대로 할 것을 제의했다(1903. 7). 일본이 압록강(鴨綠江) 선까지의 지배와 만주에 대한 이권을 요구하면서 러시아의 39도선 분할안을 거절함으로써 노일전쟁이 일어났다. 당시 고종은 중립을 선언했지만 영향력은 없었다. 조선은 일본 보호국 식민지로 전락했다. 태평양전쟁 막바지에 일본은 조선과 만주의 대미, 대소 작전 준비 강화(1945. 5. 30.)를 위한 작전 분담 지역을 대체로 38도선을 경계로 북쪽은 관동군 지휘하에, 남쪽은 일본 대본영 직접 지휘 아래 편입했다. 이 38도선이 한반도 분할 경계선으로 다시 등장한 것이다. 8월 12일 청진에 진주한 소련군이 남진하자 미국이 일본군 항복을 받을 경계선으로 38선을 제의하고 소련이 동의(8월 11일 러스크 대령, 본스틸 중령 작성)함으로써 분계선이 확정됐다. 38선은 얄타회담이 결정한 신탁통치 실시 전의 일시 경계선이었으나 한국민의 반대로 실시되지 않음으로써 실질적인 분단선이 되었다.

### 건국준비위원회

▶ 해방 후 서울의 정치 세력은ー김성수, 송진우 중심의 우익 민족주의 세력, 여운형 사회주의적 민족주의 세력 → 박헌영 공산주의 세력, 기독교계 인사 중심 종교 세력 등이 활약했다.

▶ 해방 후 활약한 인물ー이승만, 김구, 김규식, 신익희, 김성수, 이시영, 조소앙, 안재홍, 조만식, 김두봉, 백남훈, 홍명희, 노마리아, 정인보, 백낙준, 박헌영, 김두한, 이범석, 이철승, 이상백, 조윤제, 최현배. 조선조의 지배계층이 주류였으나 김구, 백낙준 등 비지배계층 출신도 있었다. 미군정 아래서 기독교인과 미국 유학생이 각광을 받았다.

▶ *조선건국준비위원회＝8·15해방 직후 여운형, 안재홍 등 온건좌파와 중도우파가 44년 8월에 결집한 건국동맹이 중심이 되어 조선건국준비위원회를 제일 먼저 조직했다. 44년 8월 조선건국동맹 결성, 여운형, 조동호 뒤에 이여성, 김세용, 이만규, 이상백(서울대학교 사회학과개설)이 가담했다.

▶ 조선총독부는 송진우에게 치안권과 행정권 인수 요청을 했으나 거절당했다. 8월 15일 총독부는 여운형에게 치안권과 행정권 위임, 여운형이 건국준비위원 조직에 착수했다. 8월 17일 위원장 여운형, 부위원장 안재홍이 26일 선언과 강령 발표, 31일 건국준비위원회 12부 1국의 준정부 조직, 지방 지부도 145개. 안재홍, 건준이 좌경화된다며 탈퇴했다.

▶ 조선인민공화국ー9월 6일 건준은 경기여고에서 1,300명의 인민대표가 모인 가운데 여운형을 임시 의장으로 전국인민대표자 대회를 개최. 이승만 주석, 여운형 부주석, 국무총리 허헌 좌익 주도로 건준 후신으로 인공 조직. 중경 임시정부 추대 운동에 대한 자파의 대응[임정 초기 좌파 움직임과 유사]. 건준 지부는 이민위원회로 대체. 실권은 조선공산당을 재건한 박헌영 장악. *한국민주당ー9월 16일 송진우, 김성수 등 보수적인 명사 유지 참어. 시주와 부르주아 세력 대변. 중경 임시정부 추대 운동

앞장, 건준 인공 세력 타도를 분명히 했다.

▶ 국민당-9월 24일 안재홍이 주도, 신민주주의 · 신민족주의 표방 중도우파, 좌우연합 민족단결 주장.

▶ 조선공산당-9월 16일 좌익 박헌영이 8월 테제(부르주아 민주주의 혁명론) 채택, 부르주아 혁명, 토지 혁명 제시. 당 조직과 대중 조직에 힘썼다.

▶ 북에서는 10월 10일 조선공산당 북조선 분국 창설. 조선공산당 하부 조직임을 표명하였지만 실제로는 독자적으로 활동했다. 1945년 12월 17~18일 북조선조직위원회 제3차 집행위원회 소집. 여기서 김일성을 책임비서로 선출. 북조선 조직. 1946년 초부터 북조선공산당(책임비서 김일성)으로 호칭. 46년 2월 8일 북조선 중앙행정기구인 북조선 임시위원회 조직 김일성 위원장. 3월 5일 토지개혁법령 공포. 3월 23일 북조선 인민위원회 11개조 당면과업을 구체화한 20개조 정강 발표. 46년 6월 24일 노동법령 및 남녀평등권 법령 실시/11월에는 조만식을 당수로 조선민주당 창당(조민당). 조민당은 간부 다수가 월남, 공산주의자들이 침투 정체성을 상실. 12월 중국에서 조선 독립 동맹 간부들이 입북, 다음 해에 김두봉 등은 신민당으로 바꾸었다.

▶ 1945년 10월 16일 이승만 귀국.

▶ 10월 23일 독립촉성중앙협의회 결성 결의 조직. 조공이 반발.

▶ 11월에 중경 임시정부 요인 개인 자격으로 환국, 인공 측이 법통 인정하지 않아 두 세력 간의 타협 실패.

▶ 12월 16~26일 모스크바 삼상회의-한국문제에 관한 4개 항의 결의서[이른바 신탁통치안]를 결정했다. → 조선민주주의 임시정부 수립할 것 → 임시정부 수립 원조 위해 미소 공동위 설치할 것 → 미, 영, 소, 중은 한국을 최고 5년간 공동관리[신탁통치]할 것 → 2주일 이내에 미소 사령의 대표회의 개최할 것.

▶ 반탁 운동 중경 임시정부 주도로 서울 인천 등지에서 시작, 한민당 국민당 호응.

▶ 1946년 1월 2일 조공, 인공 신탁통치 지지. 김규식, 안재홍, 김병로 등 중도우파도 임시정부 수립을 위해 미소 공동위에 협조하되 신탁통치는 반대.

▶ 북한은 1945년 11월 북조선 행정 10국을 중앙집권적으로 조직한 북조선 임시 인민위원회(위원장 김일성) 조직. 46년 7월 12일 북조선 민주주의 민족통일전선 결성. 북조선공산당과 신민당을 통합하여 북조선노동당(위원장 김두봉) 조직, 47년 2월 각급 인민위원회 선거, 북조선인민위원회(위원장 김일성) 창설. 46년 3월 20일 미소 공동

위, 임시정부 수립 협상 결렬, 5월 초 휴회.

▶ 46년 6월 3일 이승만 남한 정부만이라도 정부 수립 피력.

이승만 정읍발언(1946년 6월3일)

"이제 우리는 무기 휴회된 미·소 공동 위원회가 재개될 기색도 보이지 안으며, 통일정부를 고대하나 여의케 되지 않으니, 우리는 남방만이라도 임시 정부 혹은 위원회 같은 것을 조직하여 38 이북에서 소련이 철퇴하도록 세계공론에 호소하여야 될 것이니 여러분도 결심하여야 될 것이다."

46년 6월 29일 민족통일본부 설치 발표. 민족통일 선언과 본부임원 결정. 미소 공동위 속개를 촉구하고 민족 대단결을 위해 좌우 합작 운동 전개. 미군정은 조공 탄압, 이승만, 김구 견제하면서 좌우 합작 운동 지원. 좌우합작위원회−비상국민회의, 민주의원 등에서 우익 대표로 김규식, 원세훈, 안재홍, 최동오, 김명준 등 5명, 좌익은 여운형, 성주이, 정로식, 이강국 등 5명을 선정. 7월 25일 첫 회의, 7월 27일 민전에서 합작을 반대하기 위한 5원칙 발표. 민전 5원칙은 박헌영이 평양에서 돌아온 뒤 조선공산당이 채택한 신전술. 5원칙 발표 후 좌익에서는 여운형 세력만 참여했다. 미군정에 대해 공세적 군중 투쟁 노선을 담고 있다. 1946년 중반 이후 좌익 약화. 박헌영 '정당방위 역공세' 구호 아래 신전술 채택. 공산당 미군정 협조 포기, 폭력혁명 노선 선회.

▶ 1946년 7월 26일 '신전술에 대한 지시' ① 반미운동 전개, ② 남조선에서의 북조선과 같은 제 개혁의 무조건적 수행, ③ 미제국주의에 대한 민중의 강력한 투쟁 전개, ④ 모스코바협상 절대지지, ⑤ 적극적, 공격적 대세로 우파진영에 대한 일대타격 수행, ⑥ 군정으로부터 인민위원회로의 정권이관운동 적극 전개. 박헌영은 군정청의 좌익 단속에 맞서 46년 5월 15일 정판사위조지폐사건 후 7월 26일 신전술을 채택했다. 조공산하 전평(노동조합전국평의회) 10월 파업 단행. 전평은 46년 9월 24일 철도노조 파업을 시발로 전신, 전화, 운수, 금속, 화학, 출판, 신문 등 40여 개 노조단체 노동자 25만이 가담한 시위. 사망자 1천여 명(경찰 200명 피살), 행불자 3,600명, 부상자 2만 6천여 명, 10·1폭동사건을 커밍스는 농민항쟁이라고 주장. 슈티코프 대장(소련군 연해주 군관구 군사평의회 위원) 일기 9월 28일 평양 소련군 빈성사령관 로마넨크 소짐은 서울주재 소련 영사 샤브닌, 김일성, 여운형 연석회의에서 임금인상, 체포자 석방, 좌익신문 복가, 조공지도자 군정청 채포령 철회 등 요구가 받아들여질 때까지

파업 계속하라고 지시/로마넨코는 이 자리에서 파업지원금 200만 엔을 지급했다. 신전술 등장 후 좌익 대분열. 공산당, 인민당, 신민당 좌익 3당 합당 추진되었지만 박헌영 지지 세력과 여운형 세력으로 분열. 박헌영 지지 세력이 중심이 되어 11월에 남로당 건설, 9월 총파업, 10월 항쟁. 좌익 내부 분열 고조되고 좌우 대립 심화. 12월 관선 의원(정원 45명)과 민선 의원(정원 45명)으로 구성된 남조선 과도 입법의원이 출범. 김규식이 의장. 중도파와 극우 세력 간의 대립. 1946년 12월 8일 이승만 도미. 1947년 5월 21일 미소공동위 재개, 7월 공전(3월 트루먼독트린 미소 냉전격화). 9월 미국 한국 문제 유엔에 요청. 11월 14일 유엔 감시하 남북 총선거안 통과. 소련 반대. 48년 1월 유엔 임시위원단 북에 들어오는 것 소련은 불허용. 한국 문제 유엔 이관 후 민족자주연맹 중심 중도파 민족주의자들과 한독당은 남북지도자회의 통해 통일 국가 건설 전개하고자 김구, 김규식은 김일성, 김두봉에게 회담 개최 제의.

2월 26일 유엔 소총회는 남한만의 총선거 결의. 5월 10일 선거 실시.

3월 25일 북측은 남북 제 정당 사회단체 대표자 연석회의 제의. 48년 4월 19~23일 북 주도로 열린 연석회의는 남의 단선 단정 반대하는 데 주력. 김구, 김규식 요청으로 26~30일 열린 남북 요인 회담.


## 2. 대한민국 건국 – 왕조체제와 결별

### (1) 남한 정부 수립의 의미

신탁통치를 했다 하더라도 미소 대립과 좌우파 투쟁은 지속됐을 것이다. 단일 정부 수립은 전쟁뿐이었다. 북한과 종북 세력의 이승만의 분단 고착 책임론에 대해 김영명 교수는 두 가지 질문을 던졌다. 첫째, 분단 고착화에 과연 이승만이 가장 큰 역할을 했는가. 둘째, 당시 과연 민주적인 통일 정부 수립이 가능했는가. 분단의 책임을 이승만에게 돌리는 것은 정직하지 않다. 단독 정부 수립은 북한에서 먼저 시작했다. 해방 첫해 조만식 등 민족주의자 숙청, 46년 2월 북조선 임시 인민위원회 수립, 47년 북조선 인민위원회 개편, 48년 2월 군 창설 헌법 초안 작성. 국가, 국기 제정 등 공산 정권 수립은 남한보다 일관되고 명확하게 추진됐다. 이승만 때문에 통일 사회주의 국가로 건국하지 못했다는 원망은 가능할 것이다. 미군정은 오락가락했다. 미국은 이승만을 달갑지 않게 생각했다. 중간파를 육성하려다가 이승만 중심의 우익에 정치적 패배를 당했다. 이승만은 신탁통치를 주장하는 미국도 불신했지만 소련과의 타협 불가능을 간파했었다. 과연 통일 정부가 민주정부 수립보다 앞선 가치인가. 우익 주도의 대한민국이 건국되지 않았다면 한반도 전체가 공산화되었을 것이다. 공산화 형태로 통일되었다면 북한이나 유럽 공산국가와 같은 후진국가의 길을 걸었을 것이다. 이정식 교수도 이승만 대통령의 정읍 발언 배경으로 5가지를 지적했다.

① 이승만이 남달리 국제정세에 해박했다. ② 미소 간의 냉전이 악화되고 화해 가능성이 전혀 보이지 않았다. ③ 소련이 북한에서 단독 노선을 따르고 있었다. ④ 미국이 한반도 정책이 표류 상태이고 남한의 정치, 경제가 혼돈 상태 ⑤ 이승만이 미국 정부를 불신했다. 이승만은 김구, 김규식이 남북 대화를 위해 5·10선거를 지연하자는 것을 거절했다. 한반도에 대한 결정권을 쥐고 있는 강대국들의 대립이 악화되고 있는 상태에서 아무리 남과 북 지도자들이 합의를 거듭해도 남북분단 해소가 불가능함이 자명했기 때문이다. 5·10선거를 연기할 경우 다시 총선거를 할 수 있을지 기약할 수 없기 때문이다. 독립정부가 서지 못하면 남한은 미국의 통치하에 남을 수밖에 없고 북한은 독립정부 수립을 공개적으로 진행하고 있기 때문이다. 북한은 이미 47년 11월 임시헌법 제정위원회를 조직했다. 1948년 2월 8일 조선인민군 창군, 2월 10일 조선임시헌법 초안을 발표했다. 스탈린은 중국공산당 수뇌에게도 "공식적인 정부가 정식으로 설립되어 있지 않은 동안에는 외국인이 간섭할 수 있다"며 정권 수립을 앞당기라고 충고했다. 유소기가 인민공화국 수립 선포를 50년 1월 1일에 할 예정이라고 하자 스탈린은 날짜를 앞당기라고 충고, 49년 10월 1일에 중공이 수립했다. 대한민국 수립은 시급했다. 이승만과 임시정부는 독립운동과정에서 주권이 없기 때문에 40년간 세계 각국과 각종 국제회의에서 조선독립을 청원하고 다녔으나 자치 능력 없는 망국 노예라는 경멸과 매도를 감수해야 했다. 일제로부터 해방된 지 2년이 지났건만 주권을 되찾지 못하고 외국의 통치를 받고 있었다. 김구와 김규식이 주장한 통일 우선주의는 심금을 울리는 고귀한 감정 표현이었지만 실현 불가능한 것이었다. 소련 스탈린의 지령이 민족통일을 막고 있었기 때문이다. 스탈린은 1945년 9월 20일 소련군점령 지역에 부르주아 정권을 수립하라고 지령을 내렸다. 미국과의 교섭이나 타협을 기다리지 말고 소련 점령 지역에 단독정부를 수립하라는 것이었다. 이 지령은 스탈린 소련군 총사령관과 안토노부 참모장 공동 명의로 연해주 고쿤구 제25군 군사평의회에 발송된 것이

다. 이 전보 제2항에 "소련군 점령 지역에 반일적인 민주주의 정당조작의 광범한 연합을 기초로 한 부르주아적 민주주의 정권을 수립할 것"을 지시했다. 이 전보에는 남한을 점령한 미군과 협의나 한반도 통합 통일문제는 언급이 없고 연해주 군관구 군사평의회가 북조선의 민간행정 지휘를 담당하라고 했다. 주권 회복을 지연시킬 경우 외국 통치기간만 늘어날 뿐이다. 김규식은 하지, 이승만, 김구와 만나(2월 22일) 조국분단이 결정되는 이때 우리가 최후 노력을 기울이지 않는다면 우리를 역적이라고 규탄할 것이라고 했을 때 이승만은 자기가 역사에 대한 책임을 질 터이니 염려 말라고 했다. 김일영 성균관대 정치외교학과 교수는 1980년대 수정주의 사관을 들고 나온 커밍스 추종 세력들(Cumings and his children)을 중심으로 분단과 한국전쟁 기원과 경과를 새롭게 조명하며 이승만을 '미국의 앞잡이', 분단과 전쟁 책임자로 각인시키고 있는 것은 잘못이라고 비판했다. 커밍스 추종 세력들은 한국을 보다 민주적이고 통일적인 사회로 만들기 위해 이승만과 미국은 분단과 전쟁 독재의 책임을 걸머진 존재로 비판되어야 한다고 주장하고 있다. 이 '학문을 현실에 복무케' 하는 태도는 80년대 운동권의 전형적인 논리였다. 김영일 교수는 이 논리로 한강 다리 폭파, 보도 연맹원 불법처형, 국민방위군 사건, 거창 양민 학살, 부패스캔들, 사사오입 발췌개헌 등 이승만이 책임질 몫을 분명히 한 것은 지적할 만하지만 이승만 건국 대통령은 냉전이라는 국제적 조건과 전쟁의 악조건에서 신생국가 건국과 나라 만들기 산업화, 민주화를 한꺼번에 해결해야 하는 어려움이 있었다고 지적했다. 이 상황을 잘 알면서 이승만에게 분단, 전쟁, 후진 정치의 모든 책임을 지우는 것은 무리라면서 한국 현대사 연구가 정치 목적을 위한 선전선동보다 진실 찾기에 봉사해야 한다고 지적했다. 냉전은 1947년 3월 12일 트루먼독트린(Truman Doctrine) 발표로 시작되어 1989년 베를린 장벽이 무너지고 1991년 소련이 붕괴되면서 끝났다. 1947년에 냉전이 시작되면서 모든 나라는 미국 주도의 자본주의 진영과 소련 주도의 사회주의 진영 독자노선 선택을 강요받았다. 이승만은 미국 중심의 냉전 질서에 편승하는 것이고 김일성의 민주기지론은 소련 중심의 냉전 질서에 편승한 것이다. 중간파는 남북협상을 통해 통일 수립을 추구하는 노선이었다. 1948년에 정부가 수립되면서 법적, 제도적으로 영토와 주권을 지닌 국가가 만들어졌고 참정권을 지닌 국민이 생겨났다. 그러나 불완전한 국민국가 탄생은 제주 4·3사태, 여수·순천 반란, 빨치산 활동 등으로 남한의 주권은 끊임없이 위협받았고 외부로부터 주권과 영토의 위협을 받았다. 부산 파동은 내각제와 대통령직선제 개헌 움직임이 대결하는 형국이었다. 이 갈등은 단순히 권력을 장악하기 위한 정쟁 차원에 그치는 것이 아니었다. 그것은 작게는 미국의 영향권 내에 들어간 한국 의회와 상대적으로 독자적인 한국 정부 사이의 힘겨루기로, 크게는 한국전쟁을 휴전으로 봉합하여 또 한 번 분단선을 설정하려는 미국, 일본과 북진 통일을 주장하는 이승만 사이의 싸움으로 볼 수 있다. 그 정점이 부산 정치파동이라는 것이 김일영, 유영익, 이채진 교수의 공동분석이다. 미국은 처음에는 자신들의 전쟁 수행 방침에 반기를 드는 이승만을 제거하고 유순한 장면을 대신 앉히려 했다. 그러나 결국 미국은 이승만을 계속 지원하기로 바꾸었다. 유영익 연세대학교 국제대학원 교수는 이승만 건국 대통령이 건국의 아버지, 통일을 저해하고 민주주의를 압살시킨 시대착오적인 독재라는 두 개의 얼굴을 가진 야누스(Janus)를 닮은 거인으로 상반된 평가를 받고 있다고 지적했다. 유영익 교수는 장준하, 신상초, 테일러(Richard C. Allen이라는 가명으로 Korea's Syngman Rhee; An Unauthorized Portrait라는 제목의 이승만 전기를 쓴 John M. Taiylor), 송건호 등이 이승만을 부정적으로 평가했으며 이러한 평가를 종합해 김삼웅이 이른바 이승만 '죄악상'을 12가지로 간추려 이것이 중고교, 대학교재에 검증 없이 인용되어 386세대 등 일반 국민에게 보급 확산되고 있다고 밝혔다. 김삼웅은 ① 분단의 책임, ② 친일파 중용, ③ 한국전쟁 유발 내지 예방 실패, ④ 독립운동가 탄압, ⑤ 헌정유린, ⑥ 정치군인 육성, ⑦ 부정부패, ⑧ 매판경제, ⑨ 양민학살, ⑩ 극우반동, ⑪ 언론탄압, ⑫ 정치보복 등을 이승만이 우리 현대사에 남긴 '악의 유산'이라고 열거했다. 유영익 교수는 김삼웅류의 비판론이 이승만 평가뿐만 아니라 대한민국 현대사를 어둡게 그리고 있으나 1942년 이래 이승만의 자문 홍보를 맡으며 이승만을 지켜본 오리버(Robert T. Oliver, 1909~2000)가 이 대통령이 애국심, 학문적 실력, 역사적 형안, 투지, 종교적 초월성 등 자질 면에서 당대 어느 정치가보다 뛰어난 인물이었다고 평가한 것을 반론으로 제시했다. 올리버는 '신화에 가려진 인물 이승만'에서 이승만의 재직기간업적을 다음과 같이 요약했다. ① 여수, 순천 반란 사건과 같은 국가위기로부터 신생 대한민국을 구출하고 국가보안법을 제정, 국가 기본 존립의 기본 조건인 안보를 확보했다. ② 6·25전쟁 중 국민들의 국가에 대한 충성을 확보했고 미국 정부를 설득해 강력한 군대를 육성했다. ③ 공산주의 경력이 있는 조봉암을 초대 농림장관으로 기용, 지주 출신 의원들로 가득 찬 국회에 압력을 가하여 농지법을 통과시켜 농지개혁을 완수하고, 농협을 만들어 농민들을 전통적인 고리대금업자들에게서 해방시켰다. ④ 건국 초 어려운 재정여건에도 교육에 우선순위를 배정하여 학교, 교사, 교재에 십승 투자하여 국민교육 수준을 높이고 해외유학을 장려해 경제개발에 필요한 인력풀을 확대했다. 교육대통령으로 기억될 민한 입적을 남겼다. ⑤ 신생 대한민국이 군사, 경제

면에서 미국과 유엔의 원조에 매달리는 속국(clientstate)이었지만 탁월한 외교를 통해 한국을 진정한 주권국가로 대접하게 만들었다. 올리버는 이 대통령이 신생 대한민국의 건국기의 혼란과 6·25와 같은 재앙을 극복하면서 대한민국의 안보와 외교, 군사, 경제, 교육 등을 튼튼한 기반 위에 올려놓아 60년대 경제발전의 기초를 다졌다고 높이 평가한 것이다. ① 이승만 대통령은 건국에 절대적으로 공헌한 정치가로 높이 평가된다. ② 유엔을 통해 한반도 내 유일한 합법정부로 인정받았으며(48. 12.) 유엔군 참전, 이승만 라인 선포, 한미 상호방위조약 체결 등 탁월한 외교수완을 보여 주었다. ③ 6·25 발발 당시 북한군의 2분의 1인 국군병력 10만 명을 52년에 25만 명(16사단), 54년에 65만 명(2군 20개 사단)으로 늘렸으며 군자질도 향상시켜 이들이 한국근대화에 기여하게 했다. ④ 농지개혁을 했으며, 경제발전계획을 수립했고 재임 중 산림녹화를 강조했다. ⑤ 1959년 96%가 취학, 문맹을 퇴치하고, 식민사관 극복 등 식민지 잔재 청산도 독려했다. 해방공간에서 미국의 한국 평가는 계륵 같은 존재였다. 1917년 볼세비키 혁명으로 러시아 제국이 멸망한 후 마르크스-레닌주의는, 자유민주주의와 산업자본주의 체제에 대한 도전이었다. 코민테른 결성, 전 세계에서 사회주의 국가 혁명 노선을 실행에 옮기고 있었다. 국무성 안에 러시아국(Division of Russian Affairs) 부서를 설립했다(루스벨트 1933년 소련 승인). 미국은 일본과 전쟁하기 전까지 한국에 무관심했다. 남북 전쟁 후 동아시아 무역 기회 확대 정책 일환으로 서양 국가 중 제일 먼저 한국과 우호통상 조약을 체결했으나 투자 기회도 적을 뿐만 아니라 패권 경쟁 대상도 아니라고 판단하고 일본의 한국 침략을 방관했다. 가스라 태프트 밀담 후 일본의 한국 병합을 러시아, 영국, 독일 등 강대국에 설득했다. 1941년 12월 11일 임정은 대일본 선전포고한 후 이승만은 미 국무성에 임정 승인과 광복군 지원을 요청했다. 이승만은 "광복군이 한국 내 일본군의 병참과 보급선 교란 이득과 소련이 참전하는 경우 소련의 한반도 점령을 방지할 수 있는 효과"가 있음을 역설. 그러나 미국 정부는 일본과 전쟁 중에 있으므로 임정을 승인하면 일본 지배하에 있는 미국인들에 대해 일본이 보복 행동을 할지 모른다는 이유로 국무성은 어떠한 조치도 취할 수 없다는 회답을 보내왔다. 주중 미국대사관은 "임정은 중경에 와 있던 1천여 명의 한국인만을 대표할 뿐, 세력도 약하고 당파 분열로 조직도 미비하며 본토 국민들과도 접촉도 없고 그동안 국부 중국의 상당한 원조는 받아 왔지만 이것은 중국의 전통적 패권 복구 노력의 일환이었다"고 본국에 보고했다. 국무성 소속 랭던은 "한국인이 대부분 문맹 상태이고 경제적으로 후진국이고 정치적 경험도 없다"며, "한국이 근대국가로 발전하기 위해서는 강대국들의 보호 지도 원조를 받아야 할 것"이라고 평가했다. 1942년 4월 장제스 총통이 임정 승인을 미국에 통보해 오자 Hull 국무장관이 루스벨트 재가를 얻어 중국에 보낸 공식 회답은 ① 한국의 독립 주장과 임시정부 승인은 별개다. ② 해외 독립운동가들이 분열되어 있고 ③ 이들은 내국인들과 연결되어 있지 않고 ④ 중국이 임정을 승인하면 소련 또한 친소련 독립운동 단체를 구성, 승인할 우려가 있으므로 임정 승인을 재고하라고 임정거부를 표시했다. 루스벨트는 중국이 이웃을 지배하는 것을 허용할 수 없다고 본 것이다. 1942년 8월 미국은 신탁통치 개념을 제시했다. 서방 열강의 식민지 해체 반대에 대해 신탁통치라는 점진적 해결 방안을 내놓은 것이다. 루스벨트는 카이로회담에서 영국, 중국, 미국 3개국이 신탁통치안을 동의하도록 상정할 예정이었으나 장제스가 즉시 독립을 주장, 중국이 한국을 군사적으로 점령하거나 친중국적인 임정을 통해 지배를 꿈꾸고 있다고 의심했다.

## (2) 미소공동위원회, 유엔한국감시위원단, 5·10선거

▶ 연합국최고사령부 일반명령 제1호(1945. 8. 15.) – 북위 38도선을 경계로 분할 점령
▶ 1945년 12월 모스크바협정 – 단일 독립된 임시정부 수립, 5년간 신탁통치
▶ 제1, 2차 미소공동위원회 – 46. 3. 4. 협의 대상 문제로 결렬
▶ 1948. 8. – 남북한 점령 지역에서 입법부 구성을 위한 유엔 감시하 선거 제안하는 미국 4대국 특별 회담 개최 요구, 소련 반대할 경우 유엔에 이양 한국선거 실시 주장. 미 군부는 전략적 중요성이 크지 않다는 이유로 조속한 철군 요구, 미 국무성은 이데올로기 전쟁터로서의 중요성을 강조하여 철군 반대, 한국 문제 유엔 이관은 군부와 국무성 의견 대립을 해소하는 방편이었다. 국무성은 군부의 철군을 수용하면서 유엔이라는 국제적 개입을 통해 38선 이남을 국제 공동체로부터 도덕적, 물리적 지원을 받게 하며 소련이 적극적 적대행위를 취하지 못하게 하려는 계획이었다. 유엔 개입을 통한 소련 봉쇄정책이었다. 한국 독립 문제를 유엔총회 안건으로 상정하자는 미국 안건이 47년 9월 23일 유엔총회가결: 1947년 11월 14일 – 유엔총회 한국 문제 해결안 미국안 채택했다.
남한 단서 주장 – 미국, 중국, 프랑스, 필리핀, 이승만, 한민당
단선 반대 – 영국불럭, 호주, 캐나다, 인도, 김규식, 김구 – 남북 요인 회담

## 5·10선거

좌파 세력 검거−47년 8월 남조선 적화 및 군정 파괴 음모 사건으로 2,000명 검거. 남로당 좌파 정당 사회단체 불법화. 국가 기구 및 공공 부문 좌파 세력 색출 검거, 남로당 세포 사건, 적화 사건 670명. 47년 8월~48년 5월 1,300명 검거, 48년 4월 16일 유권자 등록 마감−805만 5,295명 등록, 48년 4월 1일 추정 총인구−1,994만 7,000명의 49.3%인 983만 4,000명을 유권자로 추산할 때 등록률 79.7%, 투표율 95.2%. 902명 최종 출마. 4.7 대 1, 4·3사태로 제외된 북제주군 2개 선거구 제외 198명 의원 선출. 선거 직후 통계: 대한독립촉성 국민회의 55명, 한민당 29명, 대동청년단 12명, 조선 민족청년단 6명, 한국독립당 1명, 조선민주당 1명, 기타 군소단체 10명, 무소속 85명(개원 후 통계: 한민당 76명, 대한독립 촉성 국민회의 61명, 한국독립당 17명, 대동청년단 16명, 민족청년단 10명, 조선민주당 0명, 중도계 10명, 기타 10명). 제헌국회 초기 정파 세력은 한민당 70~80명, 대한독립촉성회 60석, 무소속 50여 석, 무소속 50여 명 중 30명 정도가 김구 및 김규식계 중도 세력으로 추산. 이들은 친일파 문제, 토지개혁 통일 문제 등 건국 초기 의제를 둘러싸고 원외의 중도파 세력과 인식을 같이하면서 '참여를 통한 개혁'을 추구했다. 5월 31일 개원 의장 이승만, 부의장에 대한독립촉성회 신익희, 한민당 김동원 7월 17일 헌법 공포, 7월 20일 국회 196명 재석 중 180표로 이승만 대통령 당선. 국회개원식에서 이승만은 "대한민국 독립민주국 제1차 회의를 여기서 열게 된 것을 우리가 하나님께 감사해야 할 것입니다. 종교 사상 무엇을 가지고 있든지 누구나 오늘을 당해 가지고 사람의 힘만으로 된 것이라고 우리가 자랑할 수 없을 것입니다. 그러므로 하나님께 감사를 드리지 않을 수 없습니다. 먼저 우리가 다 성심으로 하나님께 감사를 드릴 터인데 이윤영 의원 나오셔서 하나님께 기도를 올려 주시기를 바랍니다"라며 하나님께 감사하는 것으로 시작했다. 1948년 8월 15일 대한민국 수립은 서구 대의제 법제화는 성공했으나, 분단 민족통일, 민주주의 실현, 정통성 확립, 근대화 과제를 안고 출범한 것이다. 출범 과정에서 임정 독립 세력과 좌파 배제하고, 일제 부역 세력 일부가 경찰, 행정부, 군 등 신생 정부의 요직에 참여하여 정통성 시비를 안게 되었다.

## (3) 조선민주주의인민공화국

### 1) 북조선에 대한 월남인들의 기록 증언

*오영진(조만식 비서 영락교회 평안도 기독교인 조선민주당 당수 극작가, 맹진사댁 경사, 시집가는날. "하나의 증언" 소군정하 북한 *김창순 북한 15년사(45~60) *이동준, 한재덕 59년 귀순자들의 15년 폭로기 *황순원 '카인의 후예' 소련 점령하 체험을 소설화. 점령 소련군 약탈 성폭행 김일성 소련 앞잡이, 45년 12월 모스크바 지령 따라 신탁통치 지지 민주주주의 위해 월남, 46년 소련식 사회주의 토지개혁 때 월남. *기독교인 한경직, 함석헌

### 2) 수정주의

50년대 후반 북은 일당 독재체제 확립. 58년 반대 세력 제거하고 일인독재권 확립, 스탈린 죽고 흐루시초프 교체기 소련 통제 약화되자 한반도 해방 김일성 공로로 분식, 60년대 역사 정리는 소련군이 아니고 김일성이 관동군을 격파하고 개선하는 것으로 미화, 70년대에는 김일성 증조부, 조부, 부모까지 미화.

### 3) 소련이 북한의 날조를 뒤집는 자료 공개 – 중소 대립기에 북한의 이중 외교를 견제하기 위한 소련의 전략. '조선의 해방' – 45년 한국에 진군했던 장성 회고담(45. 8.~45. 12.)

### 4) 학문적 접근

친 김일성연구가들은 김일성의 30년대 항일 운동을 인정하고, 김일성은 소련의 괴뢰가 아니며 북한은 헝가리, 체코, 폴란드, 루마니아 동독과 다르다고 주장했다. 토지개혁도 북한 공산당이 했다고 역설했다. 80년대 소련이 김일성 통제 수단으로 북조선 건국과정 자료를 공개했다. 김일성 부대가 일본군 정벌하고 평양에 개선했다는 주장 뒤집는 자료등이 속속 공개했다. 김일성이 해방 직후 극동 사령군 주선으로 열차편으로 오다가 하밥로스크로 돌아가 푸카초프호로 원산에 오는 것으로 소련자료가 증언했다. 당시 소련의 15개 위수 사령부와 소련군 극동군 25군과 주고받은 자료를 공개함으로써 그동안 날조했던 왜곡 북한사가 드러나기 시작했다 전통주의파들의 증언이 사실로 확인됐다. 당시 군사위원이었던 스티코프 일기도 공개됐다. 점령군이 북조선을 전면 장악 모스크바로 미주알고주알 보고했다. 이 보고서에 따르면 김일성의 자율권행사 의심스럽다. 토지개혁도 모스크바안,

극동군안, 25군 현지 의견 종합해서 모스크바 지령으로 결정되었다. 김일성 32~40년 중국 공산당원 코민테른 보천보 전투 참여 사실이다. 극동러시아 부대로 넘어가 40년대 활약했다. 조만식, 박헌영 등 소련과 연결보다 통일국가 목표. 김일성은 통일보다 국가 창건 뒤 서울 해방 주장했다. 소련의 주구 역할했다. 45년 8월 8일 일본에 선전포고한 소련은 얄타회담에서 대일전 참전 조건으로 사할린 부속도서 반한 여순항구 조차권 등 옛 러시아 제국의 극동지역 이권 재확보를 미국으로부터 약속받았다. 소련은 일본관동군과 만주국군을 무너뜨리기 위해 제1극동 전선, 제2극동전선, 자바이칼전선 등 3개 전선 조직, 치스차코프 대장이 지휘하는 제25군이 8월 11일에서 20일 웅진, 나진, 청진, 나남 점령, 8월 21일 상륙 부대 원산 점령, 8월 24일, 25일 함흥, 평양 공수부대 일본 항복 접수. 북한 진주 소련군에는 한국인들이 포함됐다. 동북항일연군교도파(東北抗日聯軍敎導旅 일명 88여단) 소속이었다. 1,354명 중 한국인이 103명이었다. 김일성 동행 그룹은 9월 19일 원산항에 도착했다. 평양 주둔 경무사령부 부사령관(고문에 해당)은 소련군 지도부로부터 받은 직책이다.

* 조선공작단위원회 — 서기 최용건, 김일성, 김책, 안길, 서철, 최현 위원

* 8월 15일 지역마다 다른 북쪽의 조직. 평안남북도 — 기독교 민족주의 세력 기반으로 민족 자본주의 계열이 건준지부 결성, 함경남북도 — 혁명적 농민조합 노동조합운동 전통이 강한 지역으로 사회주의자들이 주도, 황해도 — 사회주의 계열과 민족 자본주의 두 세력이 경쟁, 평양 — 민족 자본가층이 두텁게 존재. 기독교 민족주의 운동이 활발한 지역, 조만식

* 북한의 분단 정부 수립, 스탈린 1945년 9월 20일 소련군점령 지역에 부르주아 정권을 수립하라고 지령, 1945년 11월 북조선 행정 10국을 중앙집권적으로 조직한 북조선 임시 인민위원회(위원장 김일성) 조직. 46년 7월 12일 북조선 민주주의 민족통일전선 결성. 북조선공산당과 신민당을 통합하여 북조선노동당(위원장 김두봉) 조직, 46년 3월 20일 미소 공동위, 임시정부 수립 협상 결렬, 5월 초 휴회.

▶ 46년 6월 3일 이승만 남한 정부만이라도 정부 수립 피력 1946년 11월 3일 북조선임시인민위원회 선거. 1947년 2월 21일 북조선인민회의 제1차 회의 개최. 2월 22일 북조선인민위원회 성립. 1947년 11월 14일 유엔에서 한국 임시위원단 조직하자 나흘 뒤 18~19일 열린 북조선인민회의 3차 회의에서 헌법 제정 논의. 48년 2월 8일 조선인민군 창건. 1948년 4월 29일 북조선인민회의 특별회의는 헌법 채택. 9월 9일 조선민주주의인민공화국 수립.

# 3. 6 · 25와 한국사회의 대변혁

## (1) 6 · 25 직전 공산당의 도전과 미국의 대한 정책

동족상잔의 비극 6 · 25는 남북한 분단 고착화의 결정타며, 제2차 세계대전 후 조성되기 시작했던 미소 냉전 첫 이데올로기 전쟁이었다. 한반도의 정치, 사회, 경제, 문화 등 한국 현대사를 규정짓는 상처와 굴절의 유산을 남겼으며 국제적으로는 냉전체제 고착화의 결정적인 계기였다. 48년 8월과 9월 남북한 독자적인 정부 수립 후 2년도 안 되는 시점에서 북한의 기습으로 일어난 6 · 25는 남북의 격차를 가져왔다. 6 · 25전쟁에서 5 · 16까지 10년간은 북한이 남한보다 나은 조건이었다. 그러나 5 · 16 후 남한의 개혁개방으로 남북의 격차는 메울 수 없게 됐다. 건국 전후 남한은 내재적 요인 외에도 북한과 종북 세력의 도전으로 혼란 상태였다. 48년 5 · 10선거 당시 좌익의 도전은 체제 존립을 뒤흔드는 메가톤급이었다. 제주 4 · 3사태, 48년 10월의 여수, 순천 반란은 북한이 점령한 해방구와 같았다. 남한 사회의 정치 불안 혼동을 확인시켜 주는 대형사건들과 함께 월남인 급증, 해외 교민 귀국행렬로 물가가 불안했다. 식민지 수탈 경제의 취약성을 드러냈다. 북한을 오판하게 한 49년의 주한미군의 철수(disengagement)와 50년의 한국전 개입(engagement) 양극단을 오고간 것은 미국의 '한국 문제에 대한 낮은 정책적 우선순위' 결과였다. 1917년 볼셰비키 혁명으로 소련은 마르크스-레닌주의 표방, 자유민주주의와 산업자본주의 체제에 대해 도전했다. 코민테른 결성 전에 사회주의 국가 혁명 노선을 실행에 옮기고 있었다. George Frost Kennan이 러시아 대리대사로 봉쇄정책을 제시했다. 이것이 결국은 1989~1991년 공산권 붕괴로 이어졌다. 제2차 세계대전 후 미국의 대소련 정책을 제시한 케넌의 아시아 기본정책은 중국과 러시아의 아시아 지배체제 인정이다. 한국은 명목상 독립만 주고 소련 영향권에 들어가는 것을 용인한 것이다. 일본은 러시아로부터 벗어나 자유롭게 하는 것을 구상했다. 러일전쟁 때 루스벨트 대통령의 대한국관 애치슨 선언과 같은 사고방식이다. 한반도는 미국 세계 전략상 주변부, 미국이 소련과 대결할 만한 가치가 없다고 평가했다. 이것이 이승만 대미외교의 어려움과 미국의 8 · 15 후 대한 정책 혼란의 수수께끼를 풀 수 있는 실마리다 39년 소련이 제2차 세계대전 직선 나치독일과 불가침 조야 체결, 41년 독일의 소련 침공. 대소 방어론 후퇴, 루스벨트의 대소 화합론이 자리 잡게 되었다. 루스벨트는 소련 문제 등 전시외교를 국무성에서 떼어내어 자신이 직접 관장. 45년 얄타회담에서 소련은 대일본전에 참전 선언했다. 그 대가로 러일전쟁 전 러시아의 극동에서 가졌던 이권 회복 약속을 받았다. 대공황으로부터 미국 경제 회생 4선의 노대통령 정책을 미국민은 지지했으나 그의 한국을 포기하는 대소련 정책은 문제가 있었다. 그러나 트루먼 대통령은 강인하고 사리가 분명한 성격으로 공산권의 팽창주의에 단호한 행동을 선택했다. 유럽 중심에서 미국과 소련이라는 초강대국 체제로 바뀌는 시기에 45년 5월부터 연말까지 봉쇄정책 밑그림이 그려졌다. 외교가 국무성으로 복귀했다. 소련은 미국 관용을 이용하는 약속을 위반하는 World Bully이기 때문에 강력 대처하여야 하고 자유세계를 방어하기 위해 십자군이 되어야 한다는 트루먼 외교가 자리 잡는 과정에서 6·25가 발발했다. 49년 주한미군의 철수(disengagement)는 미국의 대소련 봉쇄정책에 비추어 미국의 사활적 이익이 걸려 있는 지역이 아니라는 전략적 판단에 근거하여 결정된 것이다. 한반도는 '그저 스쳐 지나가는 문맥에서 언급된 부차적 문제'이며 동아시아라는 거대한 장기판의 하나의 졸(卒)에 불과했다. 군정 수립, 신탁통치 시도와 좌절, 국제연합 이관, 정부 수립 후원, 군 철수, 군사원조와 경제원조, 방위선에서의 제외, 6월 군사적 개입은 그런 개입과 철수를 반복한 미국의 대한 정책 방황기의 미로 학습이었다. 6·25 전까지 제2차 세계대전후 패권 국가로 구축해 가던 미국 외교의 우선순위에서 한반도는 중요한 지역이 아니었다. 동아시아 정책의 무게 중심은 일본으로 옮겨졌다. 국무성 정책기획국장 George F. Kennan은 일본을 세계 5대 산업 지역의 하나로 평가, 일본 우대 정책을 수립했다. 미국의 금융 전문가 Joseph Dodge는 일본 부흥 정책을 통해 아시아에서 자유무역과 경제 발전에 의한 자본주의 질서를 복원하고자 하였다. 일본은 아시아의 미래였다.

해방에서 6·25 직전까지 미국의 대한 정책은 소련과의 협조 체제였다. 45년 1월 모스크바 삼상회의 신탁통치 결정이 대표적인 사례였다. 47년 중반기부터 워싱턴의 정략이 수정됐다. 그러나 한반도의 중요성은 미국의 국가안보상 긴요한 원조국가 16개국 중 15위였다. 47년 7월 23일 3성조정위원회(SWNCC) 산하 기관으로 한국 특별위원회를 설치했으나, 한국 주둔 2개 사단은 다른 지역에서 활용할 수 있고 주한미군의 철수는 남한 지역에서 소련의 군사적 증강이 일본을 위협할 수 있는 수준이 되지 않는 이상, 극동 사령부의 군사적 입장에서 아무런 문제가 되지 않는다고 판단했다. 48년 4월 NSC-8(Reportby the National Security Council on the Position of the United States with Respect to Korea, Apr. 2. 1948.)로 철군 결정은 확정됐다. NSC-8은 48년 12월 31일로 철군을 마무리하되, 남한에 대한 군사적, 경제적 지원을 강구하고 있다. 경제적 붕괴를 막기 위한 경제지원과 국방경

비대 보강 지원 강구. 미국의 방위 개념은 48년 초 이미 도서 방위선 전략 개념으로 확정되었다. 일본과 필리핀 방어선을 설정하고, 지상군보다 해군과 공군으로 극동 방어 방법을 선택했다. 48년 여순 반란사건으로 1949년 3월 22일 국가안보회의에서 NSC-8/2 채택. 철군 이후 남한에 대한 경제, 군사적 지원을 명백히 규정. 군부는 주한미군 철수가 미국 안보 이익 훼손이라는 국무성 의견을 수용하지 않았다. 맥아더 보고서는 북한의 전면적 침공에 충분히 대응할 수 있도록 한국을 지원하는 것은 미국의 능력 범위를 넘어서는 것이라고 지적했다. 철군기한은 49년 6월 30일로 확정. 철군 완료하기 전 미국 육군성은 6월 27일 북한의 전면 남침 보고서를 국무성에 제출했다. 대응책을 촉구했으나, 그 대응책에 미군의 재투입, 한반도에서의 군사적 재개입이 고려된 것은 아니었다. 미국인 긴급 대피, 유엔안보리에 제소, 유엔에 의한 경찰 행동 제시 정도였다. 맥아더의 극동 사령부에서 작성한 유사시 작전 계획 차우차우작전(Plan Chow Chow)에는 소련의 명백한 공격 가능성은 배제되어 있고, 침공 시 미국인 소개를 제시한 정도였다. 1950년 1월 12일 애치슨 연설-미국이 직접 개입 관리해야 할 방위선(Defence Perimeter)은 알류샨열도, 일본 오키나와 필리핀을 잇는 U 자형 내부 지역이 포함되어 있다. 이 개념은 소련과의 전면전을 염두에 둔 것이었다. 이 구상은 47년 6월 합참이 최초로 기안한 극동에서의 비상전쟁계획(Emergency War Plan), 이른바 Moon rise계획에서 제시됐다. 소련과 전쟁이 발발할 경우 한반도로부터 일본으로 철수하여 전략 공군력을 기초로 전쟁을 수행한다는 것이었다. 애치슨 연설은 도서 방위선에서 미국의 개입 의사의 재확인, 그 밖의 지역에 대해서는 다자주의적 억지 전략원칙 확인이었지만 북한과 소련의 오판을 가능케 했다. 러시아 사료에 따르면 49년 이래 김일성 남침 요구를 자제시키고 49년 12월 이래 모택동의 군사동맹 체결을 거부해 왔던 스탈린이 미국과의 얄타협정 정신을 파기하는 중소동맹 체결을 결심하고 1월 22일에 전달하고 1월 30일에는 김일성에게 남침 계획 추진을 허용하는 전문을 보냈다. 워싱턴은 유럽의 경제적 위기, 유럽 부흥책, 유고슬라비아 티토 문제, 중국 공산화, 일본의 경제부흥, 안보 등이 문제였다. 한국은 부차적 문제였다. 월츠는 한국이 미국의 세계 전략 동아시아 정책이라는 거대한 장기판에 놓인 졸에 불과했다고 해석했다.

### (2) 6 · 25 직전 안팎곱사등이가 된 이승만과 북한의 체제 결속

5 · 10선거에서 남한이 정치 세력 판도는 우익과 좌익, 우익 내 이승만과 비이승만 세력

간의 두 개의 균열 구조였다. 전자의 균열은 45년에 후자는 48년에 첨예화되었다. 이에 반해 북한은 45~48년에 정치제도가 완성되고 정치권력이 단일화, 공고화되었다. 이 시기 적극적으로 통일을 주창했고 실천했던 인물은 김구와 김규식이었다. 김구는 단정 반대 세력으로 남북 간 협상에 의한 평화통일을 제창했다. 48년 1월 남북협상을 제안하면서 '미소 양군의 즉각 철퇴'를 주장했다. 4월 남북연석회의에 김규식과 함께 참석했다. 7월 북한 정부 수립을 위한 남조선 인민대표자회의대의원선거가 지하에서 한창 진행되고 이에 대한 남한당국의 규제가 진행될 때 통일 독립촉진회를 조직하여 북한의 이른바 통일운동에 공동보조를 취했다. 정부 수립 직후인 9월부터는 더욱 강력하게 주장하기 시작했다. 10월 19일 김구는 "반탁과 철병은 애국자의 동일 주장"이라고 하면서 미소 양군의 철퇴를 주장했다. 김구의 통일방안은 49년 5월 유엔한국위원회에서 남북회담을 위한 구체적인 방안으로 이어졌다. 그러나 김구와 민족자주연맹의 이러한 통일방책은 남과 북 모두에 수용되지 않았다. 김구, 김규식의 협상에 의한 통일방안은 현실 정치와 양립 가능성이 없었다. 김구의 임정계에 소속됐던 조소앙이 48년 10월 11일 한독당과 결별 성명을 내면서 대한민국 지지를 밝힌 것은 김구가 처한 현실의 벽을 단적으로 보여 준 것이었다. "통일의 구호만을 부르고 통일로 가는 첩경을 차단하여서는 안 될 것"이라고 김구 측을 비판했다. 김구, 김규식에 대해 북한은 양 김씨가 유엔위원단에서 통일 노선을 추진하는 것에 대해 "미국계획에 놀아나는 것 뿐"이라고 공격했다. 북한은 소련군 인민위원회 공산당 3자 정립 구도를 재편 해방 후 사회주의 혁명을 일차 달성했다. 소련군은 지침과 자원 제공, 공산당은 정책화, 인민위원회는 동의 창출하는 조직이었다. 46년 말경 북한은 약탈, 폭동, 혼란, 무절제, 폭력사태, 파업, 압살 없이 탈식민화를 추진했다. 북한에서 혁명적 사회변환 과정이 평탄하게 진행된 이유 중 하나는 이런 변화에 거부감을 갖는 계층 또는 사람들이 대거 남하했던 것이다. 45~47년에 월남한 인구는 100만 명, 이는 47년 현재 북한 인구의 10%. 이승만은 토지개혁 단행해서 지주계급 한민당 세력 권력 기반을 제거할 수 있었다. 친북 세력도 제거(48년 9월 4일부터 49년 4월 30일까지 남한에서 친북 세력 80,710명 체포, 군대 장교 3분의 1 이상 축출. 국회의원 7%가량 투옥). 1948년 8월과 9월 남북한 정부 수립 후 2년도 안 되는 시점에서 북한의 기습은 48년 5·10선거 당시의 좌익의 도전인 제주 4·3사태와, 48년 10월의 여수, 순천 반란을 고려한 전쟁도발이었다. 월남인 급증, 해외 교민 귀국행렬로 물가 불안 식민지수탈 경제의 취약성을 드러냈다.

## (3) 북한 전쟁 준비와 남한의 대비

북한 정권이 선 지 4개월 만인 48년 12월 25일 소련은 북한 주둔 소련군을 철수시키기 시작했다. 소련은 46년 5월경부터 북한에 대한 원조를 시작했다. 산업 시설을 조선인민 소유로 양도하고 산업 재가동을 위한 소련 기술자들을 2~3년 기한으로 파견, 연료 및 원료, 양식을 공급했다. 북한만의 국가 수립 전망을 소련이 계획하고 있음을 입증하는 증거다. 48년 3월 기관단총 생산, 49년 2월 박격포, 소총탄, 수류탄, 포탄을 생산했다. 북한은 49년부터 본격적인 전쟁 준비에 나섰다. 49년에 군수공장을 건설했다. 49년 8월경 군사력 강화와 전쟁에 대비하는 3가지 조치를 취했다. 첫째, 무력후방위원회 조직 – 군수물자 공급 책임, 둘째, 전 인민적 조국보위체계 수립 – 군사훈련과 군사기술 보급 사업 진행, 셋째, 지방인민자위대 조직. 중국 국공내전 참가자, 북한군 20만 명. 48년 제주 4·3사태, 여순 사건 후 이범석 국무총리 겸 국방장관은 미군 철수를 반대했다. 남한 심각한 경제난, 50년 1월경 쌀값이 6주 동안 2배 올랐다. 매일 6%씩 상승했다. 공산 게릴라 대비 40% 국방비 부담, 악성 인플레이션 고물가. 남한 군대는 10만 명으로 탱크 등 기갑사단으로 중무장한 북한군의 반도 안 되었다. 남한 정부는 내적 갈등, 분단, 냉전체제의 일선기지라는 제약 속에서 근대화를 위한 사회통합 주체 세력의 형성, 빈곤 타파, 자주성 확립은 불가피했다. 건국 대통령은 평등 실현을 위한 민주화 국리민복을 위한 산업화 민족자존을 위한 자주화의 세 가지 목표를 삺고 노력하자고 호소했다. 알래스카, 하와이, 사바사바, 빨갱이, 빽, 코리안타임 등 유행어가 등장했다. 인구증가 도시화 현상, 계층이동 교육열 현상이 나타났다. 건국했으나 언론의 반이승만 논조가 심각한 수준이었다. 한민당 계열 동아가 선봉에 서고, 가톨릭 계열 경향신문도 반이승만 기치를 높이 들었다. 조선일보는 흥사단 계열을 지지했다. 안재홍 지지 한성신문이 있었고 고작 서울신문이 정부를 대변했다. 48년 제주 폭동과 여순 반란사건 좌익 준동 막기 위해 그해 11월 20일 국가보안법 제정, 학도호국단 편성, 보도연맹도 만들었다.

## (4) 6·25전쟁

미국과 소련이 그어 놓은 잠정적인 군사분계선이었던 38선은 남북한이 각각 별개의 정부를 수립함으로써 국경 아닌 국경선이 되어 버렸나. 그러한 분할 독립과정에서 우선 북한은 소련에 의한 계획적인 군사력 증강에 박차를 가하여 1948년 10월에 소련군이 철수할 때까지 이미 완전 무장한 4개 보병사단과 소련제 T−34 중형전차로 장비한 제105기갑대대를 편성하였다. 1949년 3월 17일에는 소련과 북한 간에 조·소 군사 비밀 협정이 체결되고 또 3월 18일에는 중공과 상호방위조약을 체결하여 중국 공산군에 있던 조선군 2만 5,000명이 북한에 들어왔다. 10개 북한군 사단 13만 명이 38선에 배치되었고, 10만 명의 예비군까지 후방에 조직되었다. 북한은 6·25 전 기관총 등 무기도 자체 생산했다. 막강한 군사력을 갖추게 된 김일성은 이어 국내외 정세의 변화에 고무되어 무력통일을 구상하게 되었다. 국외의 요인으로는 ① 1949년 10월 중국 대륙이 공산화되었고, ② 1949년 6월에 주한미군이 철수를 완료하였으며, ③ 1950년 1월 미국이 극동방어선에서 한국과 대만을 제외시킨다는 애치슨(Acheson, D. G.) 미 국무장관의 성명이 있었다. ④ 1949년 말경 김일성이 모스크바를 방문, 남한의 무력침공 계획에 대한 스탈린(Stalin, I. V.)의 승인을 받아냈다는 것 등을 들 수 있다. 김일성은 1950년 4월 초 조선노동당중앙정치위원회에서 무력통일안을 확정시키는 한편, 이러한 침략계획을 은폐하기 위하여 북한 공산당은 남북통일 최고입법회의의 서울 개최, 남북 국회에 의한 통일정부 수립을 주장하는 등 평화공세를 펼쳤다. 남한은 김구와 김규식이 이승만과 등을 돌리고 토지개혁을 단행하고 48년 9월 4일부터 49년 4월 30일까지 남한에서 친북좌경 세력 80,710명 체포, 군대 장교 3분의 1 이상 축출, 국회의원 7%가량을 투옥했다. 이것은 남한의 반이승만 친북 세력의 일차 결집 요인이 되었다. 북한 정권이 선 지 4개월 만인 48년 12월 25일 소련은 북한 주둔 소련군을 철수시키기 시작했다. 그 대신 소련은 46년 5월경부터 북한에 대한 군사원조를 시작했다. 산업 시설을 조선인민 소유로 양도하고 산업 재가동을 위한 소련기술자들을 2~3년 기한으로 파견, 연료 및 원료, 양식을 공급했다. 북한은 49년부터 본격적인 전쟁 준비에 나섰다. 류길재 교수는 북한이 47~49년에 군수공장 건설, 48년 3월 기관단총 생산, 49년 2월 박격포, 소총탄, 수류탄, 포탄을 생산했다고 지적했다. 49년 8월경 군사력 강화와 전쟁에 대비하는 3가지 조치도 했다. 첫째, 무력후방위원회조직−군수물자공급책임, 둘째, 전 인민적 조국보위체계 수립−군사훈련과 군사기술 보급 사업 진행, 셋째, 지방인민자위대 조직. 중국은 국공내전 참가자의 한국전 파견을 추진했다. 이런 상황에서 일어난 6·25를 남한 정부와 미국의 음모라고 주장하는 것은 설득력이 없다. 남한에서는 1946년 1월에 미군정 산하 국방경비대와 해안경비대가 1948년 8월에 정부가 수립되면서 각각 육군·해군으로 국군으로 개편되었다. 1949년 4월에는 해병대 그리고 10월에는 공군이 편성되어 병력은 약 10만에 이르렀다. 그러나 장비가 빈약하여 북한의 군사력과는 비할 수 없는 상태였다. 예비군도 없이 8개 사단 중 4개 사단은 38도선에서부터 먼 후방에 배치되어 공산 게릴라 소탕에 여념이 없었다. 1950년 6월 25일 새벽 북한 공산군은 38선 전역에 걸쳐 전면 남침을 개시하였다. 북한군 남침에 미국은 25일 유엔안전보장이사회를 긴급 소집하여 북한의 무력공격은 평화를 파괴하는 '침략행위'라고 선언하고, 북한은 즉시 전투행위를 중지하고 그 군대를 38선으로 철군시킬 것을 요청하는 결의를 채택하였다. 또한 유엔 회원국들에 한국에 원조를 제공할 것과 북한에 대해서는 어떤 원조도 중지할 것을 요청하였다. 이러한 유엔의 요청은 북한에 의해 계속 묵살된 채 전쟁은 계속되었고, 6월 27일 미국 트루먼(Truman, H. S.) 대통령은 미국의 해군·공군에 한국군을 지원하도록 명령하였다. 그날 안전보장이사회는 유엔 회원국들에 북한의 무력공격을 격퇴하고 국제 평화와 한반도의 안전을 회복하기 위하여 필요한 원조를 한국에 제공할 것을 내용으로 하는 권고문을 채택함으로써 미국의 군사조치를 추후 승인했다. 곧이어 6월 28일 동경(東京)에 있던 미 극동군 사령관인 맥아더(MacArthur, D. S.) 원수가 내한하여 전선을 시찰하고 미 국방성에 지상군 파견을 요청했다. 이러한 미국의 군사조치는 다시 7월 7일에 안전보장이사회에서 한반도의 유엔 군사활동을 위하여 미국에 최고지휘권을 위임하는 결의를 채택했다. 맥아더가 유엔군 총사령관에 임명되고 유엔군의 파견이 결정되었다. 이로써 한반도에서의 군사 지휘권은 미국의 맥아더 원수에게 주어졌으며, 한국을 원조하기 위하여 육군·해군·공군 및 지상군을 파견한 16개국의 군대는 유엔군 사령관의 지휘를 받게 되었다. 7월 14일 대전에서 이승만(李承晩) 대통령도 한국군 작전지휘권을 유엔군 사령관인 맥아더에게 이양한다는 각서를 썼다. 6월 26일에 북한의 김일성은 이 전쟁을 가리켜 남한을 '해방'시켜 '조선민주주의인민공화국'으로 하여금 조국통일을 성취하기 위한 전쟁이라고 방송하였다. 6월 27일에 서울을 점령했고, 7월 3일에는 한강을 넘어 파죽지세로 남진을 계속하였다. 한편 일본에 주둔하고 있던 미 제24보병사단이 한국으로 이동하여 적의 진격을 저지하려 하였으나 전세를 만회하기에는 역부족이었다. 7월 20일 대전에서 24사단은 사단장이 포로가 되는 대패를 했다. 그러나 24사단의 대패로 파죽지세의 북한공세를 다소 완화시켰다. 유엔군은 부산을 거점으로 한 낙동강 방어선을 구축하고 반격의 기회를 노렸다. 한편 점령지역에서의 북한의 정책은 그들이 내세운 '해방' 정책과는 정면으로 상반되는 것이었다. 민족해방을 표방하였던 북한의 점령 정책은 인민재판이라는 피비린내 나는 숙청을 했다 공포정치였다. 점령지역 내에서는 식업동맹·농민동맹·민주청년동맹과 여성동맹 등 여러 전위단체들이 조직되었고, 7월 14일의 북한 최고인민회의 상임위원회의 정령에 의하여 9월 13일까지 점령지역의 시·군·면·이(동)까지도 전부 인민위원회를 조직하여 전쟁 수행을 위한 동원 정책을 취하였다. 그리하여 제공권을 쥐고 있던 유엔군의 폭격 속에서도 도로와 교량의 복구 수리 및 군수품과 식량을 수송하기 위하여 동원되었고, 특히 청년·소년을 의용군이라는 이름 아래 강제 징집하여 부족한 병력을 충당하였다. 낙동강 전선에서 총반격을 시작한 것과 때를 같이하여 미 제1해병사단과 제7사단으로 이루어진 제10군단 및 5,000명에 달하는 한국해병대는 9월 15일 새벽에 인천 월미도에 기습 상륙하고 그다음 날 인천을 함락시켰다. 미해병대와 한국군은 서울 탈환을 목적으로 동진하였고, 미 제7사단은 남진하여 북상하는 유엔군과 오산에서 합류함으로써 북한군은 남북으로 단절되었고, 한반도의 중부 및 동부 산악지대로 패주하였다. 인천에 상륙한 유엔군은 9월 26일 서울에 진입하였고, 9월 29일에는 서울 수복 기념식이 거행되었다. 수도 서울을 탈환한 유엔군은 동해안과 서해안을 따라 38선에 가깝게 북상하였다. 인천상륙작전의 성공을 계기로 전세는 완전히 뒤집혔으며, 공산군 포로는 1만 2,500명이었다. 한국 정부는 숙원인 통일을 달성하기 위한 절호의 기회였다. 맥아더 사령관도 이를 긍정적으로 이해하고 있었다. 또한 9월 1일에는 미국 트루먼 대통령도 "한국인의 자유·독립과 통일할 권리가 있다"고 발표함으로써 통일 문제를 긍정적으로 보았다. 미국 정부는 9월 11일 소련과 중공이 개입할 위험이 없으면 38선 이북에서 군사작전을 전개할 수 있게 하는 합동참모본부의 지령을 맥아더에게 보냈다. 인천상륙작전 이후 전세가 호전됨에 따라 다시 9월 27일 38선 이북에서의 군사작전을 허가하였다. 맥아더 장군은 북한의 김일성에게 무조건 항복을 권고하였으나 이는 무시된 채 중공군의 참전계획이 진행되었다. 그해 8월 20일 주언라이(周恩來)는 유엔 사무총장이었던 리(Lie, T.)에게 전보를 보내 "조선 문제 해결에 깊은 관심을 가진다"고 하였으며, 9월 30일 다시 유엔군의 38선 돌파를 '방관할 수 없는 사태'라고 밝혔다. 10월 3일 북경주재 인도대사를 통하여 만약에 한국군만이 38선을 넘을 경우에는 중공의 파병은 없을 것이나 유엔군이 38선을 넘어서 북진하면 중공군이 파병될 것을 미국에 전달하도록 하였다. 한국군은 이미 10월 1일에 38선을 넘어 북상하고 있었고, 유엔에서는 유엔군의 북진에 대한 찬반양론이 있었다. 1950년 10월 7일 유엔총회는 한반도의 통일과 부흥에 관하여 압도적 다수(찬성 47 : 반대 5 : 기권 7)로 채택했다. 이 결의에서 유엔은 한국에 관한 원래의 목적이 통일·독립·민주한국을 수립하는 것임을 상기시키고, 한국전쟁 수행을 위해 6월 25일과 27일에 채택한 안전보장이사회의 결의에 기초한 유엔군의 행동 및 회원국들의 대한 원조의 중요성을 확인하고 다음과 같은 내용을 밝혔다. ① 한반도의 안정을 확보하기 위하여 필요한 모든 조치를 취한다. ② 한국의 통일·독립·민주정부를 수립하기 위하여 남북한 대표단체의 협력을 얻어 유엔주관 아래 선거를 실시한다. ③ 이러한 목적을 달성하기 위해 필요하다면 유엔군의 행동은 한반도의 어느 부분에서도 구애받지 않는다. ④ 유엔 한국위원회(1949년 10월 20일 설치)의 임무를 계승하기 위해 7개국으로 구성된 유엔 한국통일부흥위원회(UNCURK)를 설치, 운영한다. 이로써 유엔군이 38선을 넘어서 진격하는 것은 허락되었고, 이 날짜로 유엔군의 북진도 본격화되었다. 다만 정책적 배려로서 한국군 외의 유엔군은 소련 및 중국 국경에서부터 240㎞(150마일) 밖에서만 그 행동이 허용되었다. 맥아더는 다시 북한에 항복을 권고하였다. 그리고 이에 불응할 때에는 유엔의 명령을 이행하기 위하여 필요한 군사행동을 취할 것을 선언하였다. 그동안 동해안을 따라 북상하던 한국 제1군단은 10월 10일 원산을 점령하였고, 26일 미 제10군단이 상륙하여 한국군을 지원하였다. 한편 서부전선을 담당하고 있던 미 제8군은 10월 20일 평양을 점령하였다. 유엔군의 공식적인 북진과 북한 영토의 점령은 이제 한국 정부가 내세우고 있는 통일정책이 구체화될 수 있는 계기가 되었다. 이른바 북한의 해방지구에 대하여 10월 1일 이승만 대통령은 유엔사무총장에게 한국의 통일을 위한 4개 조건을 제시하였다. ① 남북한을 단일정부 밑에 통일할 것, ② 북한군은 즉각 무기를 버리고 항복할 것, ③ 유엔군은 즉각 평화가 확보될 때까지 한반도에 계속 주둔할 것, ④ 유엔은 한국에 재정원조를 제공할 것 등이었다. 유엔 한국문제중간위원회는 10월 13일 북한지역을 한국 정부의 통치 아래 두지 않을 것을 명백히 하고 통일정부를 수립하기 위한 총선거가 행해질 때까지 유엔군 사령관의 통치 아래 둘 것을 결의하였다. 또한 맥아더 사령관에게는 한국 정부의 권한을 38선 이남에 국한시킬 것과 북한에 새로운 민간행정기구를 설치하도록 명하였다. 한국 정부가 추구하는 통일정책은 계속 유엔과 마찰을 빚기에 이르렀다. 우선 한국 정부는 그 통치권을 38선 이남에 국한시킨다는 유엔의 결의를 거부하고 오히려 한국 정부가 임명한 이북 5개 도지사가 군부대와 함께 북한 수복지구에 진입하도록 하였다. 이승만 대통령은 10월 17일 유엔은 북한의 총선거를 관장하기보다는 오직 감시하고 충고하고 원조할 것을 희망한다고 하였다. 다시 21일 유엔 회원국들에 유엔이나 어느 이국의 간섭 없이 한국 정부는 북한에 민정을 수립한 의향임을 명백히 하였다. 전쟁이 진행되는 동안 한국 정부의 태도는 철회되어 북한에 진입한 5개 도지사는 모두 개인자격으로 들어간 것이라고 하였다. 따라서 10월 21일에는 평양과 원산에 각각 미 군정부가 창설되어 시정을 관할하였다. 이승만 대통령은 10월 29일에 수복된 평양을 방문하여 북한의 해방과 통일 의지를 명백히 하고, 한국 정부는 북한 대표의 협력을 얻어 그 통치권을 전체 한반도에 미치도록 할 것을 바라나 유엔이 한국의 권한을 38선 이남에 국한시키고 있는 상태임을 밝혔다. 또한 30일 기자회견에서는 유엔 한국중간위원회가 결의한 남북한 총선거는 반대하고 한국 국회가 북한을 위하여 유보하고 있는 100석을 채우기 위한 북한만의 선거를 주장하였다. 한국 정부의 통일정책은 1차적으로 유엔의 방해를 받았으며, 그보다 더 중요한 것은 잠재적인 위협세력이었던 중공군이 정식으로 개입되면서부터 전황은 다시 역전되었고 그 희망은 무산되기 시작하였다. 중공은 1950년 10월 9일 북경방송을 통해 유엔군의 38선 돌파를 허용한 10월 7일의 유엔결의는 위법이며, 미군의 북한 진입은 중국의 안전에 대한 중대한 위협이고 이를 방관하지 않을 것이라고 경고하였다. 이러한 상황에서 10월 15일 트루먼 대통령과 맥아더 장군 간에 웨이크회담이 열렸다. 웨이크회담에서 맥아더 장군은 모든 면에서 낙관적이었다. 첫째, 북한군의 군사적 저항은 그해의 11월 23일 추수감사절까지는 끝날 것이라는 견해였다. 또한 중공군의 개입 가능성은 전혀 없으며, 중국의 동북부 지방에 있는 30만 병력 가운데 압록강 연안에 배치되어 있는 것은 10만 내지 12만 5,000명이고, 이 중에서 오직 5만 내지 6만 명만이 북한을 원조할 수 있으리라는 것이다. 더구나 중공은 공군력을 보유하지 못하였기 때문에 개입할 때에는 최대의 손실을 볼 것이라고 전망하였다. 끝으로 소련의 개입 가능성에 대해서도 맥아더는 부정적이었다. 이러한 맥아더의 낙관론에 만족한 트루먼은 귀로에 샌프란시스코에서 유엔군은 조만간 전 한반도의 평화를 회복하리라고 확신한다고 언명하였다. 그러한 낙관론에 반하여 중공군이 이른바 '의용군'이라는 명칭 아래 일시에 3개 사단 이상을 한국전쟁에 투입한 것은 웨이크회담 바로 다음 날이었으며, 미국이 이 사실을 확인한 것은 그로부터 열흘 뒤이었다. 10월 24일 한국군 제6사단이 청천강 상류에 있는 운산에서 중공군으로 보이는 적군에 의하여 포위되었고, 이를 구원하기 위한 미 제1기병사단도 그달 26일에 포위당해 고전하였다. 중공의 참전은 11월 4일 '각 민족당파'의 모임에서 공식 발표되었고, 그 표어가 항미원조보가위국(抗米援朝保家衛國)이었다. 중공군의 개입으로 일시 주춤하였던 연합군은 11월 24일에는 다시 압록강을 향해 본격적으로 진격을 재개하였다. 11월 25일과 26일에 중국군이 18개 사단 병력으로 서부전선을 공격, 방어선은 붕괴되었다. 맥아더는 현지 사령관들과 작전회의 끝에 11월 28일에는 '완전히 새로운 전쟁'에 직면해 있다는 특별성명을 유엔에 보냈다. 즉 20만 명이 넘는 중공군이 유엔군을 향해 배치된 사실이 명백해졌다는 것이다. 동부전선의 미 제10군단은 원산·흥남선에서, 서부전선의 미 제8군의 후퇴는 30도선 근처에 머물렀다. 맥아더에 대한 비난은 높아졌다. 특히 합동참모본부의 권고를 무시하고 맥아더가 서부와 동부전선에 두 개의 독립, 분리된 야전사령부를 운영하게 한 점이었다. 혹한과 고전 속에서 해공로를 통하여 흥남 철수는 바다를 통해 12월 24일에 작전을 완료하였다. 중공군의 원조에 힘입은 북한군은 12월 26일 다시 38선을 넘어 남진하였다. 맥아더는 미국에 지상 증원군을 요청하고 새로운 정치적 결정과 전략계획을 제시하였다. 그러나 전면 전쟁의 위험을 경계하던 트루먼 대통령은 이를 받아들이지 않았으며, 오히려 한반도의 유엔군 철수안에 더욱 관심이 있었다. 중공군의 개입 가능성을 놓고 대응책을 논하면서 11월 3일에는 필요하다면 한반도에서 원자폭탄 사용도 고려 중이라는 강경한 태도를 표명했으며, 이에 대해 영국은 깊은 우려를 표명하였다. 12월 8일에 발표된 트루먼·애틀리(Atlee, C. R.)의 성명은, 한반도에서 유엔의 목적을 평화적으로 달성하기 위해 모든 노력을 기울여야 한다는 내용이었다. 이는 그 단계에서 미국의 한국에 대한 정책이 근본적으로 약화된 것을 의미하는 것이었다. 12월 12일 인도가 아시아·아프리카 13개국의 지지를 받아 유엔총회에 한국 휴전의 기초 조건을 조사하기 위한 3인위원회를 구성하자는 결의안을 제출하였을 때 미국이 이를 지지하고 나섰다. 3인위원회는 당시 총회의장이었던 이란 대표 엔테삼(Entezam, N.)·캐나다 대표인 피어슨(Pearson, L. B.) 그리고 인도 대표인 라우(Rau, B. N.)로 구성되었으며, 이들은 중공과 접촉하기 시작하였다. 정전을 위한 유엔 3인위원회의 중공 정부접촉이 실패하였다. 중공이 한국전의 정전에 거부하였던 것은 당시의 전황이 그들에게 유리하였기 때문이며, 그들은 계속 유엔군을 추격하여 남진하였다. 공산군은 1951년 1월 4일 다시 수도 서울을 점령하고, 한국 정부는 피난길에 올랐다(1·4후퇴). 1950년 12월 16일 트루먼이 국가 긴급사태를 선언하였으나 전황에는 별로 영향을 주지 못하였고, 질서 있는 철퇴작전이 주안이었다. 맥아더는 계속 중공의 공업지대 폭격을 포함한 4개 항목에 달하는 전면대응을 주장하였으나 본국 정부와의 긴장감만 높아졌을 뿐 그의 의견은 수락되지 않았다. 중공군의 개입 이래 공산군의 남진은 계속되었고 그들의 보급로도 늘었으나 유엔군의 공중 공격으로 저지되었다. 1951년 1월 25일부터 유엔군은 반격을 재개하며 전진을 계속하였다. 2월 10일에는 인천과 김포를 탈한하였고, 3월 14일 서울을 재탈환하였으며, 3월 24일 38선을 다시 돌파하였다. 중공군 개입 문제 판단에 오류를 범하였던 맥아더는 계속 중국 동북부인 만주 지방을 성역으로 놓아두는 것을 반대하고 폭격을 주장함으로써 휴전을 모색하는 미국 정부의 입장을 어렵게 하였다. 한국전쟁의 휴전을 위한 1950년 12월 14일의 총회결의에 따른 3인위원회의 노력도 수포로 돌아가고, 1951년 1월 13일의 정치위원회가 정한 한국 휴전 5원칙도 중공에 의하여 거부당하자, 유엔총회는 2월 1일 미국의 제의로 중공을 '침략자'로 규정하는 결의안을 찬성 44, 반대 7, 기권 9라는 압도적인 다수로 채택하였다. 다시 5월 18일 중공 및 북한의 지배하에 있는 지역에 대한 군수물자나 무기의 금수를 의결하였다. 유엔군의 작전이 주효하면서 다시 38선을 돌파하고 제공권을 장악하여 유엔군이 유리한 조건으로 교섭할 수 있으리라고 전망하면서도, 트루먼 행정부는 우유부단했다. 한편 미국 의회는 1950년 11월 이래 외교정책에 관하여 여러 달 토의하고 있었으며, 맥아더의 주장은 공화당 하원 원내총무인 마틴(Martin, J. W.)의 지지를 받는 상태여서 이는 미행정부와 의회 간의 긴장관계로 나타났다. 미 합동참모본부는 1951년 2월 21일 나진에 대한 폭격 금지를 명하고, 3월 1일 다시 압록강 연안의 중국의 발전 시설에 대한 폭격도 금함으로써 현지 사령관인 맥아더에게 제한전쟁을 강요하였다. 트루먼도 이 38선에서 휴전할 생각을 굳혔으며, 38선을 약간 넘은 선에서 유리한 교섭을 시작하려 하였다. 이 점에서 맥아더의 승리만을 추구하는 군사전략은 협상을 추구하는 트루먼의 외교전략과 갈등을 빚게 되었다. 전세가 유리하게 전개되는 상황에서 미 국무성은 국방성 및 합동참모본부와 협의하여 한반도 전쟁을 휴전하자는 내용을 담은 대통령 외교성명의 초안을 작성하여 3월 19일 파병국들에 동의를 구하는 한편, 그다음 날에는 맥아더에게도 그 취지를 전달하였다. 이에 대한 맥아더의 반응은 3월 24일의 공산 측에 대한 위협적인 성명이었다. 즉 유엔이 제한전쟁 목적을 버리고 중공 연안 지역이나 내륙에까지 확대시킬 경우, 중공은 군사적 붕괴의 위험에 빠질 것이고, 유엔의 정치적 목적을 달성하기 위한 모든 군사 수단을 찾기 위하여 최선을 다하겠다는 내용이었다. 미 국무성은 즉각 맥아더의 월권적 발언을 힐난하는 성명을 발표하였고, 합동참모본부는 맥아더에 대하여 1950년 12월 6일에 지시한 대로 군사·외교정책에 관한 발표는 반드시 사전에 국무성이나 국방성의 승인을 얻도록 명령하였다. 이러한 과정에서 한국전 휴전을 제안하는 외교성명은 발표 시기를 놓쳐 버렸고, 4월 5일 마틴 의원은 맥아더가 그에게 보낸 서한을 하원에서 낭독해 버림으로써 트루먼 정부와 맥아더의 대립관계는 돌이킬 수 없는 결정적 파국에 들어갔다. 4월 11일 트루먼은 이례적인 심야 기자회견을 통하여 맥아더의 해임을 발표하였고 그 후임에 리지웨이(Ridgway, M. B.) 제8군사령관을 임명하였다. 1951년 4월 공산군의 춘계 공세는 70만명에 달하는 대군을 동원한 공격이었고, 이에 대한 역공세가 되풀이되면서 전쟁은 더욱 격렬해졌다. 그러나 미국 정부가 제한전쟁을 목표로 하였기 때문에 전반적 전황은 교착상태에 빠져들었다.

## (5) 휴전회담

말리크(Malik, J.) 소련 유엔대표가 1951년 6월 23일 총회연설에서 휴전회담을 제기하였다. 7월 10일부터 개성에서 휴전회담이 열렸다. 1952년 5월 7일의 거제도 포로수용소 반란사건과 수용소 사령관인 돗드(Dodd, F. T.) 장군 감금사건이 발생했다. 공산군 포로들은 비밀 통제 조직을 결성하여 송환을 거부하는 반공 포로를 위협하고 테러를 가하였다. 이러한 상황 속에서 유엔군사령관 리지웨이 장군은 미국 대통령에 입후보하기 위하여 사임하는 아이젠하워(Eisenhower, D. D.) 장군의 후임으로 나토 사령관으로 전보되고, 클라크(Clark, M. W.) 장군이 유엔군 사령관에 임명되었다. 클라크 장군이 부임하자 회담 재개전략의 일환으로 새로운 공격이 시작되었고, 6월 22일에는 거의 성역으로 되어 있던 수풍댐까지도 폭격하는 강경책을 택하였다. 또한 유엔 공군기와 새로이 등장한 공산 측의 미그 15기의 공중전이 빈번해졌고 전투는 다시 격화되었다. 한반도에서 일진일퇴의 전투가 계속되는 동안 1952년 5월 26일 부산 정치파동과 7월 4일 대통령 직선제 개헌을 결정한 부산 정치파동이 있었다. 1952년 11월 대통령선거에서 공화당 아이젠하워가 당선되었다. 그는 당선되면 전쟁을 끝내기 위하여 한국을 방문하겠다고 공약했다. 전쟁이 장기화함에 따른 불만과 권태로 정전을 약속한 공화당 후보에게 20년 만에 처음으로 정권을 맡긴 것이다. 약속대로 아이젠하워는 당선 직후 한국 전선을 방문하고 귀국하여 기자회견에서 전쟁을 확대시키지 않을 것을 명백히 함으로써 공산 측에 군사적인 압력을 가하여 휴전회담에 응하게 하려는 클라크를 실망시켰다. 휴전회담이 교착된 상태에서 전투가 계속되는 동안 두 가지의 중대한 사건이 있었다. 첫째, 1952년 12월 3일 제7차 유엔총회에서는 인도가 제안한 포로송환에 관한 결의안을 압도적 다수결로 통과시켰다. 체코·폴란드·스웨덴·스위스 등 4개국으로 송환위원회를 구성하여 포로를 120일간 그 위원회에서 설득하여 가고 싶은 곳으로 송환되게 하자는 것이었다. 그러나 이를 포로의 자유송환이라는 이유로 소련과 중공이 반대하였다. 또 하나의 큰 변화는 1953년 3월 5일 소련의 스탈린이 사망하였고, 이로 인하여 전기를 맞은 것이다. 3월 28일 공산 측은 휴전회담 재개를 제의하였고, 소련의 새 지도자들과 협의를 마친 중국 주언라이 수상은 송환을 희망하지 않는 포로를 중립국에 맡겨 그들의 귀국문제를 정당하게 해결하자는 새로운 제의를 하였다. 1953년 3월 이래 휴전회담이 급속히 진전되는 과정에서 한국 정부의 저항이 또 다른 심각한 문제가 되었다. 많은 인명과 재산의 손실을 가져온 북한의 침략전쟁을 분단상태로 마감하려는 데서 한국의 통일정책이 좌절을 겪게 된 것이다. 더구나 공산군의 점령 치하에서 강제로 의용군에 징집되었다가 포로가 되거나 또 국군포로로 공산군에 강제 편입되었다가 다시 포로가 된 반공 포로를 공산 측에 양도한다는 것은 이승만 대통령으로서는 도저히 받아들일 수 없었다. 이승만은 휴전은 일종의 자살행위이며 필요하다면 한국군만으로 전쟁을 수행하겠다고 공언하였다. 클라크 장군과 주한 미국대사의 설득에도 불구하고 이승만은 휴전회담이 재개되기 이틀 전인 4월 24일 아이젠하워에게 중공군이 북한에 주둔한 상태에서 휴전이 성립된다면 한국을 유엔군 사령관의 지휘권에서 빼내겠다고 통고하였다. 한국민들도 통일정책을 지지하여 휴전을 반대하는 시위가 계속되었고, 5월 12일 포로 관리를 위한 인도 군인의 입국마저도 거부하고 나섰다. 이에 미국은 협상의 주역인 클라크에게 공산 측을 설득할 것과 그것이 안 될 때 확전 여부를 결정하도록 하였다. 또한 인도 정부를 통해 중공을 설득하도록 하였는데, 가장 어려운 점은 한국 정부를 휴전에 동의하게 하는 작업이었다. 그 조건으로 한국에 대한 경제·군사원조에 관한 아이젠하워의 친서를 이승만에게 보내 휴전에 동의할 것을 종용하였으나 이승만의 태도는 완강하게 휴전협상을 거부했다. 5월 30일 이승만은 아이젠하워에게 한미상호방위조약의 체결과 모든 외국군의 동시 철수를 제안하였다. 6월 4일 공산 측은 유엔 측의 최종안에 원칙적 동의를 보내왔고, 6일 아이젠하워는 이승만에게 휴전 성립 후에 한미방위조약을 교섭할 용의가 있으며 한국에 대한 군사 및 경제원조를 계속할 것을 약속하였다. 6월 8일 한국 대표가 불참한 가운데 양측은 포로송환 협정에 서명하였다. '반공 포로'의 송환을 놓고 한국 정부의 태도가 가장 중요한 변수로 등장하였다. 한국 정부를 무마하기 위하여 이승만의 미국 방문을 청하였으나 바쁘다는 이유로 거절한 채 6월 18일 새벽에 이승만 대통령은 미국에 사전 예고 없이 한국 포로 감시원에게 명하여 2만 7,000명 반공 포로를 석방했다. 이승만은 이것이 자기의 명령임을 명백히 하고 군경에 대하여 석방된 반공 포로를 보호하도록 명하였다. 미국은 이승만을 설득하기 위해서 더욱 구체적인 교섭을 벌이기 위해 1953년 6월 25일 국무차관보 로버트슨(Robertson, W. S.)을 대통령특사로 파견하였다. 16일간 서울에 머물면서 이승만의 동의를 얻기 위해 교섭을 했으나 이승만의 저항은 완강하였다. 그러는 가운데 전투는 계속 진행되었다. 특히 한국군 방어선에 대해 집중 공격했다. 7월 11

일 이승만은 휴전에 동의하였다. 이때 미국이 제시한 조건은 크게 네 가지이다. ① 한미상호방위조약 체결을 위한 교섭을 시작한다. ② 장기간 대한 경제원조를 제공한다. ③ 휴전협정 성립 후에 개최될 한국의 정치적 통일에 대하여 90일간 아무런 구체적인 성과가 없을 때 미국은 그 회의에서 탈퇴한다. ④ 한국군의 증강을 위한 미국의 원조 약속 등이다. 1953년 7월 27일 휴전협정이 이루어짐으로써 3년 1개월에 걸친 전쟁은 막을 내렸다. 아이젠하워 대통령은 휴전협정이 서명되던 바로 그날 미국 의회에 대한 경제원조의 확대계획을 제출하여 승인을 받고, 그날 유엔군으로 파병된 16개국은 장래에도 한국에 대한 침략에 공동으로 대처하겠다는 공동선언을 하였다. 또한 휴전성립 10일 후인 8월 7일 덜레스가 서울에 와서 한미상호방위조약에 가조인하였다. 가조인 서명 공동선언에서 고위 정치회담에서는 한국의 평화적 통일을 추구할 것과 90일 이후에도 성과가 없을 때 양국은 동시에 회담에서 탈퇴할 것을 합의하였다. 8월 28일 유엔총회는 한반도 문제를 둘러싼 정치회담의 개최를 촉구하는 결의를 채택함으로써 10월 26일부터 다시 판문점에서 정치회담을 위한 예비회담이 개최되었다. 12월 13일 유엔대표인 딘(Dean, A.)이 회담의 결렬을 선언함으로써 무기휴회로 들어가 버렸다. 그동안 유엔 측은 1954년 1월 23일에 설득기간이 지난 송환거부 포로 2만 3,000명을 석방하였다. 그 뒤 4월 26일부터 4대 강국과 중공, 남북한 그리고 유엔 파병국들을 포함한 외상회의가 제네바에서 열렸다. 7월 21일까지 약 3개월에 걸친 제네바회의는 인도차이나를 북위 17도선을 경계로 하는 남북 월남을 분할하여 휴전을 성립시켰을 뿐, 한국 통일문제는 예상했던 대로 실마리도 풀지 못하였다. 한반도 문제는 6월 15일 유엔 파병 16개국이 토의 종결 선언을 남긴 채 끝남으로써 분단상태가 지속되고 휴전협정만이 유일한 공식문서로 남게 되었다.

### (6) 6 · 25전쟁의 영향

#### 1) 국제정치적 영향

첫째, 6 · 25참전 대가로 미국은 정치적, 군사적으로 세계 최강대국의 지위를 굳혔다. 한국전쟁을 계기로 국제정치에 대한 미국의 영향력은 그 전에 비하여 훨씬 커졌다. 둘째, 미국과 소련 사이의 냉전을 더욱 굳혔다. 미국 특히 국무장관 덜레스는 6 · 25 후 강력한 반공정책을 주구해 나갔다. 셋째, 중공의 국제적 지위가 강화됐다. 중공은 한국전쟁의 참전으로 유엔에서 '침략자'로 규정되었고, 유엔에서 중국 대표권을 얻지 못하였으나, 적어도 아시아문제에 대해서는 중공의 발언권을 인정하여야 한다는 인식이 국제적으로 퍼졌다.

### 2) 강대국들의 국내정치와 대외정책에 미친 영향

첫째, 6·25전쟁은 미국의 국내 분위기를 우경화시켰고, 미국은 세계의 많은 보수정권과 상호방위조약을 맺었고, 여러 지역에서 반공적 집단안보기구를 만들어 냈다. 둘째, 중공군의 한국전 참전은 모택동(毛澤東) 체제를 강화했다. 건국에 기여한 동북삼성 출신 의용군도 한국에 보내 전후 처리했다. 셋째, 6·25전쟁은 패전국인 일본의 경제부흥과 보수체제의 안정에 이바지하였다.

### 3) 한반도에 미친 영향

6·25전쟁은 한민족에게 큰 재해를 안겨 주었다. 국사편찬위원회 국사관 논총제 28집에 따르면, 한국군 인명 피해는 98만 7천명(사망 14만7천, 부상70만9천, 행방불명13만1천) 북한군 92만6천명(사망52만, 부상40만 6천) 민간인 피해는 한국 80만4천 6백명(사망24만4663, 부상 22만 9625, 행방불명 33만312)북한 20만명, 유엔군은 15만 1천5백명(사망3만5천, 부상 11만 5천, 행방불명1천5백) 중공군 90만명이다. 특히 비전투요원의 인적 손실이 전사상(戰史上) 유례없을 만큼 컸다. 북한군은 점령지역에서 인민재판을 통해 지주와 민간인을 인민의 적으로 몰아 살해했다. 인천상륙작전후 퇴각하던 북한군은 대전교도소에서 6천명 전주교도소에서 1천명을 학살했다. 1952년 공보처가 집계한 북한군과 빨치산이 살해한 공무원과 민간인은 5만 9964명이었다. (전남 4만3511, 전북 5603, 충남 3680, 경기 2536, 서울 1383, 강원도 1216, 경남 689, 충북633, 경북 628, 제주23) 전남영광(2만 1225)영암(7천)나주 장성 함평 고창등 빨치산 근거지였던 지리산 주변지역의 인명피해가 컸다.북한군 기습 남침에 퇴각하던 경찰이 남로당에 가입했던 보도연맹도 대량 학살했다. 1951년의 의회 청문회에서 맥아더는 "평생을 전쟁 속에서 보낸 본관과 같은 군인에게조차 이러한 비참함은 처음이어서 무수한 시체를 보았을 때 구토하고 말았다"고 고백했다. 인적 손실과 함께 방대한 규모의 이산가족이 발생했다. 이산가족 수는 1,000만 명 규모인 것으로 집계됐다. 인적 손실에 못지않은 물적 손실도 컸다. 학교·교회·사찰·병원 및 민가를 비롯하여 공장·도로·교량 등이 파괴되었다. 남북한 모두의 사회 및 경제 기반이 철저하게 파괴된 것이다.북쪽은 1949년 수준에 대비할 때, 광업 생산력의 80%와 공업생산력의 60% 및 농업생산력의 78%가 감소했다. 금속제품·전기제품·건설재·어업 부문에서는

생산이 60~90%로 떨어졌다. 선철·구리·알루미늄·알칼리 화학비료 부문에서는 생산의 감소가 심하였다. 90만 6,500에이커의 농지가 손상되었으며, 60만 채의 민가와 5,000개의 학교 및 1,000개의 병원이 파괴되었다. 남쪽은 휴전 직후 집을 잃고 거리에서 방황하는 전재민의 수가 200만여 명에 이르렀고, 굶주림에 직면한 인구가 전체 인구의 20~25%나 되었다. 1949년 1년의 국민총생산에 맞먹는 재산상의 피해가 발생하였으며, 농업생산은 27%가 감소했고, 국민총생산은 14%가 감소되었다. 약 900개의 공장이 파괴되었고, 제재소와 제지공장 및 금속공장을 비롯한 작은 생산 장소들은 거의 전부가 파괴되었다. 약 60만 채의 가옥이 파괴되었고, 특히 교통 및 체신 시설이 막대한 손해를 입었다. 서로 상대방을 증오하고 복수심을 갖게 되었으며, 따라서 평화적인 통일의 분위기를 가로막고 있었다. 남과 북 모두 상대방과의 타협과 대화 자체를 죄악시하는 분위기가 자리 잡았다.

### 4) 북한에 미친 영향

6·25전쟁의 피해는 북한에서 더 컸다. ① 대내 정치의 영향: 6·25전쟁은 국내 정치적으로 김일성체제를 강화했다. 6·25 직전 북한 권력구조 안에는 4개의 정치적 파벌이 공존하였다. 국내파·연안파(친중공파)·소련파(소련에 이주하였던 한인 2세)·갑산파(김일성을 중심으로 한 세력) 등이 그것이다. 1950년 12월 김일성은 우선 연안파의 군사 지도자인 무정(武亭)을 평양실함의 책임을 씌워 숙청했다. 김일성은 1946~1948년에 월북한 남로당 간부와 당원을 숙청했다. 휴전 직후인 1953년 8월 3일 북한 당국은 박헌영(朴憲永)을 비롯한 12명의 남로당원들이 '미제국주의 고용 간첩'으로서 '미제국주의와 결탁' 아래 북한정권을 전복하려는 쿠데타를 계획하였다고 발표하였다. 이들은 모두 중형에 처해졌다. 부수상 겸 외상이었던 박헌영은 물론 북한노동당 비서이며 인민검열위원장인 이승엽(李承燁)과 문화선전성 부상 조일명(趙一明) 등 10명이 사형선고를 받았고, 2명이 10년 이상의 징역형을 선고받았다. 이러한 남로당계 수뇌급 외에 수많은 월북 남로당원들이 처단되거나 숙청되었다. 남로당 계열의 숙청과 함께 남로당계 외의 고위층 인사도 박헌영의 반당행위와 관련이 있다는 이유로 적지 않게 숙청되었다. 소련공산당 당적을 가진 채 북한에 들어와 북한노동당의 창당에 크게 이바지한 실력자 허가이(許哥而)도 제거됐다. 1956년에는 연안파와 일부 소련파가 '기회주의 세력'으로 제기되었다. 연안파의 수령으로 북한이 '국가원수' 직에 있던 김두봉(金枓奉)도 이때 숙청되었다. 1958년 김일성의 유일독재체제가 확립되었다.

② 대내 사회적 영향: 6·25전쟁은 북한주민들 사이에 반미주의를 굳게 자리 잡게 하였다. 이러한 상징조작은 그의 독재체제를 정당화하는 중요한 도구가 되었다. ③ 경제적 영향: 6·25전쟁은 북한의 경제를 철저히 파괴하였다. 휴전과 더불어 북한이 추구한 1차 과제는 경제복구였다. ④ 대외관계에 미친 영향: 6·25전쟁은 북한의 대외관계에도 많은 영향을 미쳤다. 그러나 한국전쟁 기간에 소련은 북한을 크게 지원하지 않았다. 이로 인해 김일성은 소련에 대해 깊은 불신감을 가지게 되었다. 소련에 비하여 중공의 지원은 적극적이었다. 북한은 점차 중공과도 우의를 두텁게 하였다. 6·25 후 김일성이 추진한 중공업은 실패했다, 경공업병진 정책 대신 경공업 우선 정책을 주장한 연안파 최창익, 박창옥 등은 유연한 수정주의 노선을 주장하다가 56년 종파주의, 사대주의, 교조주의, 반혁명주의자로 낙인찍혀 권력에서 밀려났다. 조국 광복회 관련 인사가 주축인 갑산파도 축출했다. 67년 김일성 일인독재체제를 구축했다.

### 5) 대한민국에 미친 영향

6·25전쟁은 대한민국사회의 패러다임시프트였다. 반공적 국가질서를 강화했다. 미국과의 동맹관계가 국가의 안전을 보장하는 필수적인 요소라고 받아들이게 하였다. 유엔이 북한의 남침으로부터 국가를 건져 주었다는 인식은 유엔 창설일을 공휴일로 삼게까지 하였고, 유엔을 상대한 외교를 중시했다. 통일문제에 대해서도 남북대화의 방식보다는 유엔을 통한 해결방식을 채택하였다. 6·25전쟁은 한국 경제에 엄청난 타격을 주었다. 일반 주거용 주택은 약 60만 호가 파괴되었으며, 철도는 전체 시설의 약 47%가 손해를 입었다. 1951년 말 현재 정부의 조사로는, 공업 부문의 전쟁피재는 건물이 44%, 공장 시설이 42%의 원상 피해율을 나타내었다. 총 발전 시설의 약 80%가 손상되었다. 이러한 상황에서 이승만 대통령은 미국의 경제원조와 그리고 미국 주도 아래 이루어진 유엔의 경제원조를 바탕으로 전후 경제를 복구해 나갔다. 1953~1961년 사이에 미국이 총 22억 8,000만 달러의 막대한 원조를 해 주었다. 그러나 그 내용이나 규모는 전적으로 미국 측에 의하여 결정되었다. 소비재 경공업을 뼈대로 하는 공업화가 추진됨에 따라 공업의 대외 의존적 성장과 농업의 정체현상이 나타났다. 6·25전쟁은 대한민국 군부를 급격히 성장시켰다. 군부의 중립적 입장이 1960년 4·19혁명을 성공시키는 요소로까지 평가되었다. 대규모 인구이동이 있었다. 6·25전쟁에 약 29만 명이 월북하였거나 납북되었으며, 약 45~65만 명이 월남한 것으로 추정된다. 도시화가 진행되었다. 6·25전쟁 직전 5만 명 이상의 인구도

시의 인구는 전체 남한 인구의 약 17%였는데, 1955년 현재 21%로 늘어났다. 휴전의 성립과 더불어 정치 상황이 비교적 안정되자 출산율이 높아져 1955년 이후 연평균 2.9%의 기록적인 인구성장률을 나타냈다. 이러한 높은 성장률과 더불어, 전쟁으로 피폐해진 농촌을 떠나는 농민들과 역시 전쟁의 피해로 중소도시를 떠나는 도시 하층민들의 수가 급격히 늘어났다. 이들은 대체로 막노동과 품팔이 및 서비스업 따위의 고용기회를 찾아 큰 행정도시와 미군부대 주둔지 및 관광지대로 몰려들었다. 이처럼 도시집중이 이루어짐으로써 1950년대 중반과 후반의 실업률은 심각할 정도로 높았다. 1960년 현재 완전실업률은 8.2%이며, 잠재실업률은 26.0%로서 이 둘을 합치면 34.2%에 이르렀다. 6·25전쟁은 또한 많은 수의 전쟁고아와 전쟁미망인 '상이용사', '양공주'와 혼혈아의 문제가 뒤따랐다. 이와 더불어 '양키문화'로 불리는 낮은 수준의 미국문화가 유입되어 한국의 전통문화와 갈등을 빚었다. 한국전쟁은 한국인들의 미국 유학과 연수를 자극하였으며, 그것 자체가 새로운 문제를 낳은 측면도 있으나 전반적으로 전후 한국의 학문과 기술 및 예술의 발전에 적지 않게 이바지하였다. 그러나 수입학문의 문제점도 드러났다. 6·25전쟁은 한국의 문학세계에도 큰 영향을 주었다. 한국의 대표적 소설로 꼽히는 작품들이 대부분 6·25전쟁을 다루고, 전쟁의 비인간성에 대한 고발, 인간을 누르는 경직된 체제와 이념에 대한 냉소, 약소민족의 운명을 자의로 처리하는 강대국가들에 대한 반발 그리고 전쟁의 피해자들을 향한 깊은 동정 등이 강조되었으며 태백산맥 같은 작품은 사법대상에 오르기도 했다. 6·25전쟁을 체험한 세대는 점점 사라지고 6·25전쟁 이후의 세대가 크게 자라났다. 1986년 현재 6·25전쟁 이후에 출생한 국민은 전체 인구의 약 70%를 차지한다.

### (7) 6·25의 충격과 한국사회의 패러다임시프트

6·25는 인구 변화, 도시화, 사회계급 변동, 사회제도 변화 등 거시적 차원의 변동과 사회의식 변화, 민주화 등 미시적 차원의 변동 등으로 한국사회를 중세사회에서 현대사회로 바꾸는 대전환의 전기가 되었다. 전상인 교수 등 사회학자는 6·25 충격에 의한 사회구조적 변동을 주목했고, 김일영, 차상철, 이채진, 이종원 교수 등은 6·25전쟁을 국제적인 시각으로 조명하고 이승만에 대한 지나친 혹평과 비난을 지양하고, 객관석으로 접근해야 한다고 지적했다. 전상인(사회학, 서울대학교) 교수는 6·25에 관한 수정주의 사관을 비판하며 6·25가 남북한 사회에 끼친 영향을 정리했다. 6·25가 한국사회에 준 충격은 중세사

회 질서, 일제 식민지 잔재, 구조적인 빈곤의 악순환 등 구체제를 벗어나게 하는 패러다임 시프트였다. 전상인 교수는 '고개 숙인 수정주의'(전통과 현대) 단행본 중에 발표한 '한국전쟁의 사회학'에서 6 · 25전쟁이 한국사회에 준 충격을 다음과 같이 열거했다.

첫째, 6 · 25전쟁은 많은 인구 손실과 폭발적인 전후 베이비 출산으로 연령분포를 바꾸고 인구의 대이동을 이루었다. 한국 정부 발표 통계에 따르면 군인 14만 7,000여 명, 민간인 24만 4,000여 명 등 39만 4,000여 명이 사망했다. 40만 명 가까운 숫자가 사망했으며 납치, 실종, 포로까지 합치면 56만 명이 전쟁 중 증발되고, 전쟁미망인 20만 명, 전쟁고아 10만 명이 양산됐다, 북한 공식 발표는 없었으나, 130~200만 명의 인구손실이 있었을 것으로 추정한다. 흥남 철수만 10만 명으로 피난 인구가 240만 명이었다. 월북 인구도 29만 명, 월남 등 난민 이동은 65만 명으로 이산가족이 500만 명이었다. KBS의 이산가족 상봉특집이 비극을 재연했다.

둘째, 전통적 가족제도가 해체됐다. 이산가족이 많았고, 도시화(도시화율 49년 17.3%, 55년 24.5%)가 급하게 이루어졌다. 전쟁을 치르면서 가족 이기주의, 연고주의적 연줄망은 심화됐다. 그러나 전쟁은 '위대한 평등 장치'(great equalizer)였다. 신분제적 유제가 일소됐고, 계급 상승 · 사회 이동 기회 · 사회평등화 · 개별화 · 국민 창출 · 국민 형성 등이 초스피드로 진행되었다. 자유당 정권이 육성한 재벌 중 기득권 세력은 극소수였다. 월남인 노동자, 장사꾼 등 과거 하류층이 새 시대 주역으로 부상했다. 이승만 대통령의 개혁성향이 반영된 것이다. 그러나 국민이 국가 권력에 대응할 수 있는 시민사회 주역으로 등장한 것이 아니라 대중사회 속에 함몰되었다. 또 전쟁은 사회경제적 평등화 조건 속에서 사실상 사회적 불평등 구조를 잉태했다. 전쟁은 위대한 평등 장치였으나 권력과 자원이 집중되었다. 매판자본 원조자금 혜택 · 고등교육 특례화 · 지역 간 불균등화 · 종교 세력의 과두화, 권력화 · 지연, 학연 등 연줄망이 위력을 발휘했다.

셋째, 사회심리적 변화도 심각했다. 남한 체제에 대한 충성심 정당성 제고 · 국가 권력에 대한 공포와 경계심 · 負의 통합방식(negative integration) · 국가테러리즘(state terrorism) · 냉전적 세계관의 내면화 · 극단적인 반공주의 red allergy · 공산주의 공포심 내면화 · red comlex · 사회를 만인의 만인에 대한 투쟁으로 만들었다.

넷째, 한국전쟁은 전후 독재와 민주주의 기원의 공통 분모였다. 계급구조의 재편과 신분제 해체는 사회 구성원의 '국민적 평준화'와 근대적 국민을 탄생시켰다. 그러나 50년대 '강한 국가'와 '약한 사회'의 공존, 이승만 권위주의는 외양적으로 '대의민주주의'에 기초.

전쟁 중 신장된 국민주권 의식이 권위주의를 견제하는 사회적 힘이 되었다. 한국전쟁은 60년대 이후 발전 국가 등장에 의한 급속한 자본주의 산업화의 부분적 기초가 되었다. 강한 국가는 하루아침에 이루어지지 않는다. 이승만은 전쟁을 군부 강화, 교육기회 확충, 산업화, 무역 등 경제 건설 등 국가 건설의 호기로 활용했다. 군부는 60년대 이후 국가 발전의 선도 역할을 했다.

다섯째, 60년대 한국 경제성장을 선도한 재벌의 탄생도 한국전쟁의 산물이다. 한국전쟁은 사회 구성원 간의 상대적 평준화와 기회 균등 원리의 형식적인 제시에도 불구하고 실질적으로는 사회 불평등을 구조화하고 사회 내 기득권층의 탄생을 예고하였다고 사회학자들은 지적했다. 공동체 의식이 파괴되고 한국사회를 극단의 저신뢰 사회로 만들었다. 이념적, 정치적 공동체는 어디까지나 외견상에 불과하고 대내적으로는 불신과 경계가 만연하고 있는 야만적 전투 사회의 성격을 띠고 있는 것이다. 구조화된 사회적 불평등과 기득권 세력의 도덕적 헤게모니 결핍이 정치가의 선동에 의해 체제 자체를 쉽게 흔들 수 있게 했다. 이 정치 만능 풍조는 한국사회의 모든 현상을 '정치화'시켰으나 이 정치 만능 풍조는 정치 불신을 팽배케 했다. 심각한 문제는 위로부터 설정했던 이념적, 정치적 공동체가 효력을 상실하기 시작했다는 사실이다. 그 결과 그동안 저신뢰의 야만적 전투 사회를 겉에서 보존 유지해 왔던 그릇 자체가 깨어질 가능성도 있다. 한국의 성장과 보호막이었던 미국에 대한 적대감정의 조장도 그런 우려의 표징의 하나다. 6·25가 만들었던 사회구조와 사회의식 간의 외면적 합일이 밑으로부터 와해되고 있는 것이다. 한국전쟁이 야기한 사회변동은 이중적이고 양면적인 성격이다. 국민적 평등 기회 균등 원칙 밑그림을 그렸으나, 다양한 사회적 영역에서의 불평등 구조를 제도화하면서 새로운 기득권을 차지하는 파워엘리트를 형성했다. 사회심리적인 측면에서도 국가관, 이데올로기, 공동체주의 대외의식 등의 제반 측면에서 이율배반적인 변화를 유발했다. 그리고 그것은 궁극적으로 민주주의 경제발전, 사회갈등, 사회의식 등 거의 모든 분야에서 긍정적이고 부정적인 효과를 동시에 복합적으로 발현했다.

여섯째, 6·25의 양면성 사회 평등화와 사회 불평등화의 구조화가 진행되었다. 계층 간, 지역 간 벽이 무너졌다. 그러나 전후 처리 과정에서 매판자본원조자금 혜택으로 사회 불평등이 조성되었다. 자본주의적 산업화의 기초 작업에서 징실 자본주의의 상징인 재벌이 등장, 전민성, 매판성 자본이 축적되었으나 자립경제의 기반은 다졌다. 전후 권위주의 정치 공고화와 민주주의 학습이 함께 이루어졌다. 사회주의의 강제적 부재 속에 자유민주주의는 발전했지만 혈연, 지연, 연줄망 구성에 의한 편향적 배분과 정경 유착으로 사회가 양극화와 부패의 늪에 빠졌다. 공동체 의식의 파괴 극단의 저신뢰 사회가 되었다. 심각한 문제는 위로부터 설정했던 이념적, 정치적 공동체가 효력을 상실한 것이다. 저신뢰의 야만적 전투 사회가 보존 유지됐던 그릇 자체가 깨어질 가능성도 있다. 6·25가 만들었던 사회구조와 사회의식 간의 외면적 합일이 밑으로부터 와해되고 있는 것이다. 신뢰부재, 야만성, 정치적 보호막의 해체와 함께 극단적인 사회해체로 이어질 가능성, 개연성을 염려할 시점이다. 우리 내부의 심리적 공황 및 전투 상태 청산 작업이 문제다. 한국전쟁이 야기한 사회변동은 이중적이고 양면적인 성격이다. 국민적 평등 기회 균등 원칙 밑그림을 그렸으나, 다양한 사회적 영역에서의 불평등 구조를 제도화하면서 새로운 기득권을 차지하는 파워엘리트를 형성했다.－국민개병제도, 의무교육제도, 군은 근대의 훈령장으로 각종 기술학교 출신자가 10년 동안 82만 8,936명 배출, 50년대 후반 국방 예산 세출 예산의 3분의 1, 59년 문교 예산 비율은 정부 예산 중 14.9%, 그중 의무교육비가 80.4%였다. 박명림 연대 교수는 '한국경찰사 2, 1948~1961'에 따르면 한국전쟁 전 시기를 통틀어 친공산주의적 활동을 했다는 부역자는 무려 55만 915명이며 이 중 검거 15만 3,825명, 자수 39만 90명이었다고 밝히고 이들 중 많은 사람이 강압에 의한 희생자였다고 주장했다. 전쟁 도발 직후인 50년 7월 이후 충북 지방에서만 3천 명 이상 보도연맹원이 학살되었다는 주장도 제시했다. 토벌 작전에서도 많은 민간인이 통비분자로 몰려 학살되기도 했다. 산청, 함양, 거창 양민학살 등 경상남북도, 전라남북도 곳곳에서 유사사건이 속출했다. 거창 학살 주민 752명 중 3세 이하 119명, 14세까지 259명, 60세에서 92세까지 노인 70명. 산청 군내 8개 마을에서도 529명 희생. 4·19 후 구성된 국회조사단 보고에 따르면 빨갱이로 학살된 보도연맹원이 경남 1,892명, 경북 2,220명, 전남 524명, 정북 1,028명, 제주 1,878명이었다. 전쟁으로 일어난 국가테러리즘의 극치였다고 지적했다.

## 4. 6·25전쟁 수정주의론의 허구

### (1) 유영익 연세대 교수의 6·25수정주의 비판

수정주의(Revisionism)는 '미국 외교의 비극' 등을 저술한 미국 위스컨신대 역사학과 외교사가 윌리엄스(Williams Appleman Williams)와 그 제자들이 주도한 50~70년대 초의 냉전 시대 연구학풍이다. 위스컨신학파라고 불리는 이들 비주류 역사학자군은 마르크시즘 네오마르크시즘의 유물사관에 입각하여 19세기 이래 미국이 추구한 대외정책은 미국이 농업사회에서 산업사회로 전환하는 데 따른 경제적 필요에 기인한 것이라 파악하고 기존의 전통 정통주의(traditional/orthodox) 학파 및 현실주의 학파의 정치이념 중심 통설에 반기를 들었다. '급진적 수정주의자'로 알려진 Gabriel Kolko는 "미국의 대외정책은 미국 자본주의의 위력과 이익을 극대화하는 데 있었다"는 기본 관점하에 제1·2차 세계대전, 한국전쟁, 베트남전쟁 등은 모두 미국 자본주의 체제의 경제적 필요성 때문에 발단되거나 참전한 것으로 보았다. 냉전도 PaxAmericana를 위해 군사적, 경제적으로 취약한 소련에 공세를 취했고 소련은 시종 수세였다고 주장함으로써 미국의 패권주의를 비판하고 소련 대외정책을 옹호했다. 한국전쟁도 쟁점이 되어 수정주의 해석의 근거로 제시했다. 언론인 스톤은 1952년 '한국전쟁비사'(The Hidden History of the Korean War)에서 6·25는 맥아더, 이승만, 장개석, 덜레스 간 침묵의 음모에 의해 발단된 전쟁이라고 추론했다. 소련 붕괴 후 러시아가 비밀문서를 공개함으로써 전통주의적 해석이 진실임이 밝혀졌다. 1961년 '냉전과 기원 1917~1960'을 발간한 플레밍은 스톤의 추론을 정밀화했다. 콘데는 1968년 일본어로 발간된 '조선 전쟁의 역사 1950~1953'을 통해 남한 정부 정통성을 부인하고 북한을 '민족해방의 전통 세력'으로 파악하는 입장에서 북침설을 내세웠다. 1972년 '힘의 세계: 세계와 미국의 대외정책 1945~1954'(The Limites of Power: The Wold and United States Foreign Policy. 1945~1954)를 펴낸 콜코 부부는 한국전쟁은 맥아더가 이승만과 공모하여 북한의 침략을 유도했다는 유도설을 제창했다. 이 같은 수정주의 학설은 베트남전쟁 진행 중 미국의 Bruce G. Cumings, Robert Simmmons, John Merrill, 영국의 Jon Halliday, 호주의 Gavan McCormack 등 한국 현대사 연구자들에게 상당한 영향을 끼치면서 확대됐다. 6·25 수정주의 학설이 한국 현대사 연구에 막중한 영향력을 발휘하게 되는 것은 1970년대 베트남전쟁 참전 반대 운동에 앞장섰던 아시아 전문가들의 기관지 '아시아정책 비판학자 휘보'(Bulletin of Concerned Asian Scholars)의 편집장 브루스커밍스의 한국 현대사 관련 논저들이 한국 학계에 소개되고부터다. 신좌파(the New Left)의 이론적 기수였던 커밍스는 1975년 컬럼비아대 정치학과에서 '해방의 정치· 한국, 1945~1950'(The Politics of Liberation: Korea, 1945~1950) 이라는 논문으로 박사학위를 취득했다. 이 논문을 바탕으로 1981년 '한국전쟁의 기원: 해방과 분단정권의 등장, 1945~1947' 출판(The Orignes of the Korean War; Liberation and the

Emergence of Separate Regimes, 1945~1947) 그리고 '폭포의 큰 울림, 1947~1950'(The Roaring of the Cataract, 1947~1950)이라는 부제가 달린 제2권을 1990년에 출판했다. 한국전쟁의 배경을 규명하는 작업을 벌이는 과정에서 커밍스는 폴라니(Karl Polanyi)와 월러스타인(Immanuel Wallerstein)의 세계체제론(the world systems theory)에 입각하여 미국·한국·일본에 산재한 방대한 양의 한국 현대사 관련 역사자료를 섭렵한 끝에 외국인 학자로서는 드물게 한국 해방 전후사를 개척하는 놀라운 업적을 이룩했다. 특히 그는 나름대로의 총체론적~구조주의적 한국 현대사 인식체계를 구축·제시함으로써 국내외 학계에서 각광을 받게 되었다. 브루스커밍스의 [기원 1·2]는 한국전쟁의 기원을 1930년대 일제시대까지 거슬러 올라가 추적한 거작이다. 이 책에서 커밍스는 1945년 해방 전후 미국의 대한정책과 미군정의 남한통치 실태를 파헤침과 동시에 그 당시 남·북한의 정치상황을 다루었다. 특히 그는 여운형이 서울에서 발족시킨 건국준비위원회와 이의 후신인 인민공화국, 대구 10월 폭동, 제주도 4·3 반란, 여수·순천 반란사건 등을 밀도 있게 천착하였다.

## (2) 커밍스 이론

첫째, 커밍스는 "해방 당시 한국은 사회혁명(social revolution) ― 즉 계급혁명 ― 이 성취될 여건이 성숙되어 있었다"고 주장한다.

둘째, 커밍스는 "외세가 아니었다면 한국의 사회혁명은 성공했을 것이다"라는 명제를 내걸었다.

셋째, 커밍스는 38선 획정에 대한 1차적 책임은 물론 "단독정부 수립에 의한 남북 분단 고착화의 책임이 미국에 있다"라고 지적하였다. 그는 해방 후 냉전이 개시되면서 미국이 추구한 대한 정책, 즉 봉쇄정책(containment policy)의 목적은 '한국의 사회혁명을 저지하고 친미정권을 수립하여 반공보루를 구축함'에 있었기 때문에 미국은 이승만과 한민당 등 남한 내 극우 세력과 손잡고 소련과 맺은 '모스크바협정'을 일방적으로 파기하면서 38선 이남에서 친미단독정부 수립을 서둘렀다고 논단하였다.

넷째, 커밍스는 남한의 지도자와 정부에 대해서는 시종 비판적으로는 논급하는 반면 북한의 지도자 및 정부에 대해서는 호의적인 평가로 일관했다.

다섯째, 커밍스는 1948년 5월 유엔한국임시위원단의 감시하에 치러진 총선거를 통해 탄생한 대한민국은 정통성을 결여한 정부 일종의 괴뢰정부로 간주했다.

여섯째, 김일성과 북한 정권에 대한 커밍스의 평가는 이와는 크게 대조적으로 호의적이었고, 1950~1960년대 북한이 이룩한 경제성장은 전 세계 사회주의권에서 가장 돋보이는 성과였다고 높이 평가했다.

일곱째, 커밍스는 한국전쟁의 기원과 관련하여, "1950년의 기본 쟁점들은 해방 직후 3개월 동안에 이미 제기된 것들이었고, 이 쟁점들이 공개적 투쟁으로 번져 농민봉기, 노동파업, 게릴라전쟁, 38선 지대의 공개적 전투 등으로 10만 명의 목숨을 앗아 갔으며 이러한 사건들이 모두 6·25전쟁 발발 전에 발생하였다"고 갈파함으로써, '1950년 6월 25일은 시작이 아니라 대단원(denouement)'이었다는 이색적 주장을 폈다. '내전'(civil war) 내지 '시민적 혁명전쟁'(civil revolutionary war)으로 규정. 나아가 그는 한국전쟁은 기본적으로 민족해방전쟁이기 때문에 '이 전쟁을 누가 시작했는가'라고 묻는 것은 우문이라고 못 박았다. 그는 북한 인민군이 6월 25일 남한에 일대 공세를 취한 사실은 두 번째 저술에서는 일단 시인하면서도 북한군의 6월 25일 공세는 남한군의 옹진반도 공격에 대응한 작전으로 발단되었을 가능성이 높다고 사족을 달았다. 커밍스의 [기원 1]이 발간되자 이에 대한 미국 학계의 반응은 호의적이었다. 한국 현대사에 관한 '결정적 업적'으로 인정하면서 최상급의 찬사를 아끼지 않았다. 1982년과 1983년에 트루먼 재단의 '트루먼 저작상'과 미국 역사학회의 '존 페어뱅크 저작상'을 각각 받았다. 1990년에 발간된 그의 [기원 2]에 대해서는 서평이 약간 엇갈렸으나 이 책 역시 미국 국제학연구협회로부터 '퀸시 롸이트 저작성'을 받았다. 커밍스가 1973년에 발표한 [미국 정책과 한국의 해방](American Policy and Korean Liberation)이라는 논문을 '전통주의적 해석에 대한 하나의 폭격'에 비유한 바 있는 김학준은 [기원 1]을 '해방 이후 한국정치 분야에 있어서 그리고 전후의 한·미 관계사 분야에 있어 의문의 여지없는 기념비적 대작'이라고 높이 평가했다. 그러나 그도 소련 문서가 공개되자 해방 직후 월남인사들의 증언이 옳았다고 수정했다.

### (3) 수입학문에 깜짝 놀란 한국 학계의 빈곤

커밍스의 한국 현대사 관련 논지가 한국 학계에서 폭발적 인기를 모으면서 활용된 것은 1982년 3월 정부의 이데올로기 금서 기준이 완화된 다음부터였다. 커밍스의 논저들은 반공·보안 이데올로기 일색이었던 한국 지성계에 일대 파문을 일으킴과 동시에 때마침 '광주시대'를 계기로 고소되어 있던 국내의 민주화운동, 통일운동 및 반미운동과 맞물리면서 '진보적' 사회과학자들과 민중사학자들 간에 탐독·원용되었다. 결과적으로 커밍스의 논저는 1980년대 한국 인민·사회 과학계를 휩쓴 '지식 혁명'의 기폭제, 그의 연구방법론은 한국 현대사의 연구와 서술 양식에 '코페르니쿠스적 전환'을 초래했다. 1983년 이후 수정주의에 입각한 한국 현대사 연구물이 서점가에 '홍수처럼' 쏟아져 나왔다. 수정주의적 경향의 논저들이 한국 학계를 '강타한' 결과 1980년대 초에서 1990년대 초반까지 국내의 한국 현대사 연구의 흐름은 수정주의가 그 주류를 형성했다. 수정주의가 한국의 역사 및 사회 과학계에서 주류 학풍이 됨에 따라 그 기간 국내 한국사학계에는 특이한 연구 경향이 나타났다.

첫째, 한국 현대사 연구의 초점이 1945~1953년의 8년간에 집중되었다. 따라서 이 기간의 역사를 19세기 후반의 개화시대사와 1905년 이후 일제 시대사에 연결시키거나 1953년 이후의 현대사에 결부시키는 작업이 등한시되었다.

둘째, 한국 현대사의 연구·서술에 있어 민중운동을 지나치게 강조한 나머지 집권 정부 중심의 소위 정사 연구가 경시되었다. 그 결과 이승만 내지 대한민국사에 대한 연구가 김일성 내지 조선인민공화국사 연구에 비해 뒤떨어지는 현상이 빚어졌다.

셋째, 현대사 연구의 초점이 좌익운동에 모아짐으로써 남한 정치·사회의 실세였던 우익세력에 대한 연구가 간과되었다.

넷째, 독립운동사 연구에 있어 사회주의 운동 및 김일성 계열의 '무장항일운동'이 강조되면서 3·1운동을 위시하여 국내 민족 개량주의자들의 독립운동과 상해-중경의 임정 및 구미위원부 측의 '외교독립운동' 등은 상대적으로 소홀히 취급되었다. 마지막으로 사회·경제사를 지나치게 중시한 나머지 정치사·외교사·문화사 등의 연구가 저조를 면치 못하였다. 커밍스의 논저를 위시한 미국의 수정주의 학설은 반공 보수 이데올로기 일색으로 침체의 늪에 빠져 있던 한국 역사학계에 참신한 자극제로 기능하였다. 예리한 총체적·분석적 연구방법론과 그가 풍부하게 인용한 미국 측 자료들은 국내 한국 현대사 연구의 새로운 지평을 열어 주었다. 커밍스의 [기원 1]은 1941~1953년의 한미관계사의 정리, 해방공간 한국의 민중운동사 발굴, 한국전쟁사의 쟁점화 및 그 연구수준 제고, 북한현대사 연구 촉진, 세계 체제론·종속이론·계급이론·농민운동이론 등 서구 사회과학계의 최신 이론 도입 그리고 미국에 있는 한국 현대사 관련 자료에 대한 소개 등 여러 가지 측면에서 획기적 공헌을 하였다. 그러나 커밍스의 논저에는 미흡한 점과 허점이 많다.

## (4) 커밍스의 허점

① 목적론적 연구방법론: 커밍스는 1970년대 미국의 체제비판적인 '신좌파'의 이론적 대변자였다. 그의 글은 전반적으로 네오마르크시즘의 이념적 편향성을 지니고 있다. 미리 결론을 상정해 놓고 이에 맞추어 가설을 세우고 사료를 선별·동원하는 방식, 즉 '꿰어 맞추기식'으로 자신의 논의를 전개하는 경향이 짙다.

② 균형감각의 결여: 커밍스의 논저는 이념적으로 편향되었기 때문에 역사적 사건이나 인물 판단 등에 있어 균형감각을 결여하고 있다. 한국전쟁의 기원을 추적함에 있어 전쟁의 외인을 경시하고 내인을 지나치게 중시한 나머지 '한국전쟁은 내전이었다' 라는 무리한 결론에 도달한 것이다.

③ '음모이론'의 약점: 간접적인 상황 증거와 개연성에 입각한 '음모이론(conspiracy theory)'을 동원하였다. 그는 한국전쟁의 기원을 설명함에 있어 이승만과 미국의 일부 세력을 일단 음모 집단으로 상정한 후 그들의 '침묵의 음모'가 완벽하게 실행에 옮겨진 것이 한국전쟁이라고 추단하였다.

④ 자료의 편향적·제한적 이용: 커밍스는 그의 논저에서 문헌과 통계자료 등을 아전 인수식으로 선별·활용하였을 뿐만 아니라 일부 주요 자료를 엄격한 사료비판 없이 원용하였다. 국문자료의 경우, 그는 남한의 공문서나 개인적 자료들은 외면하면서 북한 측 김일성의 연설문이나 [로동신문]의 논설 등은 사료비판을 가하지 않은 채 풍부히 인용하였다. 논지에 맞지 않는 자료·문헌 또는 증언의 경우 대부분 이를 무시하거나 '믿을 수 없다'느니 '조작되었을 것'이라고 주장하면서 일축하였다.

커밍스의 한국 현대사 연구는 미국·한국·일본에 산재한 방대한 양의 문헌을 섭렵한 바탕 위에 이루어진 성과였다. 그러나 실제로 그는 미국 자료 및 영문으로 번역된 한국 자료들에 주로 의존하였다. [스티코프 비망록]에 의하면, 1946년의 9월 총파업과 10월 인민항쟁('추수폭동')은 당시 평양에 있던 소련군의 최고 실력자(연해주 군관구 정치담당 부사령관) 스티코프(Terentii Shtykov)가 200만 엔의 자금을 조달하였음이 드러났다. 9월 총파업과 '10월 폭동'에 대한 소련의 개입이 명백해졌다. 중앙일보사의 북한관계 특별취재반은 김일성이 해방 후 소련군 대위 계급장을 달고 기국하였으며 귀국 후 소련군 정치장교들의 지원하에 권력기반을 굳혔으며 스탈린으로 부터 직접 지명을 받아 집권한 사실 등을 밝혀냈다. 한국외무부가 1994년에 러시아

외무부로부터 인수받은 '러시아 6·25자료'를 검토한 김학준은 6·25전쟁의 발발에 관련하여 아래와 같은 중요한 사실을 확인했다. 김일성과 박헌영은 늦어도 1949년 1월부터 남한에 대한 전면적 침공계획을 세워 놓고 이에 관한 스탈린 및 모택동의 동의를 얻기 위해 모스크바를 적어도 두 번(1949년 3월 초와 1950년 3월) 그리고 북경을 한 번(1950년 5월) 방문하여 소련 및 중공 지도자와 만나 적극적인 설득작업을 벌였다. 1949년 3월 5일 김일성과의 회담에서 스탈린은 김일성의 남침계획에 대해 회의적이거나 신중한 반응을 보였지만 1950년 4월 다시 만났을 때 "국제환경이 유리하게 변하고 있다"라고 말하면서 '북조선이 통일 과업을 개시'하는 데 동의했다. 그러면서 그는 중국의 모택동으로부터는 반드시 동의를 받으라고 강조했다. 모택동은 1950년 5월 15일 김일성과 만났을 때 먼저 스탈린 측의 태도를 확인한 다음 "만일 미국이 참전한다면 중국은 병력을 파견해 북한을 돕겠다"고 약속했다. 수정주의자들은 1950년 6월 25일에 북한이 취한 군사적 행동은 남한 전체의 점령과 공산화를 목표로 한 것이 아니었다고 주장하지만 김일성은 스스로 '옹진반도작전'을 개시한 다음 곧바로 서울을 침공하고 서울점령이 성공하면 남한 전체를 공산화하려고 했다.

⑤ 한국사회 변동에 대한 전반적 인식의 문제: 커밍스는 원래 역사학도가 아니라 정치학도로서 한국 현대사를 연구하였기 때문에 그의 논저들은 예리한 사회과학적 분석 도구를 활용한 면에서 돋보이지만 그 대신 한국사 전반에 대한 건전한 거시적 이해를 결여했다.

한국 현대사에 관련된 미국 수정주의자들의 논저는 주로 미국적 시각에서 미국의 대외정책을 비판하는 데 초점을 두고 집필된 글들이었다. 특히 커밍스의 한국 현대사론은 미국에 대한 정책을 비판하는 데 주안점을 둔 것으로서 한국 민중에 대한 강렬한 연민의 정을 서술의 밑바닥에 깔고 있었다. 수정주의는 역사상에 나타났다가 사라져 간 거창한 학설이나 이론과 마찬가지로 장점과 단점이 다 있는 하나의 일과성적 외래 사조였다. 수정주의는 그것에 내재한 이데올로기적 편향성과 수정주의 사가들의 방법론적 결함 및 자료활용의 한계 등 기본적 약점 때문에 냉전 종식 이후 급속히 조락하지 않을 수 없다. 그러나 수정주의는 반공·안보 논리의 안이한 역사기술을 해 왔던 국내 학계에, 경종을 울려 주었다. 역사를 '총체론적' 내지 '구조주의적' 방법론에 입각하여 비판적으로 접근할 수 있는 시각과 분석 도구를 제공해 주었다. 수정주의는 한국 현대사 연구의 새로운 지평도 열어 주었다. 미국 외교사학계에서 하나의 비주류 학풍에 불과했던 수정주의가 한국에서는 1980

년대 초로부터 1990년대 초에 걸쳐 현대사 연구의 주류학풍으로 자리 잡았다는 것은 한국학문의 후진성을 드러낸 것이다. 수정주의를 무비판적으로 수용한 일부 '진보적' 사회과학자 및 역사학자들의 한국 역사 왜곡 서술에도 이러한 '시행착오'가 묵과되었다. 한국 전쟁사 전문가들 간에 전통주의와 수정주의(그리고 민중사관)를 다 같이 지양하고 '제3의 새로운 연구 시각'을 개발하자는 자성의 목소리가 높아지고 있다. 수정주의로 인하여 왜곡된 한국 현대사 - 특히 해방 8년사 - 서술의 오류를 바로잡는 일을 서둘러야 할 것이다.

## 5. 6·25 휴전과 이승만 미국의 대립

김일영 성균관대 정치학 교수는 연세대학교 국제대학원 주최 이승만 대통령의 역사적 재평가 국제학술회의(2004. 11. 12.)에서 발표한 논문 '이승만 대통령과 근대 국민국가의 형성'과 한국과 6·25전쟁주제학술회의(2000. 10. 6.)에서 발표한 논문 '한국전쟁 중 북진통일론과 두 갈래 개헌론의 관계' 등을 통해 이승만 재인식을 제의했다. 김일영 교수는 6·25전쟁 중 벌어진 보도연맹 불법 처형, 국민방위군 사건, 거창 양민 사건, 부정선거, 사사오입 개헌 등에서 이승만 대통령이 책임져야 할 몫은 분명히 있으나 이승만 대통령이 냉전이라는 국제적 조건과 전쟁이라는 어려운 여건 속에서 신생국가를 만들고 국가보위를 했다는 점을 간과하는 경향이 있다고 주장했다. 김일영 교수는 1952년 5·26 부산 정치파동은 정부, 국회, 군부, 주한미대사관이 2대 대통령 선출을 둘러싼 암투가 표출된 것이라고 지적했다. 국회, 군부에서 이승만을 낙선시키고 장면을 당선시키려는 공작이 진행되고 있었으며 이 작업의 중심에 미국이 있었다고 분석했다. 무초는 국회의 반이승만 의원들을 맡았고 밴플리트는 군장성들을 상대로 이 일을 진행시켰다고 주장했다. 이승만은 경찰과 특무대를 통해 육본 내의 흥사단(평안도) 인맥이 장면과 결탁해 5월 29일 국회에서 대통령 선거를 전격 실시, 장면을 대통령으로 선출할 계획이라는 보고를 받고 5월 25일 비상계엄을 선포, 원용덕을 육해공군 총사령관 겸 헌병사령관으로 보임, 계엄 사무를 총괄토록 했다. 이승만은 육본 본부 병력을 출동토록 명령했으나 이종찬은 군의 정치적 중립을 이유로 내세워 거부했다. 1952년 5월 14일 이용무 장군(육본 작전국장)은 선우종인 총리비서실장을 찾아가 "이종찬 참모총장도 알고 있고 밴프리트 장군의 묵계도 얻어 두었으니 반이승만 라인 의원들과 힘을 합쳐 쿠데타를 일으키자"는 제안을 했었다고 김일영 교수는 당시 미대사관의 비밀문서와 선우종원 회고록을 통해 고증했다. 미국은 부산 지역 계엄령 해제, 국회의원 석방을 요구했다. 발췌개헌안이 통과된 다음 날인 52년 7월 5일 클라크 사령관은 이승만 제거를 위한 6개 항의 구체안을 합참에 상신했다(이승만을 서울이나 다른 지방으로 보낸다. 유엔군이 부산으로 이동, 독재 정치에 참여한 5~10명의 지도자를 잡아넣고 계엄령을 해제할 때까지 그 집행을 유엔군이 한국군으로부터 인수한다. 이승만에게 계엄령 해제를 지시하고 국회 정상화, 언론자유를 보장한다. 만약 이승만이 거부하면 보호 구속 상태로 격리 수용하고 장택상에게 계엄 해제를 지시한다. 국무총리가 동의하지 않으면 임시정부 수립이 필요할 것이다). 부산 정치파동 시절 미국 대리대사 라이트너는 이종찬 육군참모총장이 대사관 관사로 찾아와 쿠데타를 상의했다는 것을 워싱턴에 보고했다. 미국의 이승만 제거 비상계획의 배경에 대해 김일영 교수는 이승만의 국회 탄압 등 비민주적인 폭거에 대한 제재도 있지만 이승만의 전전상태로 환원하려는 미국의 휴전회담 반대도 무관하지 않다는 논문(한국전쟁 중 북진통일론과 두 갈래 개헌론의 관계)을 발표했다. 차상철 교수도 논문 '이승만과 한미상호방위조약'에 1950년 10월 중공군 개입 후 완전히 새로운 전쟁이 되었다. 트루먼 정부는 '독립적이고 반공적인 통일한국'의 달성이라는 원래의 전쟁 목표를 수정하기 시작하여 1951년 봄에는 '독립적이고 반공적인 분단된 국'이라는 전전 상태로 원상회복을 원했다. 1951년 3월 미국 국무부는 38도선을 따라 휴전할 것을 제의하는 정책 초안을 작성했으며 5월 중순 미국 공식 정책으로 확정됐다. 이승만은 휴전은 한국에 대한 사형 집행 영장이라고 단언, 트루먼의 한반도 정책 변경을 반대했다. 휴전회담 중(51. 10.~53. 7.) 이승만이 휴전 반대를 하자 테일러 8군 사령관은 유엔군 사령관과 협의를 한다. 이때 만든 이승만 제거 계획은 미국의 군사적 조치가 이승만 추종 군대와 충돌하는 것을 우려해 협상을 해야 한다는 클라크의 건의를 받아들여 이승만에 대한 제재와 정부에 대한 물리적 조치는 자제했다. 이승만에 대한 미국의 일차 물리적 제거 계획은 클라크 유엔 사령관의 건의로 자제키로 한 것이다. 52년 5 · 26사태 직후인 5월 28일 언커크(UNCURK)가 부산 지역 계엄령 해제와 국회의원 석방을 요구한다. 이것은 한국이 6 · 25전쟁으로 미국이 주도하는 안보체제와 세계 자본주의 체제의 하위체제로 편입되었던 상황에서 벌어진 일이다. 미국의 대한 원조는 한국 경제의 중요한 지탱력이었다. 57~61년의 세입의 45.5%가 미국 원조 재원이었다. 51년부터 시작된 휴전협정 과정에서 이승만은 북진 통일을 주장하며 반대했으며 Plan Ever ready까지 미국은 만들었다. 이승만 대통령은 미국과의 결속 강화가 가장 확실한 민족국가 발전 전략이라고 여기고 있었다. 미국을 붙들기 위해 미국 정책에 반대하는 전략을 구사하기도 했다. 미국의 휴전 추진에 단독 북진을 고집. 반공 포로 석방 등 초강수를 썼고 민중 동원을 했다. 53년 4월 클라크 유엔 사령관은 워싱턴 합동참모본부에 "이승만이 정부기관과 군뿐만 아니라 일반 국민에게까지 미군에 대해 공개적인 적대행위를 하도록 할지 모른다"며 "유엔군의 안전과 단결, 미국보급품과 군사기지 보호, 한국군에 대한 통제권 회복 등을 위해 이승만을 제거하고 임시정부를 수립해야 한다"고 건의했다. 국방성과 군부는 이승만 공갈, 한국에 굴복하지 말고 그를 체포 감금시켜야 한다고 주장, 미국은 쿠데타 계획까지 수립해 놓고 있었다. 그러나 국무성은 휴전협정 동의 조건으로 상호방위조약에 협의하겠다는 공약을 이승만에게 주어야 한다고 주장했다. 미국은 절충안으로 첫째, 한국군을 동원한 이승만 감금 후 임시정부 수립, 둘째, 이승만의 휴전 동의 및 협조 시 한국과 상호방위조약을 체결한다는 두 개의 최종안을 마련해 클라크에게 그의 선택권과 함께 통고했다. 클라크는 두 번째 안을 선택 건의했고 국방성, 군부, 국무성도 동의했다. 클라크는 재임 중 부산 정치파동, 공산포로 석방, 휴전협정 조인 등으로 자주 이승만을 만났다. 그는 From the Danube to the Yalu에서 이승만의 포로 석방을 대단한 결단으로 평가했다.

## 6·25전쟁 중 내우외환의 이승만

51년 5월 국민 방위군사건, 거창 학살 사건 등 전시 파행에 대한 의회 추궁에 이승만은 신성모 국방장관, 민국당 계열 조병옥 내무장관과 김준연 법무장관을 해임하고 이어서 민국당 계열 경찰간부, 관료들을 대거 축출했다. 1951년 5월 의회의 도전을 계기로 이승만은 1960년 4월 혁명 때까지 민국당·민주당과 지속적인 대립 관계였다. 개각과 난투극에 이어 이시영 부통령이 사임했고 5월 15일 민국당 김성수가 국회에서 부통령 선거에서 당선. 헌법상 의회 간선으로 뽑는 대통령 선거를 1년여 앞둔 시점에서 반대파의 의회 장악은 이승만의 위기였다. 이승만은 자유당 창당. 이승만 관변 단체를 동원해 국회의원 소환 운동을 전개했다. 1952년 4월 25일 시읍면의회와 5월 10일 도의회 선거는 정부와 집권당 친정부 단체의 압승이었다. 전시 선거를 통해 민국당을 비롯한 반이승만 세력은 단지 의회만을 장악했다. 민중의 지지추출에 성공한 이승만은 5월 14일 1월에 부결된 대통령 직선제 양원제 개헌안을 국회에 제출, 의회의 내각제 개헌에 맞섰다. 5월 24일 이범석을 내무장관에 임명, 전국적 조직과 세력을 유시하고 있는 조선민족청년단을 이용해 의회 내 반대 세력에 대한 제압을 했다. 다음 날 공비를 소탕한다는 명분을 내세워 부산 지역에 계엄령을 선포했다. 5월 26일 부산 정치파동은 국회의원 50명이 탄 국회버스를 헌병대로 연행, 국회의원이 국제공산당에 연루되었다는 연공 누명을 쓰고 체포 구속되었다. 7월 4일 발췌개헌안 통과, 재석 166명 중 찬성 163, 기권 3표로 가결, 기립 공개 투표 방식이었다. 7월 5일 클라크 유엔군 사령관은 '이승만 감금 및 제거계획'을 검토했다. 개정헌법에 따라 52년 8월 5일 첫 직선제 선거에서 이승만은 74.6%로 대통령에 당선됐다. 6·25전쟁 중 이승만 정부의 정치는 국민투표민주주의(plebiscitarian democracy)였다. 선거 정당 의회가 중심이 되는 대의민주주의가 아니고 국가 권력과 국민이 직접 관계를 형성, 의회를 압박하는 국민투표민주주의 성격을 분명히 했다. 의회 우회와 국민 동원 국민투표민주주의의 한 특징인 헌정법률주의에 기반을 둔, 의회와 정당이 아닌 법원과 검찰, 경찰 중심의 정치 접근 현상이었다. 노무현 정부도 NGO 각종 위원회 등을 동원해 정치에 활용했다. 의회와 정당을 압박하는 양상은 대의제의회주의 원칙과 정면으로 충돌했다. 이승만의 장기집권 정치적 야심 때문에 일어난 잘못으로 비판받는 부산 정치파동에 대해 김일영 성대 교수가 새로운 해석을 제시했다. 김 교수는 부산 정치파동은 전쟁 중 국가보위를 위한 조치였다고 재인식을 제의했다. 1950년 10월 중공군 개입 후 완전히 새로운 전쟁이 되었다. 트루먼 정부는 '독립적이고 반공적인 통일 한국' 달성이라는 원래의 전쟁 목표를 수정하기 시작. 1951년 봄에는 '독립적이고 반공적인 분단된 한국'이라는 전전상태로 원상회복했다. 1951년 3월 미국 국무부는 38도선을 따라 휴전할 것을 제의하는 정책 초안을 작성했으며 5월 중순 미국 공식 정책으로 확정됐다. 이승만은 휴전은 한국에 대한 사형 집행 영장이라고 단언하고 반발하자 미국은 한국의 반이승만 세력을 동원해 이승만 제거를 검토했다. 참모총장까지 동원한 쿠데타도 모의했다. 미국의 군사적 조치가 이승만 추종 군대와 충돌하는 것을 우려해 협상을 해야 한다는 클라크의 건의를 받아들여 이승만에 대한 제재와 정부에 대한 물리적 조치는 일단 자제했으나 미국은 4·19에 이승만을 하와이로 망명시킴으로써 종결한다. 1948년 8월 15일 정부 수립부터 1952년 중반 부산 정치파동까지 이승만은 의회로부터 쫓기는 입장이었다. 내각제와 대통령직선제의 두 갈래 개헌 움직임은 작게는 미국 영향권에 들어간 한국 의회와 미국휴전 정책에 반발하는 이승만 정부 사이의 대결이었다. 이승만의 직선제 개헌관철은 미국 휴전론(한반도 재분단론) 추진에 맞서는 북진 통일론 실현으로 김일영 교수는 분석했다. 1952년 5월 26일 비상계엄선포, (부산 정치파동)에 대해 유엔 한국위원단과 라이트너 대리대사도 30일 이승만을 방문해서 압력을 가했다. 그러나 6월 4일 미국 정부가 이승만 지지 입장을 정했다. 1950년 6월 25일~1953년 7월 27일에 전쟁과 정치가 동전의 양면처럼 긴밀한 관계임을 보여 준 상황이 연출됐다고 김일영 교수는 해석했다. 제2차 세계대전 후 한국은 반공 투쟁의 전진기지였다. 자본주의 경제, 민주주의 정치체계의 진열장이었다. 이승만 대통령은 이러한 국제상황을 제대로 읽고 미국에 한국의 안보책임을 요구 달성한 것이라고 평가하는 것이 정치학자들의 공통된 의견이다.

올리버 일기 51. 5.(Robert T. Oliyer, Syangman Rhee and Ameri can Involvement in Korea. 1942~1960): 무초 대사가 조병옥 내무장관 사표수리를 항의했다. 조병옥은 무초의 사람이었다. 그를 통해 미국인들은 다음 선거(대통령)를 통제하려고 했다. 무초는 조병옥이 사라졌기 때문에 다른 인물을 찾았는데…… 온화한 장면 총리였다. 국무성은 다가올 몇 해 동안 한국을 손아귀에 두고 싶었다. 선거는 한국전쟁을 제한전(조기 휴전을 의미)으로 끌고 가려는 미국 계획을 실현시키는 데 매우 중요한 것이었기 때문이다(51년 봄 전쟁 전 상태로 휴전하는 것이 미 국무성 정책 초안, 5월 공식 정책으로 확정. 휴전회담: 51. 10.~53. 7). 만약 미국이 자신들의 계획에 동조하는 한국 대통령을 갖게 된다면 미국으로서는 중국에 한반도의 절반을 갖게 할 수도 있다고 계산하고 있었다. 이승만의 재선은 이러한 미국의 계획과 맞지 않을 것이다. 이승만이 어떤 조건도 붙이지 않고 한국의 완전 독립을 계속 주장하리라는 사실을 그들은 알고 있었다(올리버=위스컨신대 교수 펜실베이니아대 명예교수, 이승만 정치 고문). 부산 정치파동과 4 · 19를 관찰한 언론인으로 '대통령의 무혈혁명 1952 여름, 부산'을 펴냈던 조용중 전 연합통신 사장은 2010년 4월 7일 열린 4 · 19 50주년 기념 관훈클럽 세미나에서 이승만 하야에 결정적인 역할을 했던 매카너기, 다울링 등의 활동을 정리하고 이승만 하야 성명을 보고받고 '이승만의 현명하고 정치가다운 자세'라고 긍정적인 언급을 한 미국 국무부의 공식발표는 이승만과의 오랜 인연을 끊는 데 성공한 미국의 안도감이 담겨 있었다고 해석했다. 4 · 19 전 다울링은 ① 미국과 국제 언론인의 한국주재 보도, ② 공보원의 자유주의와 민주주의 기본요건 전파, ③ 한국 경찰에 대한 원조 삭감, ④ 참전국들의 선거 감시, ⑤ 한국 원조문제 조정 등을 국무부에 요구했다. 주한 미국 대사관의 조직적인 반이승만 활동을 간파하고 있었던 이승만은 하야를 결심하고 매카너기와 만난 자리에서 "제발 미국 언론이 폭발적인(선동적인) 한국 사태 보도를 조심스럽게 했으면 좋겠다"고 마지막 당부를 했다. 이승만 하야는 선거부정 4 · 19기 도화선이 되었으나 미국의 지역통합전략에 의한 이승만 제거계획이 완결된 것으로 해석하는 수장하자들의 이론이 설득력이 있는 진실규명으로 공인되고 있다.

## 6. 6·25 후 남한 자본주의 경제체제로

### (1) 50년대 한국 경제: 수입대체산업과 재벌

제2차 세계대전 후 한국은 반공 투쟁의 전진기지, 자본주의 경제, 민주주의 정치체계의 진열장이었다. 6·25전쟁으로 미국이 주도하는 안보체제와 세계자본주의 체제의 하위체제로 편입되었다. 전쟁 중 미국의 대한 원조는 한국 경제의 중요한 지탱력이었다. 57년 52.1%, 58년 51.1%를 비롯하여 57~61년의 한국 정부 세입의 45.5%가 원조 재원이었다. 실질적인 원조 규모 역시 엄청났다. 커밍스는 미국이 한국을 일본 공업화를 위한 배후지(경제적요인), 일본 방위를 위한 앞마당(안전보장적 요인)으로 간주했다고 분석했다. 애치슨은 일본을 중심으로 하는 지역 통합 추구 입장에서 한국의 경제적 가치를 중요시했다. 한국전쟁 중 일본은 병참기지였으며 일본의 재무장과 미국의 지역통합전략 수정이 불가피했다. 이종원(일본 릿코대학 미국의 동아시아 지역통합전략) 교수도 미국이 한국을 일본 공업화를 위한 배후지(경제적 요인), 일본 방위를 위한 마당(안전보장적 요인)으로 간주했다고 분석한 수정주의 이론은 의미 있다고 지적했다. 애치슨은 일본을 중심으로 하는 지역통합 추구입장에서 한국의 경제적 가치를 중요시했다. 한국전쟁 중 일본은 병참기지였으며 일본의 재무장과 미국의 지역통합전략 수정이 불가피했다. 한국전쟁으로 미국이 주도하는 안보체제와 세계 자본주의 체제의 하위체제로 편입되었다. 57~61년의 한국 정부 세입의 45.5%가 원조 재원이었다. 실질적인 원조 규모 역시 엄청났다. 56년 미국 경제 원조는 3억 2,600만 달러, 군사원조 4억 달러, 미군 한국 주둔경비 3억 달러 등 총 10억 달러였다. 1954~1960년 7년 사이에 미국 원조금액 18억 8,900만 달러, 1인당 13~14달러로 다른 나라의 7~14배였다. 무장 공비 소탕, 연좌제로 월북 부역자 가족 관리, 전후철도, 도로, 교량 복구, 발전소 건설, 비료, 시멘트·판유리 공장 건설, 국산품전시회, 1인 1기 교육, 보건소 확충 등이 59년까지 진행되었다. 경제 분야는 50년대에 수입 대체 산업화 원료 가공형 소비재 산업 중심독과점적 재벌기업이 형성되었는데 면방, 제당, 제분 3백(白)산업이 주축이 되었다. 자유당 말기 2000년대 국제사회에 나가 경쟁하는 한국 기업의 골격이 성립됐다. 삼성(이병철), 삼호(정재호-조선방직, 제일화재, 제일은행, 삼호무역), 삼양(김년수-경성방직), 개풍(이정림-대한양회, 삼화제약, 동아(이한원-대한제분), 낙희(구인회-반도상사, 낙희화학), 대한(설경동-대한방직, 대한전선), 동양(이양구-동양시멘트, 동양제과), 한국유리(최태섭-한국유리, 동화산업), 극동(남궁연-극동해운, 한국정유), 현대 (정주영-현대건설), 태창(백낙승-태창방직), 금성(김성곤-금성방직)이 재벌기업의 기초를 다졌다. 대체로 기업적 기반이 취약해 대기업 소유자에게 정부가 자원을 집중적으로 배정, 재벌 위주의 산업화가 진행됐다. 정부의 특혜와 비호하에 비대화·가족 중심의 폐쇄적 경영체제 유지·정경 유착·50년대 산업화 과정에서 구조화 등의 문제가 있었으나 국제 경쟁력 강화를 위한 전략이었다. 새 재벌그룹 형성의 주역으로 선택된 담당자는 월남한 근로자 출신 등 새 인물을 정부가 선택했다. 영조, 정조, 순조 시대 지배계급으로 일제 이후 해방까지 지속됐던 파워엘리트와 다른 세력을 이승만은 육성했다.

## (2) 원조 경제의 운용과 개발계획

### 경제개발계획 입안 시도

① 한국경제재건계획(일명 Nathan 보고서)＝미국 Robert R. Narthan 협회가 국제연합한 국재건위원회(UNKRA)와 계약해 1952년 9월부터 1953년 9월까지 한국 경제 실태조사를 거쳐 1953년 9월에 시작하여 1959년 8월에 끝나는 5개년 계획을 1953년 3월에 발표했다.

② Tasa보고서＝타스카 3개년 대한 원조 계획, 1953년 4월 17일 내한한 아이젠하워 대통령 특사 Henry J. Taska 사절단이 2개월에 걸쳐 정부 미국, 유엔 기구 등과 접촉해 보고서를 작성, 1953년 7월 15일 미국의 대한 경제원조 사용 지침으로 한국 정부에 건의했다. 미국이 경제원조를 통하여 한국의 경제부흥 3개년 계획을 수립, 이를 기초로 상공부는 공업 부문 종합 계획을 마련.

③ 1954년도 경제부흥계획서(54~58)＝이승만 대통령 방미에 앞서 54년 7월에 입안, 대미교섭용으로 급조된 것이다.

④ 경제개발 3개년 계획＝50년대 아시아 각국은 경제개발계획을 세웠다. 인도는 1952~1956년, 1957~1961년 경제개발계획을 입안했다. 57년 3억 8,000만 달러 경제원조를 고비로 미국의 한국 원조가 감소했다. 57년 중반부터 USOM 관리들이 김현철 부흥부장관에게 장기개발계획을 세우라고 통고했다. 송인상 부흥부장관(56·59)은 미국 원조 감소대책으로 경제계획 구상에 착수했다. 송 장관은 58년에 방미하여 허터 국무장관대리를 민나 장기개발 기본 방향을 미국과 상의했다. 장기계획 공동

으로 만들 것. 원조를 1년 베이스가 아니라 3~5년으로 할 것을 제의했다. 미국 원조 재원인 대충자금으로 유지되는 산업개발위원회(EDC)가 부흥부 산하 자문기관으로 58년 봄에 대통령령에 의해 설립된다. 미국 오리건대학 교수 5명이 자문역으로 초대되었다. 7개년 계획으로 전반부 3년, 후반부 4년으로 잡아 먼저 경제개발 3개년 계획(1960~1962)이 마련되었다. 2년 작업 끝에 59년 12월 31일에 확정되었다. 60년 4월 15일 4·19 전야 정국 불안 속에서 중앙청 국무회의에서 부흥부장관이 제의 수정 채택되었다. 경제성장, 투자, 생산, 고용, 국제수지 등 개발 목표와 정책 방향 등이 별책으로 보고됐다. 경제개발 3개년 계획의 5대 계획 목적은 생산력 극대화, 국제수지 개선, 고용 기회 증대, 국민생활 수준 향상, 산업구조 근대화였다. 경제성장 목표치는 5.7%였다. 제1공화국 마지막 국무회의가 의결한 경제개발 3개년 계획은 4·19로 종이 계획으로 그쳤다.

# 7. 사회 구조 변동과 새 세대

6·25 충격으로 사회계층 이동 등 거대한 구조적 변동이 시작됐다. ① 거시 구조적 차원의 사회변동, 인구구조 변화, 도시화, 계급구성 변동, 사회제도변화와 ② 미시적 차원의 사회사적 변화로─사회의식 변화를 많은 사람이 체험했다. ③ 장기적으로 한국사회에 남긴 역사적 유산이 생겼다. 막대한 인구손실과 전후 베이비붐으로 신세대가 급증하는 사회변화가 왔다. 대규모 인구 이동으로 전통적 가족제도가 해체되고 도시화가 되었다. 도시화율이 49년 17.3%, 55년 24.5%다. 가족 이기주의, 연고주의적 연줄망은 심화됐다. 신분제적 유제 일소, 계급상승, 사회이동 기회, 사회 평등화, 개별화, 국민 창출, 국민 형성 초스피드 그러나 국민이 국가 권력에 대응할 수 있는 시민사회 주역으로 등장한 것이 아니라 대중사회 속에 함몰됐다. 전쟁은 사회경제적 평등화 조건 속에서 사실상 사회적 불평등 구조를 잉태했다. 전쟁은 위대한 평등장치였으나 단기효과를 노리는 권력과 자원이 집중되었다. 매판자본 원조자금혜택과 고등교육 특례화, 지역 간 불균등 발전, 종교 세력의 과두화, 권력화 등으로 지연, 학연 등 연줄망이 생겼다. 전쟁은 남한 체제에 대한 충성심을 요구, 정부권력의 정당성을 제공했다. 사회를 만인의 만인에 대한 투쟁으로 변모시켰다. 사회 불평등, 양극화 등의 문제가 생겼다. 6·25전쟁은 전후 독재와 민주주의 기원의 공

통 분모였다. 계급구조의 재편과 신분제 해체는 사회 구성원의 '국민적 평준화'와 근대적 국민의 탄생에 기여했다. 그러나 50년대 '강한 국가'와 '약한 사회'의 공존, 이승만 권위주의 체제는 외양적으로 '대의민주주의'에 기초. 전쟁 중 신장된 국민 주권 의식이 독재체제를 견제하는 사회적 힘이 되었다. 6·25전쟁은 60년대 이후 발전 국가 등장에 의한 급속한 자본주의 산업화의 부분적 기초가 되었다. 강한 국가는 하루아침에 이루어지지 않는다. 이승만은 전쟁을 군부 강화 등 국가 건설의 호기로 활용했다. 그 군부는 60년대 이후 국가 발전의 선도 역할을 했다. 60년대 한국 경제성장을 선도한 재벌이 탄생한 것도 한국전쟁의 산물이다. 전후 경제성장에는 부정적 요소도 많다. 전쟁 중 태동한 한국 자본주의는 이른바 '정실 자본주의(crony capitalism)'의 원형이었다. 시장 경쟁력이 아니고 배타적 연줄망(조선 시대 유습)에 입각해 왔다. 자본가 계급이 자본주의적 산업화의 기초가 되어야 하는데 정실 자본주의를 못 벗어나 천민성과 매판성으로부터 자유로울 수가 없었다. 때문에 지금까지도 재벌 등으로 성장한 한국의 부르주아 계급이 아직도 헤게모니를 잡지 못하고 정권이 바뀔 때마다 부도덕한 악의 상징으로 노회한 정치꾼들에게 공격을 받고 있다. 60~70년대 '자립경제', '자주국방'이 국민 호응 속에서 이루어진 것은 6·25전쟁 중에 배태된 것이다. 그러나 6·25는 사회 구성원 간의 상대적 평준화와 기회 균등 원리의 형식적인 제시에도 불구하고 실질적으로는 사회 불평등을 구조화하고 사회 내 기득권층의 탄생을 예고하였다. 사회주의의 강제적 부재가 사회적 불평등의 제도화를 이념적으로 정당화하는 역할을 담당하게 했다. 정치적, 경제적 자원의 편향적 배분이 전쟁 동안에 이미 시작되었다. 한국 파워엘리트들의 눈에 보이지 않는 연고주의적 네트워크가 형성되었다. 가일층 강화된 혈연과 지연의 중요성에 의해 사회갈등 요인은 깊어 갔다. 공동체 의식의 파괴를 통해 한국사회를 극단의 저신뢰 사회로 만들었다. 이념적, 정치적 공동체는 어디까지나 외견에 불과하고 대내적으로는 불신과 경계가 만연하고 있는 야만적 전투 사회의 성격을 띠고 있는 것이다. 구조화된 사회적 불평등과 기득권 세력의 도덕적 헤게모니 결핍이 정치가의 선동에 의해 체제 자체를 쉽게 흔들 수 있게 했다. 이 정치 만능 풍조는 한국사회의 모든 현상을 '정치화'시켰으나 이 정치 만능 풍조는 정치 불신을 팽배케 했다. 심각한 문제는 위로부터 설정했던 이념적, 정치적 공동체가 효력을 상실하기 시작했다는 사실이다. 그 결과 그동안 저신뢰의 야만적 진투 사회를 겉에서 보존 유지해 왔던 그릇 자체가 깨어질 가능성도 있다고 전상인 교수는 주장했다. 한국의 성장과 보호막이었던 미국에 대한 적대 감정이 조장도 그린 우러 표싱의 하나다. 6·25가 만들었던 사회구조와 사회의식 간의 외면적 합일이 밑으로부터 와해되고 있는 것이다. 신뢰부재 야만성 정치적 보호막의 해체와 함께 극단적인 사회해체로 이어질 가능성과 개연성을 염려할 시점이다. 6·25전쟁의 역사적 종결과 정리 작업은 남북통일로 완수되는 것이 아니라 궁극적으로 우리 내부의 심리적 공황 및 전투 상태를 청산하는 작업과 병행되어야 할 것이다. 한국전쟁이 야기한 사회변동은 이중적이고 양면적인 성격이다. 국민적 평등 기회 균등 원칙 밑그림을 그렸으나, 다양한 사회적 영역에서의 불평등 구조를 제도화하면서 새로운 기득권을 차지하는 파워엘리트를 형성했다. 사회심리적인 측면에서도 국가관 이데올로기 공동체주의 대외의식 등의 제반 측면에서 이율배반적인 변화를 유발했다. 그리고 그것은 궁극적으로 민주주의 경제발전, 사회갈등, 사회의식 등 거의 모든 분야에서 긍정적이고 부정적인 효과를 동시에 복합적으로 발현했다. 6·25전쟁 중 다음 시대를 위한 인적자원도 구축했다.

## 인용도서와 참고문헌

박석흥, 『건국 60년 한국의 역사학과 역사의식』, 한국학술정보(주).
현대한국학연구소, 『한국과 6·25전쟁, 이승만 대통령의 역사적 평가』.
한국정신문화연구원, 『한국 전쟁과 사회구조의 변화』, 백산서당.
전상인, 『한국전쟁의 사회학(고개 숙인 수정주의)』, 전통과현대.
한국정신문화연구원, 『현대한국정치사』.
유영익, 『수정주의와 한국 현대사연구(한국사시민강좌 20권)』, 일조각.

# CHAPTER 05

# 4 · 19와 5 · 16
## −새 파워엘리트 등장

# 4 · 19와 5 · 16
## ─ 새 파워엘리트 등장

## 1. 4 · 19

6 · 25전쟁 중 남한의 정치적, 사회적 갈등은 극심했다. 계엄령을 선포한 가운데 대통령 직선제 개헌(속칭 발췌개헌안 51. 7), 대통령 중임제한 철폐 헌법 개정(사사오입 개헌 54. 11. 27), 신국가보안법 제정(58. 12), 경향신문 폐간(59. 4.) 등 정치적 사건이 속출했다. 국민 의식의 민주화는 광범위한 민주적 교육과 6 · 25전쟁 후 급속한 도시화의 결과였다. 1945년 이래 민주주의 교육이 초등학교와 중등학교에서 중요하게 다루어졌고, 도시 사람들이 대 중매체를 널리 접촉할 수 있게 되어 민주주의 가치를 보급했다. 1952년 남한 인구의 17.7% 만이 인구 5만 이상의 도시에 살았다. 그러나 1955년에 24.5%, 1960년에는 28%로 늘어났 다. 이러한 급속한 도시화는 확장된 교육, 6 · 25전쟁 중 농촌인구의 도시 이주 그리고 사회 구조의 변화에 따른 것이었다. 정치 세력이 여당인 자유당과 야당인 민주당으로 양극화됨 에 따라 유권자들은 누구를 반대하고 누구에게 투표하여야 할 것인가를 인식했다. 1958년 의원선거에서 자유당 출신 의원은 인구 5만 이상의 도시에서 13명만 당선되었으나 민주당 은 43명이 선출되었다. 1956년 대통령 선거에서 이승만(李承晚)은 56%의 지지를 받았으나 서울에서는 38%밖에 지지를 받지 못하였다. 1952년에서 1956년 중 공산주의자들괴의 휴 전협정을 반대히는 대중 시위, 이승만 재선을 호소하는 대중 시위, 재일교포 북송 항의 대 중 집회 등 관제 대중 동원은 50년대 초반기 이승만의 인기를 회복시키고 유지했다. 미국

의 이승만 축출 상비계획 상존한 가운데 미국 언론과 한국 언론은 다양하게 이승만을 비판했다. 1955년 9월 18일 자유당 탈당의원, 흥사단계, 가톨릭계, 대한부인회 등이 흡수되어 민주당이 발족하여, 반이승만 정치조직이 형성됐다. 제4대 정부 대통령 선거를 앞두고 자유당 서대문파는 공권력을 동원한 부정선거 준비를 했다. 1959년 3월 내무장관에 취임한 최인규는 전국 경찰을 앞세워 부정선거를 준비했다. 1960년 3월 부정선거는 많은 공무원들이 이기붕 당선을 위하여 동원되었다. 이전의 선거에서는 경찰의 개입이 후보자 등록 · 선전 활동 · 투표 과정에 국한되어 있었으나 3 · 15부정선거는 내무부와 각 도의 경찰국이 실질적인 선거본부가 되어 투표 총계를 조작하고 날조하였던 것이다. 1960년 민주당 대통령 후보인 조병옥(趙炳玉)의 죽음으로 부통령 경합이 보다 중요한 문제로 등장하였다. 현직 부통령인 장면(張勉)과 자유당 후보 이기붕(李起鵬) 사이에 벌어졌다. 선거전에서 야당 선거원들은 계속해서 체포되고 탄압을 받았다. 반공청년단의 폭력 단원들이 선거 당일 시민들이 투표권을 어떻게 행사하는지 감시하기 위하여 각 투표장에 나타났다. 많은 농촌 지역에서는 3인조 · 9인조가 조직되었고, 각 조의 '조장'이 '조원'들의 자유당 후보자에 대한 투표를 책임졌다. 경찰은 공개적으로 자유당후보를 지원하였다. 선거는 경찰 지휘부와 내무부에 의해서 완전히 날조되었다. 선거 결과 이승만은 총 투표수에서 당선에 필요한 3분의 1보다 두 배 이상 많은 표를 얻었다. 이기붕은 180만 표를 얻은 장면을 제치고 840만 표로 부통령에 당선되었다. 국회에서 민주당이 선거가 '불법적인 것이고 무효'라고 주장하였다. 반정부시위가 선거 전후 전국에 걸쳐 대도시에서 일어나기 시작하였다. 4월 초 전국에서 부정선거를 규탄하는 여론이 비등하고 있을 때, 마산 해변에 버려진 16살 난 소년의 시체가 발견됐다. 마산 시위에 대하여 4월 12일, 국무회의에서 홍진기 내무, 최재유 문교, 김정렬 국방장관 등은 "공산주의자들에 의하여 고무되고 조종된 것으로 보인다"고 보고하고 이 내용이 15일 대통령 담화로 발표됐다. "이런 사태의 비극에 책임이 있는 '무분별한 사람들'의 죄는 간과될 수 없다"고 선언하면서 "'젊은 청년들'을 폭동으로 유도하고, 선동하는 정치적 야심가와 공산주의자들의 선전 활동에 대하여 경고한다"고 하였다. 4월 19일 약 3만 명의 대학생과 고등학교 학생들이 거리로 쏟아져 나왔으며 그 가운데 수천 명이 경무대로 몰려들었다. 경찰은 데모대에 발포하기 시작했으므로 학생들의 시위는 폭동으로 화하였다. 전국적으로 부산 · 광주 · 인천 · 목포 · 청주 등과 같은 주요 도시에서 수천 명의 학생들이 가세하였다. 서울에서만도 자정까지 약 130명이 죽고, 1,000여 명 이상의 부상자가 발생하였다. 경찰이 시위대에 발포하기 시작한 직후, 주요 도시에 계엄령이 반포되었다. 육군참모총장이었던 중장 송요찬(宋堯讚)이 서울지구 계엄사령관으로 임명되었다. 4월 19일 이후 데모와 폭동이 연일 계속되었다. 일반 시민들도 가담하였다. 그러나 군대는 방관하였다. 4월 21일 내각이 전국의 혁명적 사태에 대한 책임을 지고 물러났다. 당시 부통령이었던 장면은 이승만이 대통령직에서 사임할 것을 촉구하면서 부통령직을 사퇴하였다. 시위대들은 새로운 선거의 실시 대신에 이승만의 즉각적인 사퇴를 요구하였다. 4월 25일 각 대학 300여 명의 교수들이 이승만의 사임을 요구하는 제자들을 지지하면서 서울 시내를 행진하고 나섰다. 결국 4월 26일 이승만은 대통령·부통령의 선거가 새로 실시될 것이고, 헌법도 대통령 중심제에서 의원 내각제로 바뀔 것이라고 약속하였다. 4·19혁명 후 경찰력의 마비로 자유당이 하룻밤 사이 붕괴되었다(김창룡 특무부대장, 강문봉 장군이 제거). 교수들의 시위로 시작된 시위의 새로운 물결, 미국으로부터의 압력, 경찰력의 붕괴 그리고 군 지지결여 등등에 직면하여, 이승만은 1960년 4월 26일 사임을 발표했다.

### (1) 4·19의 근인

첫째, 50년대 후반 미국 재정 적자, 국제수지 감소, 달러위기로 인한 대한 원조 감소로 한국 경제는 침체의 늪에 빠지고 사회경제적 불안이 심화되면서 이승만 붕괴로 이어졌다. 미국은 55년 2억 3,670만 7,000달러, 56년 3억 2,670만 5,000달러, 57년 3억 8,289만 2,000달러, 58년 3억 2,127만 2,000달러까지 증가하던 원조액이 59년에 극감, 한국 서민 경제에 타격을 주었다. 59년 2억 2,220만 4,000달러, 60년 2억 4,539만 3,000달러로 1억 달러가 줄어 한국 경제에 타격을 주었다. 6·25 후 미국의 원조는 전후에도 계속되어 한국 경제의 중요한 지탱력이었다. 57년 52.1%, 58년 51.1%를 비롯하여 57~61년의 한국 정부 세입의 45.5%가 원조 재원이었다. 실질적인 원조 규모 역시 엄청났다. 56년 미국 경제 원조는 3억 2,600만 달러, 군사원조 4억 달러, 미군 한국 주둔경비 3억 달러 등 총 10억 달러였다. 1950년대 농어업 인구 80%, 생산, 서비스, 사무, 판매직 종사자 10% 이내. 취업자 55년 37.5%, 60년 36.2%로 바뀐 상황에서 미국 원조의 격감은 사회불안 요인이 되었다.

둘째, 정치권의 균열과 권력구조 내부의 변화, 경찰 발췌 개헌, 사사오입 개헌, 행적 정치 행태 어용 단체 동원한 정치적 위기 극복 방법의 한계가 왔다.

셋째, 도시화와 커뮤니케이션 발달(정파 신문 시대), 교육 기회 확대로 4월 항쟁 주체 세력 확대.

넷째, 국제관계 특히 한미 관계가 악화됐다. 4·19 과정에서 미국과 외국 언론은 이승만은 비판했지만 항쟁 세력에 대해서는 우호적이었다. 미국 주도로 국제 여론을 그렇게 조성했다. 미국은 시위대에 지지를 보냈고 이승만 하야를 권고했다. 이승만 정권은 경찰력에 의하여 유지되었던 질서가 학생들이 선봉에 선 반경찰·반관료적 항쟁에 굴복함으로써 붕괴됐다. 4·19 과정에서 군은 중립적이었는데 미국의 강력한 영향력 행사 때문이라고 추정된다. 한국전쟁 후 미국은 한·미·일을 잇는 지역 통합을 추진했다. 이승만의 '끈질긴 반일'이 미국의 전략 구축에 장애라고 판단했다. 이승만 하야와 망명은 매카너기가 주역이었다. 4·19 과정에서 미국과 미국 언론은 이승만을 비판했지만 반정부 세력에 대해서는 우호적이었다. 국제여론도 그렇게 조성했다. 4·19로 이승만이 물러나 극동을 일본 중심으로 재편하려는 미국의 계획이 풀리게 되었다.

### (2) 이승만의 마지막 국무회의(國務會議)

제1공화국헌법에서는 대통령책임제를 선택하면서 대통령을 견제하기 위하여 국무원을 의결기관으로 하였다. 1960년 4월 12일(화) 제36회 국무회의가 경무대(전반)에서 열렸다. 3·15부정선거 당일의 마산시위에 참가했다가 실종됐던 김주열 군의 시체가 눈에 최루탄이 박힌 채 바다에 떠올라 제2차 마산사태가 일어난 다음 날 국무회의록에 나타난 중요 안건은 ① 세계보건일 행사, ② 사방공사 추진상황, ③ 해외교포관광단 내한, ④ 투우, ⑤ 체신행정 성장, ⑥ 시국안정 등이었다.

▶ 대통령＝정부가 잘못하는 것인지 민간에서 잘못하는 것인지 몰라도 아직도 그대로 싸우고 있으니 <u>본래 선거가 잘못된 것인가?</u>

▶ 내무＝(마산사건의 진상과 경찰의 대비 조치를 보고하고) 사건의 배후를 다음과 같이 추측하고 있다고 보고. ① 민주당이 타 지방의 데모는 선동하고 있으나 금반 마산사건의 직접 배후라는 확증은 잡지 못하고 있으며 ② 6·25사변 당시 좌익분자가 노출되지 않은 지역이니만치 공산 계열의 책동 가능성이 많다고 보며 따라서 군경 검의 합동 조사다반을 파견하여 두려고 한다.

▶ 대통령＝학생들을 동원하였다고 하는데 사실 여하

▶ 국방＝학생들이 주동하고 있는 것은 아니라고 보고

▶ 문교＝<u>배후에 공산당이 있어서 조종하고 있는 것이 아닌가</u> 하며 학교에서 이 같은

일을 단속하는 조례를 만들도록 추진 중에 있다는 보고

▶ 대통령＝그것은 누가 하는 운동인가

▶ 내무＝민주당 신파가 극한투쟁이니 하며 하고 있는 일이라는 보고

▶ 대통령＝그것이 정당 쌈이라고 할 수 있는가?

▶ 내무＝연유가 거기에 있다고 본다.

▶ 대통령＝이번 선거 때문에 그런 일이 생겼다. 선거가 없었으면 일이 잘되어 갔으리라고 생각할 수가 있을 것인가?

▶ 국방＝민주당의 극렬분자의 작란이지만 민주주의 발전과정에 있는 우리나라 실정으로는 완전한 페어플레이를 기대하기 어렵다.

▶ 대통령＝나로서는 말하기 부끄러운 말이지만 우리 국민은 아직 민주주의를 하여 나가기까지 한참 더 있어야 할 것이며 정당을 하여 갈 자격이 없다고 보며 정당을 내버리고 새로 하여 본다는 것도 생각을 할 수 있는 일이지만 무슨 생명이 좀 보여야지 그렇지 않으면 그리하여 보아도 마찬가지가 될 것이며 어린아이들을 죽여 물에 던져 놓고 정당을 말하고 있을 수 없는 것이니만치 무슨 방법이 있어야 할 것인바 이승만이 대통령을 내놓고 다시 자리를 마련하는 외에는 도리가 없다고 보는데 혹시 선거가 잘못되었다고 들은 일이 없는가.

▶ 국방＝우리 형편은 안정 요소가 불안정 요소보다 많은 만치 과히 염려할 것은 없다고 보며 정부가 너무 유화책을 써 온 것이 이같이 된 이유의 하나이기도 하다. 이제는 홍 내무가 지혜 있이 처리하여 가고 있으니 잘될 것이라는 의견

▶ 체신＝국회를 열어 놓고 자유당이 손들어서 하나씩 처리해 가면 되고 민주당의 데모도 이젠 문제가 안 되며 다만 공산당의 책동을 막는 방안이 필요하다.

▶ 재무＝정부로서도 더 이상 후퇴할 수 없으니 대책을 강구하여야 할 것이다.

▶ 대통령＝지금 말들 하는 것을 들어서는 안정책이 못 된다고 보며 이 대통령을 싫다고 한다면 여하히 할 것인가를 생각할 필요가 있는데 나로서는 지금 긴급히 또 좋다고 생각하는 것은 내가 사면하는 것이라고 생각한다. 잘 연구하여 보라.

## (3) 이승만 재평가

이승만 하야 후 40년 만에 이승만 재조명이 정치, 경제, 국제정치학, 역사학계의 공동연

구로 진행되고 있다. 연세대 현대한국학연구소는 제6차 국제학술회의(2004. 11. 12~13.)에서 이승만 재평가를 제의했다. 유영익 교수와 소장정치 사회학자들의 이승만 재조명과 대한민국사의 긍정적인 해석 시도로 정파주의적 이승만 매도에서 객관적인 진실 규명에 한발 다가섰다. 이정식 펜실베이니아대 정치학과 명예교수는 이승만 건국 대통령의 단독정부 비방론의 타당성을 먼저 검증해야 한다고 지적했다. 독립투사들은 불참했고, 북조선인민위원회는 분열행위라고 규탄했고, 남조선노동당은 무력 동원 반대 투쟁에 나선 가운데 이승만의 대한민국 건국은 획기적인 것이었다. 이승만을 건국의 아버지(Founding Father)라고 숭상하는 사람은 적고 민족 분열을 가져온 원흉이라고 규탄까지 한다. 학자들까지 그렇게 비방하고 친북 좌파 정권은 그렇게 가르치는 왜곡된 현대사 교육도 방관했다. 이정식 교수는 아직도 이승만 혹평은 개인과 가족 친지가 겪은 경험이 역사인식을 좌우하고 있고 자료의 미공개 등이 문제라고 지적하고 한국 학계의 현대사 연구가 분단되어 있는 것도 문제라고 주장했다. 김일영 성균관대 정치외교학과 교수는 1980년대 수정주의 사관을 들고 나온 커밍스 추종 세력들(Cumings and his children)을 중심으로 분단과 한국전쟁 기원과 경과를 새롭게 조명하며 이승만을 '미국의 앞잡이', 분단과 전쟁 책임자로 각인시키고 있는 것은 잘못이라고 비판했다. 김일영 교수는 이승만에게 분단, 전쟁, 후진 정치의 모든 책임을 지우는 것은 무리라고 지적했다. 1942년 이래 이승만의 자문 홍보를 맡으며 이승만을 지켜본 오리버(Robert T. Oliver, 1909~2000)는 이승만은 애국심, 학문적 실력, 역사적 형안, 투지, 종교적 초월성 등 자질 면에서 당대 어느 정치가보다 뛰어난 인물이었다고 평가했다. 올리버는 '신화에 가려진 인물 이승만'에서 이승만의 재직기간 업적을 다음과 같이 요약했다. ① 여수, 순천 반란사건과 같은 국가위기로부터 신생 대한민국을 구출하고 국가보안법을 제정, 국가 기본 존립의 기본 조건인 안보를 확보했다. ② 6·25전쟁 중 국민들의 국가에 대한 충성을 확보했고 미국 정부를 설득해 강력한 군대를 육성했다. ③ 공산주의 경력이 있는 조봉암을 초대 농림장관으로 기용, 지주 출신 의원들로 가득 찬 국회에 압력을 가하여 농지법을 통과시켜 농지개혁을 완수하고, 농협을 만들어 농민들을 전통적인 고리대금업자들에게서 해방시켰다. ④ 건국 초 어려운 재정 여건에도 교육에 우선순위를 배정하여 학교, 교사, 교재에 집중 투자하여 국민교육 수준을 높이고 해외유학을 장려해 경제개발에 필요한 인력풀을 확대했다. 교육대통령으로 기억될 만한 업적을 남겼다. ⑤ 신생 대한민국이 군사, 경제 면에서 미국과 유엔의 원조에 매달리는 속국(clientstate)이었지만 탁월한 외교를 통해 한국을 진정한 주권국가로 대접하게 만들었다.

올리버는 이 대통령이 신생 대한민국의 건국기의 혼란과 6·25와 같은 재앙을 극복하면서 대한민국의 안보와 외교, 군사, 경제, 교육 등을 튼튼한 기반 위에 올려놓아 60년대 경제 발전의 기초를 다졌다고 높이 평가한 것이다.

▶ 이승만 대통령은 건국에 절대적으로 공헌한 정치가다.

▶ 유엔에서 한반도 내 유일한 합법정부로 인정받았으며(48. 12.) 유엔군 참전, 이승만 라인 선포, 한미상호방위조약 체결 등 탁월한 외교수완을 보여 주었다.

▶ 6·25 발발 당시 북한군의 2분의 1인 국군병력 10만 명을 52년에 25만 명(16사단), 54년에 65만 명(2군 20개 사단)으로 늘렸으며 군자질도 향상시켜 이들이 한국근대화에 기여하게 하였다.

▶ 농지개혁을 했으며, 경제발전 계획을 수립했고 재임 중 산림녹화를 강조했다.

▶ 1959년 96%가 취학, 문맹을 퇴치하고, 식민사관 극복 등 식민지 잔재 청산도 독려했다.

전직 언론인이었던 이승만은 언론의 혹독한 비판을 받았고 사후에도 객관적 평가를 받지 못하고 있다. 한국 언론의 정파주의에 대한 반성이 김대중, 노무현의 신문과의 전쟁으로 제기된 것은 아이러니다. 교황 비오 12세는 1946년 7월 11일 미국 언론인과의 대화에서 "언론의 자유에도 행동의 자유, 말의 자유, 사상의 자유처럼 한계가 있다. 진실이 아닌 것, 분명히 틀린 것 또는 인간의 윤리적이고 종교적인 관계나 국가들 간의 평화나 화목을 해치거나 파괴하는 데에나 한몫을 하는 내용을 유포하여서는 안 된다"고 지적했다. 바오로 6세는 언론의 관용을 요구하며 "사욕이 없이 공정하게 진실하고 사랑으로써 일하도록 해야 한다"고 당부했다.


## 2. 허정 과도정부

4·19 후 민주당은 당내의 응집력과 일체감을 결여하고 있었고, 정권 인수 준비가 안 되어 있었다. 차기 선거 승리를 확신하고 '혁명 과업'은 외면했다. 허정은 내각에 민주당 의원을 참여시키려 하였으나 그들은 직접 참여하지는 않고, 허정 정부 막후에서 영향력을 행사하고자 하였다. 5월 3일 허정 정부는 내정은 일상생활과 법·사회조직의 근본 구조에 미치는 4·19혁명의 여파를 극소화하고, 법과 질서 유지와 반공 정책 유지를 강조했다. 강한 반공 노선과 미국과의 긴밀한 유대관계를 지속하려는 뜻을 분명히 했다. 이승만 정

권이 초래했던 국제적 고립, 특히 아시아 또는 중동의 중립국들과 일본에 대한 폐쇄적 관계를 지양하는 개방정책의 길을 터놓았다. 과도정부에 대해서 국민들은 군의 부패를 청소하고, 선거 부정을 저질렀던 자들에 대하여 처벌을 기대하였다. 그러나 과도정부나 민주당은 그런 모험을 피했다. 허정은 과도정부의 수반으로서 3개월 동안 정기적으로, 미국 관리들과 회동 협의했다. 8군 사령관 매그루더(Magruder, C. B.)는 허정에게 한국군의 재편은 현존하는 불안정과 혼란이 종식될 때까지 연기되어야 한다고 주장했다. 결국 과도정부는 약간명의 장성을 전역시켰을 뿐 본격적인 숙군을 단행하지 못하였다. 군부 내의 정군 문제(整軍問題)는 숙제로 남았다. 허정 정부는 9명의 전직 각료와 15명의 자유당간부를 체포, 이들을 3월 15일 정부통령 선거 때 불법적 활동을 자행한 혐의로 기소했다. 은행장들도 자유당에 거대한 선거자금을 불법적으로 제공한 혐의로 구속됐다. 이승만 경호실장이었던 곽영주(郭永周)와 고위 경찰은 4월 봉기 때 시위 군중에 발포한 책임, 하급 경찰은 시위 학생에 대한 고문 혐의로 구속됐다. 정치 깡패 두목들도 체포되었다. 이들에 대한 공판은 7월 29일로 예정된 국회의원선거 몇 주일 전인 7월 5일에 열렸다. 7월에 부정 축재한 18명의 개인과 기업가 66명의 명단 공개, 경찰의 정치적 중립화와 민주화의 문제도 허정 정부는 경찰의 현존 기본 골격은 그대로 유지하면서 꼭 필요하고 가능한 변화만을 추구하는 기본 정책을 적용했다. 짧은 과도 정권 기간 중 허정 정부는 줄곧 '비혁명적' 방법으로 과제를 해결하려는 입장을 견지한 결과 후계 정권에 어려운 숙제를 남겨 주었다. 허정 과도정부는 구질서 유지와 총선 관리를 최우선 과제로 정했다. 차기집권 정당, 민주당, 미국, 허정 자신의 보수적 성향이 그런 선택을 하도록 했다. 한국민주당을 거쳐 민주·국민당을 주도한 구파와 흥사단계 및 조선민주당계 자유당계 비주류 세력이 모인 신파가 각축했던 민주당은 기본 질서의 틀 속에서 합법적인 방법을 통해 대안 세력의 길을 모색하는 충성스런 보수 야당(loyal opposition)이었다. 미국은 냉전 구도에서 자유세계 일원으로 공산주의 팽창을 저지하는 미국의 전략적 목적을 충실하게 봉사하길 원했다. 헌정 질서 회복, 보수 양당 구조 전개를 희망하는 보수적인 전략을 갖고 있었다. 보수 성향의 허정 과도 내각은 정권에는 욕심이 없어 보이는 사람들로 이루어졌다. 허정 과도정부는 4·19 혁명의 여파 극소화, 강한 반공 노선과 미국과의 긴밀한 유대 관계 지속만을 생각했을 뿐 부정 척결은 다음 정부가 맡아야 한다고 생각했다. 허정 정부는 부정선거를 저지른 고위 장성이나 여러 부정 사건에 관련된 부패한 장성들을 숙청해야 한다는 것은 알고 있었다. 1951년부터 1952년까지 육군참모총장을 역임, 총장 재임 중 1952년 부산 정치파동 때 미

8군에 쿠데타 모의를 협의했던 이종찬(李鍾贊) 국방부장관은 군의 정치적 중립을 역설했다. 참모총장들은 전 각료 앞에서 "한국군 참모총장의 한 사람으로서 나는 정치에 있어 엄격한 중립을 지킬 것이며, 조국을 적으로부터 보호하는 신성한 의무에 진력할 것을 엄숙히 맹세합니다"라고 명시된 서약문을 읽고 서명하도록 요구받았다. 결국 과도정부는 약간명의 장성을 전역시켰을 뿐 근본적인 숙군을 단행하지 못하였다. 허정 내각의 4·19 혁명의 뒷마무리 과제는 선거 부정행위의 주요 음모자와 불법적이고 강압적인 행동을 자행한 경찰 요원들에 대한 처벌이었다. 허정은 이승만 정부와 자유당의 전직 간부에 대하여 기존의 법에 따라, 경찰은 정상적인 인사 정책을 통해서 정화하려 하였다. 공판은 장면 정부로 넘겨졌다. 부정 축재자 처리는 극소수 부정 축재자가 부정을 자진 신고하게 하고, 축재분을 사회에 환원시킨 데 그쳤다. 허정 정부는 보수적이고 온건한 접근 방법으로 접근했다.

# 3. 장면 정부

1960년 4월 15일 자유당정부 경제개발 3개년 계획 수정안 발표 → 4월 19일 4·19혁명 → 4월 26일 이승만 하야 → 4월 28일 허정 과도내각 → 5월 21일 내각제개헌안 공고, 6월 15일 국회 통과 → 6월 17일 곽상훈 국회의장, 대통령권한 대행 → 6월 19일 아이젠하워 방한 → 6월 22일 국회의원선거법 국회 통과 → 7월 27일 총선거 실시, → 8월 8일 민·참의원 개원 → 8월 12일 제2공화국 대통령 윤보선 선출 → 8월 19일 장면 국무총리 인준 → 8월 23일 장면 내각 구성 → 61년 1월 10일 한국 경제협의회 발족 → 2월 경제개발 5개년 계획 수립 요강 확정 → 5월 16일 군사정변 → 5월 18일 장면 내각 사퇴 → 5월 20일 혁명 내각 구성 → 7월 2일 최고회의의장 박정희

4·19 후 3개월 만인 1960년 7월 29일에 총선이 있었다. 경찰간섭 대신 매표 매수 행위가 많았다. 과거 야당 인사들은 대여 투쟁 경력을 내세워 훈장처럼 과시하면서 정권 참여에 급급했다. 정치 브로커들이 대학을 출입했다. 민의원 223석 중 민주당 175석, 사회대중당 4석, 한국사회당 1석으로 혁신정당은 합계 5석이었다. 민주당계 무소속까지 합치면 민주당은 180여 석을 차지했다. 구파 대통령 윤보선, 국무총리 김도연 내정. 8월 12일 양원 합동회의에서 윤보선 대통령 선출. 8월 17일 총리 인선 인준 투표 김도연은 가 111표, 부

112표 무효 1표로 부결. 8월 19일 장면 가 117표, 부 107, 기권 1표, 장면 국무총리 지명 인준. 8월 31일 국회에 구파동지회 민정구락부로 각각 교섭단체 등록했다. 11월 초 구파 65명 의원 참여해 신민당을 결성했다. 장면 정권의 취약성과 민주화 분출: 정책 결정 소수 인사 독점, 미국 압력에 취약 추진력과 능력 결여. 출신성분 식민지 시대 관료나 지주계 층. 이념도 지도력도 결여된 무능한 정권이었다. 혁명 과업 수행으로 단행된 숙정−경찰 4,500명, 관료 1만여 명 해임했으나. 대부분 하급 공무원이었다. 행정력 공백은 컸다. 첫 3개월간 내무부장관을 세 번 경질했다. 민주당 집권 기간 중 학생데모 1,835건, 연인원 96만 9,630명이 참여했다. 매일 7.3건, 시위 3,876명이 참여했다. 부정선거 및 부패 관련자 처벌 미온−사형선고를 받은 홍진기 전 내무장관 곽영주 경호실장, 김종원 치안국장 등이 각각 금고 9개월, 징역 3년 무죄 선고했다. 정치 갈등이 심했다. 민주당 자체 분열 혁신 세력 등장, 통일 논의 분출했다. 학생운동 학원 복귀, 통일운동 2파로 갈라졌다. 서울대학교 민족통일 연맹 공산당 참여한 전 한국 보통선거를 주장했다. 민족자주통일연맹 5월 13일 지지 궐기대회 노조운동 가열−전국교원노조 대구에서 결성 국가 정책 부재 군 통제 실패했다. 강력한 반공 의식과 근대화로 훈련된 집단에 대한 과소평가가 문제였다. 9월 24일 16명 장교가 최영희 연합참모총장을 방문하고 퇴진 요구. 정군 논의 본격화, 그러나 미국은 단계적 정군 주장. 16명 장교 징계위원회 조치, 김복동 대령만 유죄 판결, 김 대령 탄원서 제출, 실제 배후자 김종필, 석정선, 김형욱 색출, 김종필과 석정선은 예편시켰다.

## 4. 5·16쿠데타와 개혁개방

### (1) 정군과 5·16

1961년 5월 16일 박정희(朴正熙) 육군 소장을 비롯한 일단의 정군파(整軍派)가 거사한 쿠데타는 한국 현대사의 물꼬를 바꾸었다. 쿠데타 주체들은 거사 당일에 군사혁명위원회를 구성하고, 3일 만에 국가재건최고회의를 출범시켰다. 1961년 5월 16일 새벽 해병 제1여단장 김윤근 준장이 지휘한 해병대가 출동한 것을 기점으로, 박치옥(朴致玉) 대령이 지휘한 공수단, 군단참모 홍종철(洪鍾哲) 대령과 문재준(文在駿) 대령이 이끈 제6군단, 백태하(白泰夏) 중령의 제822대대, 김인화(金仁華) 중령의 제911대대가 각각 출동하였다. 한강대교에

도달한 해병대와 공수부대는 장도영 육군참모총장의 지시로 출동한 헌병 제7중대 병력과 약간의 사격전 끝에 무난히 돌파하여 서울 시내로 진입하였다. 이들은 아무런 제지를 받지 않고 육군본부를 접수한 제6군단 4개 포병대와 합류한 뒤, 주력은 서울시청에 진주하고, 해병대는 치안국과 서울시 경찰국을, 공수단은 중앙방송국을 이날 상오 4시 30분경 각각 접수하였다. 또한 공수단은 장면 총리의 숙소이던 반도호텔을 급습하였으나, 총리의 도피로 체포하지 못하였다. 혁명군은 서울 전역을 장악하고, 지방에서도 중요 도시인 대구·부산·광주·대전 등지를 장악하는 데 별 어려움이 없었다. 혁명군은 이날 상오 5시 서울중앙방송국 첫 방송을 통하여 "우리 군부가 궐기한 것은 현 정권과 기성정치인에게 더 이상 국가의 운명을 맡겨 둘 수 없다고 판단하고, 백척간두의 위기에서 방황하는 국가의 운명을 극복하기 위한 것"이라고 그 목적을 전하고 '혁명공약' 6개 항을 밝혔다.

① 반공을 국시의 제1의로 삼고 지금까지 형식적이고 구호에만 그쳤던 반공체제를 재정비 강화한다.

② 유엔 헌장을 준수하고 국제협약을 충실히 이행할 것이며 미국을 위시한 자유우방과의 유대를 더욱 공고히 한다.

③ 이 나라 사회의 모든 부패와 구악을 일소하고 퇴폐한 국민도의와 민족정기를 바로잡기 위하여 청신한 기풍을 진작한다.

④ 절망과 기아선상에서 허덕이는 민생고를 시급히 해결하고 국가자주경제 재건에 총력을 기울인다.

⑤ 민족적 숙원인 국토통일을 위하여 공산주의와 대결할 수 있는 실력 배양에 전력을 집중한다.

⑥ 이와 같은 우리의 과업이 성취되면 참신하고 양심적인 정치인들에게 언제든지 정권을 이양하고 우리들 본연의 임무에 복귀할 준비를 갖춘다. 방송은 이날 '군사혁명위원회'가 조직되어 입법·사법·행정의 3권을 통합 장악한다고 발표하였다. 이 위원회는 임시 육군본부 상황실에 설치되었다. 1961년 5월 16일 3,600여 명을 동원한 쿠데타에 대해 오전 11시 매그루더 유엔 사령관과 그린 주한 미 대리대사는 유엔군 방송을 통해 장면 정부에 대한 지지와 군의 질서 회복을 요구하는 성명을 발표했다. 장도영 참모총장은 그날로 군사혁명위원회 위원장직을 수락하였다. 장면 총리가 5월 18일 은신처에서 나와 중앙청에서 제69차 임시각의를 주재하고, 내각 총사퇴를 결의함으로써 군사혁명위원회에 정부를 이양하였다. 장면 정권은 집권 9개월 만에

단명으로 끝났다. 이날 육군사관학교 생도들의 군사혁명 지지의 시가행진이 있었고 18일 CIA는 케네디 대통령에게 "어떠한 저항도 존재하지 않고 국민들은 무관심했고 장면 총리의 저항 포기, 장도영의 이중 행동, 윤보선 대통령의 타협적 태도, 합헌적인 정권 이양을 약속한 군사정권의 정통성 강조"를 보고했다. 미국 국무성은 한국의 군사정부를 인정한다고 밝혔다. 또한 매그루더(Magruder, C. B.) 유엔군 사령관은 김종필과 회담을 가진 뒤, 군사혁명을 인정하는 공동성명을 발표하였다. 이때 평소 민심이 장면 정권으로부터 이탈하고 있다고 여겨 오던 윤보선(尹潽善) 대통령은 박정희·유원식의 방문을 받은 자리에서 '올 것이 왔다'는 논평을 한 것으로도 전해진다. 같은 날 군사혁명위원회는 '국가재건최고회의'로 명칭을 고쳐, 의장에 장도영, 부의장에 박정희를 비롯한 30명의 혁명위원으로 구성되고, 고문에 김홍일(金弘壹)·김동하(金東河)를 추대하였다. 그 뒤 국가재건최고회의는 혁명 내각을 조직하고, 내각수반에 장도영 의장을 겸임시켰다. 장도영이 국가재건최고회의 의장이며 내각수반으로 임명되었음에도, 실권은 부의장인 박정희 소장과 중앙정보부장으로 임명된 김종필에게 있었다. 61년 7월 장도영 중심의 서북 출신 군인 육사 5기 제거, 63년 3월 김동하 주축 동북 출신 군인 세력 제거. 장군 40명 포함 약 2천 명 장교 예편. 사회악 소탕 명분으로 1만여 폭력배, 4만여 부정 공직자 축재자 등 구속 내지 파직했다. 반혁명사건으로 체포된 뒤부터 혁명 주도자였던 박정희 소장이 명실상부한 군사혁명 정부의 실권자로 국민 앞에 부상하였다. 한국군 정치화는 1952년 부산 정치파동 때부터 조짐이 보였다. 이승만이 계엄령을 선포하고 군 출동을 지시했으나, 이종찬 참모총장은 거부하고 미 8군의 눈치를 살피며 쿠데타 모의를 했다. 부산 정치파동 시절 미국 대리대사 라이트너는 이종찬 육군참모총장이 대사관 관사로 찾아와 쿠데타를 상의했다는 것을 워싱턴에 보고했다. 이종찬 쿠데타가 불발했을 때 육본 작전교육차장이 박정희, 이용문이 작전 교육 국장이었다. 이용문은 장면 비서실장 선우종원을 찾아가 이승만 제거 쿠데타를 제의한 일이 있다. 부산 정치파동 이후 미군의 '이승만 제거 비상계획'은 이승만 정치에 대한 규제도 있지만 트루먼 정부가 '독립적이고 반공적인 통일 한국'의 달성이라는 원래의 전쟁 목표를 수정한 미국의 휴전을 반대하는 이승만을 견제하기 위한 것이었다. 1951년 봄부터 미국이 '독립적이고 반공적인 분단된 한국'이라는 전전상태로 돌린 것에 대한 이승만의 반대에 대한 대응 정책이 군쿠데타 모의까지 진행된 것이다. 53년 휴전회담 시 단독 북진 위협에 미국은 한국군을 동원한 이승만을 제거하는 에버레디 계획을 수립했고, 59년 보안법 파동 과정에서 조병옥은 미국의 이승만 제거 계획을 폭로했다. 미국이 전폭 지원해 육성한 한국군은 유사시 정권을 맡을 대체 세력으로 부각됐다. 5·16은 돌출이 결코 아니다. 준비됐던 거사를 실천에 옮긴 것일 뿐이다. 5·16쿠데타 배경을 한승조 교수는 다음 4가지로 요약했다.

첫째, 4·19혁명 이후의 정치적·사회적 혼란이다. 4·19혁명으로 이승만 정권이 붕괴되고 허정 과도정부가 수립되었으나, 각종 시책을 강력하게 펼 처지가 되지 못하였다. 민주당 정권이 들어섰지만, 3·15부정선거의 뒷마무리를 처결하지 못하였다. 특히 구정권과 결탁되어 치부한 부정 축재자의 재산 몰수나 구정치인에 대한 처벌 등에 극히 미온적이었던 데 대한 4·19혁명 세력의 불만이 노골적이었다. 또한 자유당 정권하에서 억압되었던 모든 사회집단은 약체화된 정권에 자신들의 권익을 강력하게 요구하고 나섰다. 이와 같은 정치적 요구와 사회적 이익 추구가 데모의 형식을 통하여 속출하였다. '데모만능주의'가 팽배하여, 4·19혁명 후 5·16까지 학생데모 747회, 노총관계 데모 675회 등 무려 2,000여 회의 데모가 발생하였다.

둘째, 파벌싸움의 격화와 장면 정권의 무능이다. 1960년 '7·29총선'에서 민주당은 의석수 233석 중 175석을 확보했다. 의석률 74.6%라는 압승을 거두었다. 그러나 장면이 이끄는 신파와 김도연(金度演)을 대표로 한 구파 간에 국무총리의 선출을 둘러싸고 치열한 경합을 벌였다. 117표 대 115표로 장면이 국무총리가 되었으나, 구파는 같은 해 9월 22일 민주당과의 결별을 선언, 얼마 뒤 신민당(新民黨)을 창당하여 극한 투쟁을 벌였다. 장면 정부는 당 내외의 반발에 못 이겨 두 달이 멀다 하고 개각에 개각을 거듭해야 하는 정치 불안에 시달려야 하였다. 한편 같은 해 10월 11일 4·19혁명 당시 부상을 당했던 학생들이 국회의사당 의장석을 점거하는 난동사건이 발생하였고, 이러한 사태의 억제를 위하여 장면 정권은 <반공법>의 제정을 시도하였다. 이에 대하여 신민당·신풍회(新風會)·청조회(淸潮會) 등에서는 적극 반대, <국가보안법> 개정을 주장하는가 하면, 혁신세력은 '2대 악법 반대 강연대회(二大惡法反對講演大會)'를 열고 장면 정권의 퇴진을 요구하고 나섰다.

셋째, 혁신세력의 대두와 공산주의 위협의 증가이다. 이승만의 하야와 자유당 징권의 붕괴는 적어도 혁신계에는 반공정권의 와해로 받아들여졌다. 4·19혁명 후 실시된 7월 29일 5대 국회의원총선에 혁신세에서 148명의 후보가 출마하였다. 성부 수립

후 처음 보는 혁신계의 대거 출마였다. 비록 혁신계가 5명밖에 의회진출을 하지 못하였으나, 혁신계 나름의 정치적 전망은 국민의 신망을 잃고 있는 민주당의 대체세력이 자기들뿐이라는 자신으로 가득하였다. 혁신계가 남북한 관계와 통일방안에 대하여 국민대중의 지지와 호응을 얻을 것으로 판단한 때인 같은 해 8월 14일 김일성(金日成)이 시기를 포착하여 남북연방제안을 내놓았다. 또한 10월 21일에는 미국 상원의원이며 외교분과위원장인 맨스필드(Mansfield, M.)가 오스트리아식 중립화 통일방안을 제안하였다. 이런 분위기가 혁신계 세력에 유리한 활동여건을 만들어 주었다. 1961년 2월 21일에는 통일사회당 등 혁신계가 모여서 중립화통일연맹을 만들고, 이것이 주축이 되어 민족자주통일중앙협의회를 결성, 적극적인 활동에 들어갔다. 같은 해 5월 5일 민족통일 전국학생연맹은 남북한의 학생이 5월 중에 판문점에서 회담할 것을 결의하였고, 민족자주통일중앙협의회는 5월 13일 '남북학생회담 환영 및 통일촉진대궐기대회'를 열었다. 이와 같은 혁신계의 움직임은 정치적으로나 사회적으로 큰 파문을 일으켰다.

넷째, 군부 내 혁신 세력의 성장과 혁명기도이다. 군사혁명 세력의 움직임은 4·19혁명 이후 처음 정군운동(整軍運動)으로 비롯된다. 사회 전반에서 혁명적 변화가 일어남에 따라 군부 안에서도 정군의 필요성이 부각되었다. 표면화된 그 첫 계기는 1960년 5월 2일 당시 군수기지사령관이던 박정희 소장이 송요찬(宋堯讚) 참모총장을 찾아가 군부에서의 3·15부정선거와 각종 군부의 비리에 대하여 책임을 지고 물러날 것을 권고한 일이다. 한편 같은 해 5월 8일 육군정보참모부를 중심으로 한 김종필(金鍾泌)·김형욱(金炯旭)·길재호(吉在號)·옥창호(玉昌鎬)·신윤창(申允昌)·최준명(崔浚明)·석창희(石昌熙)·오상균(吳尙均) 등 육사 8기생 8명이 정군을 위한 연판장을 작성하였다가 국가 반란음모라는 죄목으로 사직당국의 조사를 받았다. 이들은 뒤에 연합참모부부장인 최영희(崔榮喜) 중장과 미국 국방성 군원국장 팔머(Palmer, W. B.) 대장의 성명을 성토하여 세칭 하극상사건(下剋上事件)으로 피소되기도 하였다. 이들 정군장교들은 과도정부에 정군의 당위성을 주장하고, 정군을 위한 구체적인 시안을 마련하도록 건의서를 제출하려 하였으나 실패했다. 5·16 가담 세력은 ① 박정희와 친분 있는 해병대 김동하, 김윤근, 이주일 등 장교 집단 ② 박정희 경비사관학교 중대장 시절 생도였던 박치옥, 문재준, 채명신, 박춘식, 송찬호, 이원엽 등 육사 5기생 집단 ③ 김종필, 김형욱, 길재호, 홍종철 등 8기 영관급 장교 집단. 5·16 당시 참모총장 장도영은 1923년생, 8기생 대표 격이었던 김종필은 1926년생으로 3살 차이였다. 그러나 장면 정권도 정군은 외면하였다. 영관급 정군파 장교들은 1960년 9월 10일 방문 · 건의 등의 평화적 방법으로는 정군을 추진할 수 없다는 결론을 내리고, 이른바 '충무장결의(忠武莊決議)'를 통하여 투쟁방향을 정군운동에서 군사혁명으로 급선회하였다. 그 뒤 박정희 소장이 육군본부 작전참모부장으로 전임되고, 김종필이 예편되어 조직의 규합과 확대에 전념, 육군 제6관구사령부 · 육군 제33사단 · 육군 제34사단 · 육군 제12야전공병대 · 육군 제1공수특전단과 육군본부 · 국방부의 중견장교들을 혁명조직으로 포섭했다. 이와는 별도로 해병 제1여단장 김윤근(金潤根) 준장이 중심이 되어 1961년 4월 15일 해병대 단독으로 군사혁명을 일으키려 한 계획이 있었다. 그러나 육군계획과 횡적 제휴가 이루어져 단독계획을 보류하였다. 4차에 걸쳐 거사계획을 추진했다.

① 5 · 8계획: 제1차 계획은 송요찬 참모총장이 미국에 가서 부재중인 1960년 5월 8일 해병 제1상륙사단을 주력으로 7개 지역 부대가 진군할 계획을 세웠다. 4 · 19혁명으로 중지하였다.

② 4 · 19계획: 제2차 계획은 1961년 파다하게 번졌던 '3 · 4월 위기설'에 대비하여 장면 정권이 군부대에 의한 폭동진압을 할 경우, 이를 역이용하는 '역혁명계획(逆革命計劃)'이다. 폭동진압부대로 지정된 제6관구사령부에는 혁명조직에 가담한 김재춘(金在春) 참모가 움직여 혁명추진이 시각을 다투었다. 그러나 4 · 19혁명 1주년의 위기설이 무사히 넘어감으로써 군의 출동명분이 없어지고 거사계획은 수포로 돌아갔다.

③ 5 · 12계획: 이종태(李鐘泰) 대령이 동지포섭을 하다가 기밀이 누설되어 거사가 중지되었다.

④ 5 · 16계획: 기밀을 알아차린 육군방첩대가 육군참모총장의 지휘로 수사가 전개될 것에 대처하여 조기집행에 들어갔다. 혁명기도 정보가 여러 차례에 정보기관에 알려졌고, 장면 총리와 현석호(玄錫虎) 국방장관이 장도영(張都暎) 육군참모총장을 불러 물었으나, 장 총장은 "박정희 소장은 그런 위인이 못 된다"는 답변으로 수뇌부를 안심시켰다. 장면 정권은 군 통제에도 실패했다.

9월 24일 16명 장교가 최영희 연합참모총장을 방문하여 퇴진을 요구하였다.

1950년대 이집트 낫셀, 버마 네윈, 이라크의 꽁레 등 아프리카, 아시아 지역 구데타는 대부분 민족주의적이고 개혁적 성향이었다. 한국의 쿠데타도 민족주의적이고 개혁적 성향이었다.

## (2) 5·16 군사쿠데타에 의한 개혁개방시책

혁명정부는 개혁개방정책을 폈다.

### 1) 정치·외교

혁명정부의 우선적인 목표는 국내외의 신망과 지지를 얻는 일이었다. 국내적으로는 장면 정권이 해내지 못했던 4·19혁명의 뒷마무리들, 곧 부정선거 관련자 처결, 정치깡패들의 처단, 부정 축재자 처벌 등을 속결하고 사회질서와 행정기능을 회복하여 민주당 정권의 우유부단과 정치파벌싸움에 식상한 국민들로부터 환영을 받았다. 구정치인의 활동을 묶기 위하여 1962년 3월 16일 <정치활동정화법>을 제정하는 한편, 민정 이양에 앞서 민주공화당의 사전 조직에 착수하였다. 외교적으로는 미국과 일본과의 관계 개선이 시급하였다. 처음 미국이 혁명정부의 정치적 성격에 의구심을 가졌던 데 대한 해답으로 ① 5월 18일 밤을 기하여 혁신계와 용공 세력 및 중립화 통일론자를 검거하고, ② 7월 4일에는 <반공법>을 제정하였다. 그리고 11월 11일, 12일에는 박정희 등 최고회의 의장단이 미국을 방문하여 케네디(Kennedy, J. F.) 대통령과 회담, 미국 조야의 신뢰를 구축하였다. 또한 일본과는 10월 20일 한일회담을 재개하였고, 미국에서 돌아오는 길인 11월 22일에는 동경에 들러 이케다(池田) 수상과 회담을 가졌다.

### 2) 경제

민생문제 안정을 위하여 농어촌고리채(農漁村高利債)를 정리하여 서민경제에 활기를 불어넣고, 화폐개혁을 단행하여 통화유통의 일신을 꾀하려고 하였다. 또한 한국 경제에 자력갱생의 길을 연 경제개발 5개년 계획을 수립하였다. 증산·수출·건설을 경제의 3대 지표로 설정하였다. 경제개발을 위한 주요 시책으로는 ① 공업화의 기반 구축을 위한 기간산업·에너지·농수산업의 중점 개발, ② 기간종목인 화학비료·시멘트·제철·정유공장 등의 건설, ③ 금융제도의 정비와 국공영기업의 경영합리화 등을 우선하였다.

### 3) 사회

병역기피자·밀수·조직폭력배 등 사회 깊이 뿌리내린 '사회악' 일소를 위한 강력한 단속이 펼쳐졌다. 혁명 직후 언론에 대한 검열을 실시하였고, 언론정화를 위하여 6월 22

일에는 공보부를 신설하였다. 또한 사회생활 전반에 대한 안정을 목적으로 <중앙정보부법>을 제정, 공포하고 김종필을 초대 정보부장에 임명하여 군정의 기반을 튼튼히 하였다. 사회기강의 확립과 국민정신의 재무장을 위하여 '재건국민운동'을 전개하였다. 국가재건을 위하여 때 묻지 않은 신진학자들이 크게 등용되었다.

### 4) 평가

61년 7월 장도영 중심의 서북 출신 군인 육사 5기 제거, 63년 3월 김동하 주축 동북 출신 군인 세력 제거. 장군 40명 포함 약 2,000명 장교 예편. 사회악 소탕 명분으로 1만여 폭력배, 4만여 부정 공직자, 축재자 등 구속 내지 파직했다. 5·16 군사정권 63년 공화당 정부로 출범, 1963년 10월 15일 대통령선거, 박정희, 윤보선, 허정, 송요찬, 변영태, 오재영, 장이석 출마, 허정, 송요찬 사퇴, 15만 6,026표 차이로 윤보선을 누르고 박정희가 신승했다. 1963년 11월 26일 제6대 국회의원선거, 175석 중 공화당이 110석을 차지했다. 63년 박정권이 대내 지향적인 수입 대체산업 육성에서 대외 지향적인 수출 지향으로 전환. 서독에 광부와 간호사 파견, 브라질 이민선 출발, 선원 수출, 원양 어업 개척, 울산 공장에 대한 걸프의 투자외자 유치, 환율 현실화, 외자 도입법 제정, GATT 가입. 5·16군사혁명을 기점으로 한국의 경제성장과 근대화가 급속히 이루어졌다. 그런 반면에 5·16은 군의 정치개입이라는 나쁜 선례를 남겼고, 관료권위주의 체제를 뿌리내리게 하였으며, 인권탄압, 빈부의 격차를 비롯한 새로운 사회적 문제들을 노출시켰다. 김영삼 정권이 들어서면서 5·16을 혁명이 아닌 쿠데타로 규정하는 역사 바로 세우기를 했다.

## (3) 경제개발계획과 미국의 역할

### 1) 제1차 경제개발 이전의 개발계획

한국의 경제개발계획에는 미국의 방향 설정이 중요한 역할을 했다고 이완범 교수는 '제1차 경제개발5개년 계획의 입안과 미국의 역활'이란 논문으로 정리했다. 50년대 아시아 각국 경제개발계획을 작성했다(인도 1952~1956, 1957~1961). 한국도 자유당 말기에 착수했다. 57년 3억 8,000만 달러 경제원조를 고비로 미국의 한국 원조 감소, 57년 중반부터 USOM 관리들이 김현철 부흥부장관에게 장기개발계획을 세우라고 통고했다. 송인상 (56·-59) 미국 원조 감소 대책으로 경제계획 구상, 송 장관은 58년 방미하여 허터 국무상

관대리를 만나 ① 장기계획 공동으로 만들 것, ② 원조를 1년 베이스가 아니라 3~5년으로 할 것을 협의했다. 이 결과 미국 원조 재원인 대충자금으로 유지되는 산업개발위원회(EDC)가 부흥부 산하 자문기관으로 58년 봄에 대통령령에 의해 설립. 미국 오리건대학 교수 5명이 자문역으로 초대되었다. 7개년 계획으로 전반부 3년, 후반부 4년으로 잡아 먼저 경제개발 3개년 계획(1960~1962)이 마련되었다. 2년 작업 끝에 59년 12월 31일 확정했다. 60년 4월 15일 국무회의에서 수정 채택되었다. 경제성장, 투자, 생산, 고용, 국제수지 등 개발목표와 정책 방향을 제시했다.

*경제개발 3개년 계획의 5대 계획 목적은 생산력 극대화, 국제수지 개선, 고용 기회 증대, 국민 생활수준 향상, 산업구조 근대화였다. 경제성장 목표치는 5.7%였다. 인쇄 단계에서 4·19를 만나 종이 계획으로 그쳤다.

*경제개발 5개년 계획안(5개년 종합경제재건계획안이라고도 함. 1961~1965)＝민주당은 자유당 3개년 계획안을 발전시켜 경제개발 5개년 계획안을 편성. 60년 10월부터 착상. 11월 말부터 부흥부 산업개발위원회가 주무부서가 되어 5개년 계획 수립 착수. 61년 1월 5일 장면은 대강 발표. 미국은 비공식 경로를 통해 부정적인 반응. 사회주의적이라는 평가도 있었다. 61년 4월 말 성안. 이한빈 예산국장, 김영록 이재국장, 부흥부 이기홍 국장 5월 9일 AID 본부에서 대한 원조 상의. 미국은 5개년 계획안을 보고 shopping list 내지 project list라고 혹평하면서도 소요 예산에 대해서는 걱정하지 말라는 우호적인 태도를 보여 주었다.

### 2) 박정희 제1차 경제개발 5개년 계획 작성 배경

### 가. 군사정부 출범과 미국

미국 국가안전회의(NSC)는 61년 4월부터 새로운 대한 정책 수립 작업에 들어갔다. 5월 5일 국가안전보장이사회의 483차 회의에서 '미국의 대한 정책'이라는 보고서를 작성하기 위해 '한국 문제에 대한 국무차관 직속 특별 대책반'을 구성. 이 대책반은 "허약한 장면 정부를 사회경제적 개혁에 단호하게 착수할 수 있는 정부로 바꿀 수 있느냐"라는 문제의식 아래 국무부 극동 지역 경제담당 패터슨, 국무부와 원조 기관인 국제협력처(ICA)의 한국문제 담당자들, 백악관의 존슨 등으로 구성되었다. 이 대책반의 보고서는 5월 15일 작성되어 19일 안전보장회의에서 토의할 예정이었다. 이러한 시점에서 5·16쿠데타가 발생했다. 주한미군사령부는 "한국군 작전참모부장(박정희)은 공산주의자다. 체코슬로바키아도 공산화되기 전에 육군의 작전국장이 빨갱이였는데 그 사람이 주동이 되어 국가 전체를 공산화시켰다"고 경고했다. 매그루더 8군 사령관이 박정희를 예편시키려고 장면 정부에 압력을 넣었으며 이를 의식한 박정희는 쿠데타를 서둘렀다는 비화도 있다. 5 · 16 직후 매그루더 사령관과 그린 대사는 장면 지지 성명을 발표했으나 미 국무부는 이러한 성명에 소극적인 반응이었다. 5월 16일 당일 CIA 한국지부장 실바(Peer de Silva)는 쿠데타 세력의 반공 의지를 본국에 보고. 군사정부 성격을 민족주의적이며 대미 자립적이며 사회주의적이라고 평가했다. 특별대책반이 작성한 6월 6일자 보고서는 공산화 방지를 위해 경제개발지지 기대. 6월 13일 485차 국가안보회의에서 케네디 맥카나기 극동차관보가 한국 문제를 절망적이라고 진단했으나 대통령 안보담당 특별 보좌관 로스토우는 그렇게 희망이 없는 것은 아니라고 진단했다. 그 이유로 세 가지를 들었다. ① 새롭고 효과적인 경제 사회 계획 수립, ② 정부 내에 젊고 공격적이며 능력 있는 인사들의 존재, ③ 일본과의 관계 개선 등 세 가지를 들었다. 6월 13일 회의 결과 NSC Action No.240을 작성. 미국은 경제원조를 지렛대로 민정 이양 조기 실현을 달성하고자 했다. 이 보고서는 미국이 ① 추락하는 경제성장률을 역전시킬 경제개발계획 목표치를 설정할 것, ② 35%로 추정되는 실업률을 하향시킬 것, ③ 농가 실질 소득을 증가시킬 것, ④ 수입과 수출을 균형시킬 것을 제시했다. 버거 대사는 6월 24일 부임 박정희와 만나 민정 복귀와 경제개혁 두 가지 약속을 이행하면 박정희를 지지하겠다는 조건을 붙여 관계를 개선했다. 미국의 압력으로 경제개발계획을 추진할 수밖에 없었다.

나. 입안과 추진

이승만 장면 정권하의 부흥부는 61년 5월 26일 건설부로 개편. 산업개발위원회는 건설부 종합 기획국에 흡수되었다. 건설부는 산업개발위원회에서 입안하기 시작했던 5개년 계획안을 복사해 5월 하순 제1차 5개년 경제개발계획(시안)을 발표했다. 최고회의 의장 자문위원 박희범 서울상대 교수가 이론적 근거 제공한 최고회의안이 마련됐다. '내포[향] 적 공업화 전략'이었다. '자립경제를 지향하는 자주적 공업화 전략'이었다. 제철, 제강, 기차, 조선, 공작 기계, 자동차 기계 공업, 기초 화학공업 등의 토대 마련에 중점을 두었다. 국가의 적극적인 시장개입 자금 지원을 예측했다. 대미 자주 노선을 추구하려는 혁명 주체 장교들의 지지로 박 교수의 자력갱생 노선이 62년 7월 통화개혁 실패 전까지 계속 추진됐다. 민족 자본 동원 방법으로 통화개혁, 국영 정유 공장 건설 추진 등으로 구제화했다. 1차 5개년 계획 밑그림은 20~30대 젊은 인재(정소영, 백용찬, 김성범)와 박희범 교수가 상임위원 50명과 60여 일 만에 완성, 7월 21일 최고회의에서 제안 설명했다. 최고회의 안은 건설부안을 참고로 하면서도 독자적인 경제계획을 만들려고 했다. 자립화를 지향했다. 성장률은 건설부안이 5.6%인 데 비해 7.1%로 책정. 안정보다 성장지향안이었다.

### 다. 경제기획원안

61년 7월 22일 경제계획을 일원적으로 취급하기 위해 경제기획원을 신설함과 동시에 종합경제재건계획을 공표했다. 김유택 경제기획원장에게 최고회의안을 참고로 제1차 경제개발계획을 수립하라고 지시했다. 7월부터 9월까지 심의. 11월 20일 최고회의 심의를 거쳐 62년 1월 13일 시작되는 제1차 5개년 계획을 61년 12월 말에 완성했다. 62년 1월 5일 발표했다. 국가가 민간 부문인 시장에 적극적으로 개입해 국가 주도적인 경제개발을 추진하려 했다. 경제성장률의 목표치는 7.1%였다. 자주적 공업화를 지향했다. 매사추세츠공과대학(MIT) 경제학 교수 로스토우는 50년대부터 저개발 지역에 대한 정책적 대응을 주장해 오다가 61년 1월 케네디 행정부 국무부 정책기획위원회(PPC) 의장으로 발탁되었다. 장면 정부 이후 한국 경제개발계획에서 로스토우의 영향은 컸다. 그는 아시아 공산주의는 전근대적 사회의 정체와 모순에 기생하는 풍토병적 현상 내지 질병으로서, 미국 자금에 의해 전통사회에서 근대사회로 급속한 이행을 유도하면 도약 과정에 진입할 수 있을 것이라고 내다보았다. 이 과정에서 장기경제개발계획이 필요하고 도약을 위한 효율적 원조로서 장기적인 차관과 기술원조 정책을 제안했다. 로스토우의 경제개발론, 즉 도약을 위한 장기개발계획이 필요하며 효율적 원조로서 장기적인 차관과 기술원조정책이 필요하다는 정책 제안을 케네디가 받아들여 61년 3월 22일 케네디 행정부는 '외국 원조에 관한 특별 교서'를 의회에 제출했다. 케네디는 60년대를 '결정적인 개발의 10년'으로 내세워 저개발국의 자립적 성장의 전환을 이룩하고자 종래의 연 단위 증여 원조를 장기의 유상 원조로 전환하고, 유상 원조를 통한 저개발국의 장기개발계획에 주력할 것임을 밝혔다. 이미 미국은 1957년을 전후해 대외정책을 군사 우선에서 경제 중시로 전환하기 시작했다. 소련, 중국, 북한 등 사회주의 국가들이 급속한 산업화 단초를 열게 됨으로써 미국도 정책 전환이 불가피했다. 이승만 정부 부흥부의 경제개발계획도 이러한 배경에서 추진된 것이다. 1951~1961년, 트루먼(1945~1953), 아이젠하워(1953~1961) 행정부까지 지속됐던 상호안전보장법(Mutual Security Act, MSA)이 케네디에 의해 신대외원조법(Foreign Assistance Act,

FAA 1961년 9월)으로 대체되었다. 케네디의 뉴프런티어정책에 의거해 자조할 수 있는 나라만이 유상의 차관을 제공받을 자격을 주었다. 군사원조에서 경제 중시로 대외정책을 전환했다. 경제원조 총액은 50년대 연평균 26.5억 달러에서 60년대에는 41.5억 달러로 증액되었다. 그러나 지역적 편차가 있었다. 60년대 쿠바혁명 계기로 미국 대외원조 정책의 중심은 중남미와 중동으로 옮겨 가 한국, 대만은 축소했다. 미국은 한국에 대한 원조를 일본에 분담시키는 지역 통합을 모색했다. 65년 5월 3일 로스토우는 서울대학 강연에서 한국은 도약 단계 초기에 있다고 평가했다, 제2차 경제개발계획 입안을 검토하고 그 계획을 재정적으로 뒷받침함으로써 참여하려고 했다. 소비재 중심의 원조 형식에서 투자 분야를 확장한 개발 원조로 변화될 것이라고 예측했다. 긍정적으로 전망했다.

### 3) 1차 계획을 둘러싼 한미 간 갈등과 수정안 마련

### 가. 공산화 방지를 위한 경제 안정

미국은 45년 이래 한국의 '공산화 방지'가 최우선 정책이었다. 60년대 초반 정치 사회적 불안이 한국을 공산화시킬 가능성이 높다고 인식했다. 경제 발전을 통한 경제 안정이 최선의 안보정책이라고 미국은 판단했다. 미국은 박희범식의 내포적 경제발전(한국 경제의 자립)을 정면으로 반대한 것은 아니다. 성장률의 과대 설정과 같은 현실성 없는 계획을 반대한 것이다. 급작스런 변혁이 아닌 장기적인 계획에 의해 서서히 성장하는 것이 경제 안정에 도움이 된다는 것이다. 7.1%라는 수치에 대해 반대했으며 이를 달성하기 위한 외자를 비롯한 자금 동원 능력에 회의적인 시선을 보냈던 것이다. 국무부 당국자는 미국 원조와 한국인들의 내핍을 통해 농업 발전과 기반 산업의 발전을 추구한다면 경제적 자립과 생산수준을 향상시킬 수 있다고 보았다.

### 나. 자생적 경제 발전안과 미국의 견제

미국 정부 당국자와 협의하지 않고 계획 수립. 미국은 냉담. 한국전쟁 후 5·16까지 경제정책은 한국 정부와 미 원조 당국이 공동으로 결정. 미국과 상의하지 않고 결정하는 군사정부의 자세에 당혹했으며 갈등이 증폭됐다. 제1차 경제발전계획은 미국의 냉담에도 불구하고 정유, 철강, 화학공업 등의 기초 공업과 비료, 시멘트, 화학섬유 등의 공장을 일거에 건설할 사업을 계획했다. 미국의 반대와 재원 부족으로 실현되지 못했다. 제2차 통화개혁(62년 6월 9일 밤 10시 공표, 10일 0시 발효)이 실패한 것은 독사석인 한국 경제개혁의 한계를 보인 것이다. 미국은 버거 대사를 통해 실시 48시간 전인 8일 밤에 통고를 받았다. 킬렌 USOM 처장은 정래혁 상공장관을 만나 국유화와 통제 경제를 포함한 국가 자본주의적 방향으로 나갈 것을 우려하기 때문에 반대한다고 했다. "미국이 산업개발 공사의 설립 자금으로 4천만 달러를 제공할 것이니 봉쇄예금(동결자금)을 푸는 것이 어떠냐"고 박정희에게 제시했다고 유원식 최고회의 수석재경위원이 '혁명은 어디로 갔나'에서 증언했다. 6월 16일 긴급 금융 조치 공포에 21일 미 국무부 에드워드 라이스 차관보는 정일권 주미대사를 불러 강제 동결시킨 예금을 풀지 않으면 원조를 끊겠다는 식으로 말했다. 정부 예산의 반을 미국 원조자금에 의존하고 있던 한국 정부는 손을 들었다. 유원식이 화폐개혁 실패 책임을 지고 62년 7월 10일 최고회의 위원을 사임하고 군에 복귀했다. 김정렴은 모든 동결 예금의 3분의 1을 자유계정으로 풀고 나머지 3분의 2는 기한 1년의 정기예금 계정으로 전환한다는 특별조치법을 기안하여 7월 13일 공포했다. 국내 기업과 미국의 압력에 못 이겨 화폐 단위만 10분의 1로 절하했을 뿐이다. 통화개혁 실패로 유원식, 박희범 등 급진파가 물러 나가고 대외개방적 공업화를 추구하는 이병철, 박충훈, 김정렴 등 실용주의자들이 힘을 얻기 시작했다. 이때부터 대외개방의 방향으로 선회한 한국 경제는 수출드라이브의 본격 추진(64년 후반)을 향한 기초를 마련하게 되었다. 통화개혁 실패 이후 민족 자본에 의한 기간산업 건설과 수입 대체 산업화 같은 발상은 힘을 잃고 외자 도입, 보세 가공 무역, 수출 입국과 같은 대외개방 노선이 대세를 이루었다.

### 다. 수정안 마련 과정

62년 경제성장 목표치는 5.7%였으나 달성률은 2.8%에 그쳤다. 63년 흉작곡가 파동, 정부 보유 외환 고갈, 64년 외환 파동을 겪게 되었다. 63년 9월 외환보유고 9,300만 달러. 경제개발 초기에 추진했던 정부 주도 '경제 자립화'(농업 육성을 통한 국내 시장 확대, 중화학공업 중심으로 수입대체 산업화 추진)를 포기하고 한일 회담을 추진하는 한편, 민간 기업 주도권을 보장하고 개발 체제를 지향하면서 외국자본을 적극적으로 도입하는 정책으로의 전환을 불가피하게 했다. 63년 2월 4일 최고회의 재경 제55호로 제3년차 계획을 포함한 5개년 계획의 보완 작업을 경제기획원에 지시했다. 63년 8월에 정부는 원안을 대폭 수정한 보완 계획을 본격적으로 작성했다. 민정 이양 후 수정안은 64년 1월에 발표되고 2월에 확정됐다. 사업 축소—성장률을 당초 7.1%에서 6%로 낮추었다. 중농주의 기조가 후퇴하고 공업 우선 정책, 수출 지향적 공업화 정책으로 전환했다.

라. 수출드라이브 - 수출지상주의

1차 계획 원안은 수출 지향적 공업화를 명시한 것은 아니지만 민간 기업들의 단순가공품 수출이 예상 밖으로 목표치를 상회했기 때문에 보완 계획 작성 시점에서 수출 지향적 목표가 맹아적 형태로나마 일정 부분 반영된 것이었다. 5·16 이전 2~3천만 달러였던 수출 실적이 62년 5,700만 달러, 63년 8,300만 달러에 이르렀다. 미국은 미달러화에 대한 원화의 환율을 현실화할 것을 집요하게 요구했다. 한국 정부는 64년 5월 3일 공정환율을 1달러당 130원에서 255원을 하한선으로 대폭 인상했는데 이것이 수출 증대로 나가는 계기가 되었다. 고평가환율을 고수, 무역 및 외환의 제한 - 차별 관세 - 저금리 등에 의지했던 이전 정책으로는 수출보다는 수입 또는 수입 대체 산업이 유리, 수출 산업이 자연스럽게 부진했다. 환율 현실화로 고환율 시대가 오자 수출만이 살길이라는 판단을 할 수 있게 되었다. 64년 6월 24일 상공부는 수출진흥 종합산업 시책을 마련하여 65년부터 시행했다. 수출 능력 육성, 수출 구조 고도화, 국제 경쟁력 강화 등 본격적인 수출드라이브를 전개했다. 민정 첫해였던 64년 후반기 65년 초 수출 지상주의 깃발을 세웠다. 65년 1억 7,000만 달러 수출. 64년 중반부터 수출드라이브 정책 채택은 박정희의 결단이었다. 64년에 대한무역진흥공사가 설립되었다.

마. 제1차 계획 수정을 유도한 미국의 의도

1차 계획 수정은 민정 이양 스케줄(63년 10월 15일 제5대 대통령 선거)과 병행해서 이루어졌다. 미국은 원조를 지렛대로 삼아 민정 이양을 시키기 위해 1차 계획을 수정케 했다. 그러나 미국의 계획 수정 권유 배경에는 민정 이양보다 한일 관계 정상화가 더 중요했다는 주장도 있다. 미국의 동북아 지역통합전략이 한국 경제개발과 연결된다는 분석이다. 일본의 대한 진출 욕구를 한국 경제개발과 결부시킴으로써 미국의 극동에 대한 군사적, 경제적 부담을 덜려는 미국의 지역통합정책의 실현이 한국의 경제개발수정 종용의 원인이었다는 것이다. 미국은 제1차 경제개발 5개년 계획 및 공업화에 필요한 미국 자금줄을 봉쇄하는 작전을 구사하며 한일관계 정상화를 종용했다. 미국은 한일국교 정상화를 이승만에게 일관되게 종용했었다. 이 과업은 박정희 정부에서 결말을 본 것이다. 제1차 경제개발 5개년 계획을 추진하기 위해선 미국의 경제원조에 대신할 새로운 자금원이 필요한 군사정부는 일본 자금 동원이 절실했다. 미국은 한일관계 조기 화해를 위해 한국 원조를 급격하게 삭감하면서 이승만 정부에 압력을 가했던 것으로 보인다. 미국의 초기 지원은 대부분 무상원조(증여)였다. 59년 처음으로 공공차관을 받기 시작했다.

## (4) 60년대 한미경제관계

1882년 한미우호통상조약이 체결된 후 Walter Townsend이 1884년 제물포에서 무역업을 시작했다. 이승만 대통령과 덜레스 국무장관 사이에 있었던 2차 회담보고서가 '한국에 대한 경제원조'로 작성됐다. 아이젠하워 대통령은 1만 톤 구호 식량을 보내고 H. J. Tasca 박사를 한국 경제문제 특별보좌관으로 보내 한국 경제 포괄적 보고서를 제출케 했다. 타스카 박사는 군사지원, 민간 수호, 경제재건을 위한 3개년 통합경제보계획을 건의하면서 54년 3억 달러, 55년 3억 4,800만 달러, 56년 2억 7,500만 달러를 각각 지원하도록 했다. 공산국가에 대항한 나라에 대한 정신적이고 물질적인 보답 선례를 자유아시아 제국과 세계에 보일 수 있다는 기대 효과도 제시했다. 또한 한국에 대한 경제지원은 한일 간 무역 증진의 시너지 효과도 있어서 일본 경제의 자유세계를 지향케 할 것이라고 내다보았다. 타스카 보고서 실행에 앞서 미국안전보장위원회는 한국 정부가 선행할 몇 가지 조건을 부가했다. 한국 정부의 휴전협정 준수와 연계시켜 한국 정부가 미국과 UN군의 시책에 비협조적이면 지원을 중단한다는 것이다. 덜레스는 아시아에서 일본의 중요성과 그 역할을 중시하면서 이승만과 한국 국민이 일본에 대한 생각을 바꾸도록 요청했다. 미국은 한국 경제안정화를 위해 장기발전계획필요성을 지속적으로 강력하게 제기, 그 계획은 신중하게 성안되고 엄밀하게 추구되어야 한다고 했다.

1) 자본관계 - 투자자원의 조달과 기술 제공
한국에 제공한 경제원조와 군사원조
53~61년 경제원조 25억 7,900만 달러, 군사원조 15억 6,000만 달러
62~69년 경제원조 16억 5,800만 달러, 군사지원 25억 13만 달러
70~76년 경제원조 9억 6,360만 달러, 군사지원 27억 9,700만 달러

2) 외자 도입
미국이 1차 계획 기간 중 47.1% 1억 6,000만 달러, 제2차 계획 44.2%
일본이 1차 계획 21.4%, 2차 계획 24.2%

### 3) 기술 도입

제1차 – 미국이 14건, 일본 10건, 서독 3건

### 4) 인적자본 관계

경제전문가, 경영전문가, 과학기술자, 국가관료 교육 – 미국에서 이루어졌다. 국무성 초청 관료, 언론인, 학자 양성. 62~66년 612명 기술자 초청 교육, 2,549명 해외 파견 기술 수여. 기술연수 위해 2천만 달러 기술원조자금 제공. 1,700만 달러 용역 제공, 4,600만 달러 기술원조 공여. 연세대, 고려대 경영학 교과과정 현대화 교수진 양성 공동연구 기업진단. 포드재단 프로젝트 스탠포드대학에서 한국교수 재교육. 플부라이트 재단 공무원이나 은행 간부들 단기코스 연수. 미국식 관리 방식 저변 확대 효율성 전파. 미국에서 재교육을 받은 학자, 관료 정부의 경제 담당자로 등용되면서 경제정책 수립과 집행에 공헌했다고 전택수 교수는 지적했다.

### 5) 무역관계

수출상품 제작 지도, 수출시장제한, 무역분쟁으로 감독했다.

### 6) 경제정책관계 – 격려와 견제를 통한 간섭

5 · 16 후 경제개발과정에서 미국은 결정적인 역할을 했다고 전택수 교수는 지적했다. 1차 계획에 대해 미국은 독단적인 추진에도 제동을 걸었지만 과잉목표와 방법론 등에 모순을 지적하고 수정하게 했으나 기본 목적에는 동의했다. AID를 중심으로 많은 미국인이 고문 역할을 했다. 63년의 재정수요 정책의 재도입, 64년의 환율 현실화, 65년의 세제 개혁 및 이자율 인상 등의 정책 채택 배경에는 미국 경제학자들의 권고가 있었다. 제2차 계획 작성에는 직접 개입했다. 미국은 경제운영의 안정성을 중시하고 투자 우선순위에서 농업을 먼저 제시했으나 한국은 광공업에 대한 우선적인 투자와 고속성장 달성이었다. 미국은 재정 및 금융의 안정을 추구했다.

### 7) 고속성장의 시동을 건 미국의 정책

60년대 초까지 한국 경세에 대한 미국의 시각

첫째, 자유세계와 일본을 포함한 아시아 방위 측면에서 한국 경제를 바라보있다.

둘째, 한국 경제 안정이 주한미군의 안정을 보장한다고 하면서 안정 추구

셋째, 국가지도력 부재, 불신 부정부패 경제문화에 대한 부정적인 시각

한국과 미국의 경제관계(물적 기본관계, 인적 기본관계, 무역관계, 경제정책관계)

첫째, 1, 2차 개발계획에서 미국은 필요한 투자재원과 생산기술의 제공자였다. 60년대 중반까지 공공차관을 비롯한 미국 원조는 총수입액의 50% 정도를 보전했다. 제2차 계획 기간 중 총 외자 도입액 23.9억 달러의 47%가 미국으로부터 조달되었으며 주로 중화학공업 분야에 투입되었다.

둘째, 인적자원 면에서 미국은 한국인 경험학습 지휘관을 양성했다. 한국인 기술자를 초청 연수시키고 미국인 전문가를 한국에 파견하여 용역사업에 참여케 했다. 신기술 습득과 전파에 공헌했다. 기존 경제관료, 경제 경영학자들을 미국 유수대학에 장기간 연수시키는 동시에 개인별 학업에도 다양한 형태의 지원을 했다.

셋째, 미국은 수출시장을 제공했고 무역분쟁을 제기했다. 미국은 61년 총 수출액 대비 16.6%에서 71년에는 49.8%로 한국 경제성장의 필수적인 수출시장을 제공했다. 미국은 경제정책관계에서 격려와 견제를 지속적으로 했다. 미국은 한국 정부에 조달 가능한 재원을 고려한 투자계획, 과도한 중화학투자 자제, 정부보증의 상업차관 엄선 도입, 국내저축을 증대시키는 경제적 환경 조성을 조언했다. 이러한 지적은 성장지향적인 박정희 정권의 경제정책에 상당한 제동 역할을 했으나, 안정장치가 되기도 했다. 2차 계획에 미국 AID 고문단이 적극적으로 참여하여 내적 정합성 확립에 상당한 기여를 했다.

## 인용도서와 참고문헌

전택수,『한국 현대사의 재인식』, 11권 중「1960년대 한미경제관계」, 백산서당.
이완범,『한국 현대사의 재인식』, 10권 중「경제개발계획 입안과 미국」, 백산서당.
김일영,『한국 현대사의 재인식』, 10권 중「60년대 정치적 변화」, 백산서당.
유병영,『한국 현대사의 재인식』, 11권 중「한일협정」, 백산서당.
홍규덕,『한국 현대사의 재인식』, 11권 중「베트남전 참전」, 백산서당.
박석흥,『건국60년 한국의 역사학과 역사의식』, 한국학술정보㈜.

# CHAPTER 06

# 박정희 정부의
# 국제관계와 시월유신

# 박정희 정부의
# 국제관계와 시월유신

## 5·16에서 10·26까지

*1961. 5·16쿠데타, *1962. 1. 13. 제1차 경제개발 5개년 계획 성안, *2. 1. 울산공업센터 계획 발표, *6. 10. 제2차 통화개혁, *1963. 2. 26. 민주공화당 창당(대통령 후보 박정희), *5. 14. 민정당 창당(대통령 후보 윤보선), *10. 15. 대통령선거 박정희 당선(윤보선과 표차 15만여 표), *11. 26. 국회의원선거 공화당 압승, *12. 17. 제3공화국 신헌법 발효, 박정희 제5대 대통령 취임, *1964. 1. 러스크 국무장관 내한 한일회담 촉구, *3. 9. 대일굴욕외교반대 범국민투위 결성, *6. 3. 서울 비상계엄선포(6·3사태), *1965. 1. 베트남에 비전투 병력 2,000명 파견, *8. 13. 전투사단 파월 국회 통과, *8. 14. 한일협정비준 국회 통과(야당불참), *1967. 5. 3. 제6대 대통령선거 박정희 110여만 표 차로 당선, *6. 8. 제7대 국회의원선거, 공화 130석 확보, 개헌선 돌파, *67.~71. 제2차 5개년 계획, *1968. 1. 21. 무장공비 31명 서울 침입, 1. 23. 푸에블로호 원산 앞바다에서 피납, 4. 1. 향토예비군 창설, 11. 무장공비 100여 명 울진 삼척지구 침투, 12. 5. 국민교육헌장 선포, *1969. 9. 14. 개헌안과 국민투표 법안 제3별관에서 변칙 통과, 9. 17. 개헌안 국민투표가결, *1970. 7. 7. 경부고속도로 개통, *8. 15. 남북통일에 관한 8·15선언, *1971. 2. 제3차 경제개발 5개년 계획 획정 빌표, *4. 27. 제7대 대통령선거 박정희 당선(634만 표, 김 후보 539만 표), *5. 25. 제8대 국회의원선거(공화 113, 신민 89, 기타 2), *8. 12. 대한저십자사 남북기족찾기 회담 북측에 제의,

*1972. 7. 4. 남북한 분단 4세기 만에 자주평화통일원칙 합의, *8. 30. 남북적 첫 본회담 평양서 개막, *1972. 10. 17. 박 대통령 특별선언, 전국에 비상계엄 선포(유신), *1979. 10. 26. 김재규 박정희 저격.

## 1. 1965년 한일협정

군사정부 김홍일 외무장관은 1961년 5월 22일 한일국교 정상화를 공식 발표했다. 61년 7월 29일 박정희 의장이 한일 회담 연내 해결 방침을 발표했다. 61년 가을 제6차 회담 청구권 금액 한국 8억 달러, 일본 5,000만 달러. 62년 3월 한일외상회담부터 11월 김종필 오히라회담에 이르기까지 이케다 정권 고자세로 청구권 금액을 조정했다. 3월 외상회담 앞두고 청구권 총액으로 일본 대장성은 1억 7,000만 달러, 외무성 7,000만 달러 각각 산정, 이케다 수상에게 제출했다. 최덕신 외무장관, 고사카 외상 사이에 열린 외상회담에서 한일 양국 청구권 금액 한국 7억 달러, 일본 7,000만 달러 공식 제시했다. 10월 21일, 11월 12일 김－오히라 메모 무상 3억 달러, 유상 2억 달러, 민간차관 1억 달러 이상 합의했다. 64년 3월 6일 야권 '대일굴욕외교 반대 범국민 투쟁위원회' 조직, 3월 10일 '대일굴욕외교 반대 전국 투쟁위원회' 결성. 한일회담 즉시 중지, 일본 반성 요구, 민족정기 고취 슬로건, 청구권 27억 달러, 평화선 전관수역 제시했다. 군사정부는 6·3사태 계엄령을 선포했다. 64년 1월 27일 러스크 국무장관 방한, 박 대통령과 회담 후 공동성명을 발표하고, "교섭의 조기 타결이 한일 양국뿐 아니라 자유세계 전체의 이익을 가져올 것이다"라고 주장했다. 존슨 정권 64년 9월부터 적극적인 조정 공작 착수(64년 8월 2일 통킹 만사건 베트남전쟁 확대, 10월 16일 중국 핵실험 성공. 64년 1월 중국, 프랑스 국교 수립). 미국은 중국이 공산화된 후 동아시아 기조는 일본을 중심으로 하는 지역통합전략(regional integration strategy)이었다. 50년대는 이승만과 장개석이 반대. 미국 원조가 급속히 줄어들고 있는 상황에서 박정희 정부는 외자 도입이 절대적으로 필요(미국 원조: 56년 3억 2,600만 7천, 57년 3억 8,200만 9천, 58년 3억 2,100만, 59년 2억 2,200만, 60년 2억 4,500만, 61년 1억 990만, 62년 1억 6,500만, 63년 1억 1,900만, 64년 8,800만, 65년 7,100만으로 삭감). 제1차 경제개발 계획에 소요되는 약 7억 달러 중 62%인 외자 4억 2,600만 달러가 착수한 지 2년이 지났으나 64년까지 30%에 불과했다. 정부는 외교적 노력이 외자 도입에 집중될 수밖에 없었다. 가장 손쉬운 것이 일본 자금 차관이었다. 64년 12월 3일 제7차 한일회담 김동조, 다카스키 수석대표 재일교포 영주권, 어업 직선기선, 공동규제수역 협력 자금 등 논의. 기본 관계문서 작성에서 한일 간 대립점은 두 가지였다.

첫째, 과거 조약의 무효 시점에 관해서 한국은 1910년 한일합병조약 및 그 이전의 한국 침략 협약이 원칙적으로 무효(null and void)였다는 것과, 일본은 일한합병조약은 일본의 패전 혹은 대한민국 성립까지는 유효하며 일본의 한국통치가 합법적이었다는 관점에서 have become null and void라는 표현을 주장했다. 일본은 기본적으로 한국침략에 대한 사과 의사가 없었다.

둘째, 한국 관할권을 전역과 남한에 국한한다는 차이였다. 이동원 외무장관과 시이나 외상 간의 정치적 협상에서 구조약 무효 문제는 '이미 무효다'(are already null and void), 유일 합법성 문제는 '1953년 유엔총회 결의에서 명시된 바와 같은 한반도에서 유일한 합법적인 정부(the only lawful government in Korea as specified in the Resolution 1953)'라고 문서에 표기했다. 65년 6월 22일 일본 수상 관저에서 정식 조인. 8월 14일 임시국회에서 '한일협정비준동의안' 통과, 14년 만에 완결했다. 일본의 한국침략이 100년 되는 2010년 한일 양국 지식인들은 1965년의 한일국교 정상화 한일협약을 비판했다. 2010년 5월 10일 일본 지식인 105명이 1910년 일본의 '한국병합'(경술국치)은 원천적으로 무효(null and void)라고 성명(聲明)했다. 이 성명을 한국 언론이 주목한 것은 1965년에 체결된 한일기본조약 2조를 '한일병합조약 등은 1948년 대한민국 건국으로 무효(are already null and void)'라고 해석하며 '패전하기 전 일본의 한국 침략과 지배는 합법적이며 유효했다'는 일본 측 주장을 수정 촉구하는 획기적인 것이기 때문이다. 그동안 일본 정치가와 지식인들의 잇따른 망언도 사실은 일본 정부가 한일병합조약이 유효한 합법적인 것이었다는 기본조약 해석에 의한 것이었다. 이른바 청구권 자금도 한국 정부는 '과거 식민지 지배에 대한 보상금'이라고 밝혔으나 일본은 '한국 경제 재건을 위한 경제 협력 지원'이라고 전혀 다른 주장을 했었다. 한국병합은 국제법상으로도 당초부터 무효인 제국주의 침략이었다고 일본 지식인 백여 명이 동의했으나 이들의 주장을 일본 언론은 거의 묵살했다. 이것이 일본의 한국 침략에 대한 일반적인 시각이다. 이명박 정부는 한국 침략에 대한 일본 정부의 진정한 사죄를 받아 내고, 독도 근해를 한일 공동관리수역으로 결정한 김대중 정부의 잘못을 차제에 바로 삽아야 할 것이다. 1905년 11월 17일 을사조약(제2차 일한협약)으로 한국 침략을 본격화했다. 그러나 한국의 외교권을 바탈하고 일본 통감이 통치하는 보호국으로 규정한 을사오조약은 최고 통치자인 광무 황제의 서명이 없는 원천 무효의 괴문서였다. 1965년 한일기본조약 체결에 한국이 수용하도록 미국은 종용했다. 미국의 지역 통합정책을 이용해 한일기본조약을 타결한 일본은 잇따른 망발과 한국 침략을 미화하는 일본 역사교과서 편찬 등으로 한일 간 갈등을 계속 조성했다. 1998년 한일 공동 파트너십 선언에 앞서 가진 한일 양국정상회담에서 김대중 전 대통령은 "일제 한국침략 문제를 이제 더 이상 거론하지 않겠다"고 선언, 이 발언이 노벨상 수상식장에서도 언급되고, 국제사회는 제2차 세계대전 전후 처리 문제의 획기적인 진전이라고 높이 평가했다. 그러나 침략을 속죄하지 않은 일본의 "침략 문제를 더 이상 거론하지 않겠다"는 김대중 전 대통령의 발언은 적절치 못했다고 당시 학계는 비판했다. 일제 침략이 한국인에게 준 엄청난 피해를 아직 객관적으로 소상하게 파헤치지도 못했고 한일기본조약도 애매하다는 점을 이유로 지적했다. 김대중 전 대통령의 문제 발언을 기다렸다는 듯이 때맞추어 일본은 이웃 나라 침략사를 왜곡한 '신편교과서'를 정식 교재로 채택했고 총리가 제2차 세계대전 전범들의 위패를 안치한 야스쿠니신사도 참배했다.

## 2. 베트남전쟁 참전 – 한국산업화의 동력

베트남전쟁은 제2차 세계대전 이후 국제체제 내의 권력구조의 변화를 야기한 획기적인 사건이다. 제2차 세계대전 이후 초강대국 미국에 의해 만들어지고 주도되어 온 자본주의 시장경제에 의한 세계 질서 속에서 1954년 프랑스가 패퇴한 이후 공산화되어 가는 베트남과 인도차이나 문제는 미국이 좌시할 문제가 아니었다. 아이젠하워 정부의 8년간 노력에도 불구하고 베트남 문제는 해결되지 않았다. 케네디 민주당 정부는 베트남 쿠데타를 사주하고 특수전 요원을 파견하는 군사적 개입을 단행하기 시작했다. 케네디 암살 후 존슨 행정부에서도 베트남 확전을 시도했으나 전황은 나아지지 않았다. 국민 여론이 악화되고 민주당의 인기 하락으로 공화당 닉슨이 베트남 조기 철수를 공약으로 대통령에 당선되었다. 명예로운 철수의 묘기를 찾던 닉슨 행정부는 방황하다가 반전 요구에 직면, 국민의 지지를 잃기 시작하여 워터게이트 사건으로 미국 역사상 초유의 탄핵으로 중도 하차한다. 베트남전쟁으로 미국은 힘의 한계를 경험하게 된다. 지나친 전비 소모로 경제적 어려움에 처하게 되고, 71년 달러 위기와 함께 73년 오일쇼크까지 겹쳐 심각한 도전을 받는다. 반문화 현상, 계층 간, 인종 간 갈등 심화, 워터게이트 사건은 정부와 국민 간의 신뢰 붕괴의 결과였다. 정체성의 위기를 경험하게 된다. 닉슨 행정부는 제2차 세계대전 후 미국을 주도했던 반공주의와 봉쇄정책으로부터 탈출하기 위해 안간힘을 쓰게 된다. 중국, 소련과 데탕트를 추구하며 닉슨독트린을 선포한다. 이러한 거대한 변화를 제공한 베트남 전쟁은 한국의 신생 정권에도 역동적으로 변화하는 국제 세계에 편승할 수 있는 의미 있는 기회를 제공했다고 홍규덕 교수는 지적했다.

## (1) 미국의 베트남전 확전과 한국의 참전

1961년 11월 14일 방미중 박정희 비공개 회의에서 베트남 파병 의사를 밝혔다. 케네디 정부는 반대했다. 베트남 파병 카드는 박 대통령 독창적 아이디어는 아니었다. 1954년 베트남 라오스 국경 요새인 디엔비엔푸 함락을 앞두고 프랑스군을 구하기 위한 방안으로 미국합참(JCS)에서 한국 파병이 대안으로 제시된 적이 있었다. 이 당시 이승만 대통령은 한국군 1개 사단을 베트남에 즉시 투입할 의사가 있음을 미국에 알린 바 있다. 래드포드 해군 제독이 제시한 한국 파병안은 3개 사단 규모였다. 아이젠하워 대통령은 미국국가안보회의에서 한국 참전안을 거부했다. 1957년 베트남 고 딘 디엠(吳廷琰) 대통령이 서울을 친선 방문했을 때 이승만 대통령은 우방 돕는 차원에서 한국군 파병 의사가 있음을 천명했다. 그러나 미국은 이승만의 공세적인 반공주의와 대중공, 대북한 확전 필요성 주장 등을 우려해 선택하지 않았다. 혁명 정부도 군사 고문단 파견 등의 적극적 제안을 했다. 심흥선 소장을 단장으로 15명의 조사단을 현지에 파견하여 파병 가능성을 조사했다. 군사정부는 반공을 연대로 위기에 처한 동남아 반공 국가를 도울 수 있다는 메시지를 적극적으로 내보냈다. 당시 라오스 내전에서 위기에 처한 우익 군사정부를 돕겠다고 관심을 표명했지만, 라오스 문제를 담당하고 있던 해리만 특사가 서울에 도착하여 미국의 중립화안을 위태롭게 할 조치는 바람직하지 않다고 주장하며 군사정부의 자제를 요청했다. 송요찬 국무총리는 베트남 내전을 도울 병력 파견 용의가 있다고 강조했다. 김종필 공화당 의장은 1962년 2월 베트남을 방문하여 파병 의사를 전달했다. 정부 차원에서 김현철 주미대사를 통해 파병 의사를 미국 정부에 전달했다. 그러나 케네디 행정부는 지상군 파병을 고려하지 않을 때였다. 사뮤엘 버거 주한 미대사는 "양국 간의 군사 교류는 미국 정부와 주월 미국 군사 고문단의 허락하에 이루어져야 한다"고 밝히고 한국이 베트남 군사 문제와 관련해

지나친 접촉을 자제하길 요청했다. 케네디 사후 존슨 행정부는 베트남 문제의 적극적인 해결방안을 찾기 시작했고 동맹국들의 적극적인 지지를 필요했다. 존슨 정부는 동남아안 보조약기구와 동맹국들에 베트남 지원을 요청했으나 냉담했다. 1964년 4월 러스크 국무 장관은 SEATO회의에서 공동선언을 채택했으나 기대할 수 없다는 것을 확인하고 Engage More Flags in Vietnam 보고서를 작성, More Flag Campaign(다국적 동맹캠페인)을 시작했다. 4월 22일 러스크 국가안보회의에서 이 문제를 공식 의제화했다. 4월 23일 존슨 대통령이 공식 발표했다. 1964년 5월 1일 러스크는 25개 대사관에 훈령을 보내 도움을 요청했다. 호주, 뉴질랜드, 태국이 병력을 보내기로 했고 필리핀도 소수 병력 파견. 한국은 야전 병원과 통신 지원단 파견을 제안했다. 그러나 주한 미국대사관 특수전 고문단은 유보하라는 본국 훈령을 받는다. 64년 5월 20일 제5차 국가안전보장회의에서 이동외과병원과 태권도 교관단 파견을 결정했다. 한국은 미국의 대베트남 직접 개입을 위한 다국적군 동원의 일환으로 130명의 이동외과병원 소속 의무병과 10명의 태권도 교관단을 1964년 9월 11일 부산에서 베트남 으로 파견했다. 한국·베트남 양국은 베트남 내 주둔군 지위에 관한 협정을 10월 31일 체 결했다. 1965년 2월 25일 베트남에 2,416명으로 구성된 한국군 비둘기부대 제1진 600명이 도착활동을 시작했다. 65년 2월 베트남에 대한 미국 공습 시작. 도처에서 베트남 민족해 방전선 활동 증가, 미국 주요 정책 결정자들은 미국 지상군 추가 파견 주장. 존슨 행정부는 강력한 군사력에 의한 베트남전 해결로 방향 선회. 65년 3월 15일 이동원 외무장관은 워 싱턴을 방문하여 존슨 대통령, 러스크 국무장관과 회담하고 베트남 파병 조건을 제시했다. ① 한미행정협정 조속한 타결, ② 주한미군 불철수, ③ 한국을 전략물자 공급하는 연안 구 매국에 포함시킬 것을 촉구했다. 미국 지원할 전투부대 파견 의지를 확인했다. 65년 4월 1일 하와이에서 열린 국가안보위원회에서 베트남전 한국군 활용을 최종 결정했다. 65년 5월 17일부터 12일간 박 대통령 미국 초청, 국빈 방문했다. 65년 5월 19일 존슨 미 대통령 은 공동성명을 통해 한 침략 시 미국의 즉시개입과 지원, ② 한국군 유지 위한 충분한 군 사 지원, ③ 대베트남 지원을 위한 긴밀한 협조, ④ 군원 이관 재검토, ⑤ 추가개발차관 1억 5천만 달러 제공, ⑥ 한국 상품의 대미 수출 확대, ⑦ 한미행정협정의 조속한 체결, ⑧ 한국기술 발전을 위한 KIST의 설치 및 지원 등을 약속했다. 사단급 전투부대 파병 국 회동의 과정에서 국방위 소속 의원들이 강력 반대했다. 65년 7월 25일 존슨 친서 조속한 파병 요구. 65년 10월 9일 해병대 청룡부대 미해군 수송선 타고 베트남 캄란 만에 상륙했다. 65년 10월 22일 육군 맹호부대 제1진 퀴논에 도착했다. 1966년 1월 미국 함프리 부통령

내한, 존슨 친서전달, 한국군 사단급 파병 요청했다. 한국은 파병 조건을 제시했다.

첫째, 군사 부문−① 군장비 현대화, ② 3개 예비사단 전투 사단화, ③ 한미상호방위조약 보완, 둘째, 한국군 처우 문제−① 파월 장병 전투 수당 지급, ② 근무 수당 인상, ③ 전사 및 부상자 수당 인상, ④ 군봉급 인상, 셋째, 경제문제−① Buy American 정책 완화, ② 군원 이관 중지의 연장, ③ 무상 원조 계속 유지, ④ AID 차관 증액 등 20개 요구 조건 제시

65년 2월 25일 이동원 외무장관과 브라운 대사 합의, 의사록에 서명했다.

Brown Memorandum

첫째, 베트남에 파병되는 사단과 한국에서 이에 대체되는 데 연관된 순수 추가 비용을 한국 정부에 보상한다.

둘째, 앞으로 2년 한국에 있는 한국군 장비의 현대화를 촉진한다.

셋째, 한국 정부의 대간첩 장비를 개선한다.

넷째, 66년도 AID 차관을 증액한다.

다섯째, 한국군 주둔기간 동안 군원 이관 계획을 중단한다.

여섯째, 미국의 해외 구매에 있어서 한국이 참여할 수 있는 보다 많은 특별한 기회를 부여한다.

일곱째, 베트남에 있는 한국군 대우를 개선한다.

65년 3월 비둘기부대 2천 명, 65년 10월 청룡부대, 맹호부대 2만 명, 69년까지 5만 명 파견

## (2) 베트남전 참전이 한국사회에 미친 긍정적인 영향

### 1) 경제적 발전

64년 9월 140명 비전투요원 파병을 필두로 1973년 여름까지 육군 2개 사단, 해병 1개 여단, 사령부 군수지원부대, 공병부대, 의무지원부대까지 약 5만 명 파병. 연인원 31만 2,853명 병력을 교체 투입했다. 그중 4,624명이 전사했다. 한국은 베트남 참전 대가로 경제 발전에 필요한 개발 자금을 얻을 수 있었다. 공공 및 상업차관에 힘입어 제2차 경제개발계획을 성공리에 진행시켜 산업화로 향한 값진 토대 마련. 미국은 전투사단 파병을 계기로 단순 무상 원조보다 초기 단계의 고도성장을 위한 노약할 수 있는 무역 특혜나 차관 공여정책 지원 등을 아낌없이 뒷받침해 주었다. 대통령 경제 고문인 로스토우 박사를 한국에 보내 한국의 전반적인 경제조건을 살펴보았고 그 자문은 미국의 대한경제지원 정책

에 반영되었다고 홍규덕 교수는 주장했다.

## 가. 삼각무역-베트남 특수 참여와 수출 활성화

60년대 한국의 고도성장이 가능했던 것은 지역 내 수출시장을 활용할 수 있었기 때문이다. 베트남전에 대규모 전투 병력이 투입되면서 거대한 소비시장이 형성되었다. 소비재 수출에 이어 군수품과 군납 관련 수출을 확대해 나갔다. 64년에 630만 달러 수출량이 66년에는 4배에 가까운 2,380만 달러로 급성장했다. 65년 전투 병력을 파병하면서 대미 수출도 6배 이상 급증했다.

## 나. 인력 송출과 외환보유고 증가

64년 비전투부대, 공병대 파병에서 병장 일당 1달러 50센트, 66년 7월에 추가 보병사단 백마부대 파병에 20~25% 인상 얻어 냈다. 미국은 1인 기준으로 5분의 4의 재정 절감 효과였고 한국군은 40배에 가까운 대단한 월급이었다. 국내 송금으로 외환보유고 증대. 72년까지 약 2억 달러 이상 송금. 그중 40%는 국내 은행에 저축했다. 미국은 또 다른 특혜로 서비스 및 건설 분야에 한국 업체들의 진출을 허용했다. 건설, 토목, 하여, 수송, 세탁소, 유흥업체에 주력했다. 서비스 업체 50여 개 이상 진출, 건설 회사도 최다 12개 이상이 공사를 맡았다. 72년까지 이들이 송금한 외화 총수입은 2억 3,800만 달러였다. 건설 업체들은 66년 이후 군사기지 구축, 군사건물 건축, 교량 토목공사 등에 주력했다. 공사대금 총액 72년까지 6,100만 달러. 베트남에서 쌓은 건설 토목기술 경험과 자신감은 70년대 이후 중동 등 각 지역 해외 건설 사업에 진출할 수 있는 발판을 마련했다. 연인원 10만 명 정도의 민간 기술자 송출은 한국인이 해외로 진출할 수 있는 계기가 되었다. 베트남전 종전 이후 이들 중 상당수가 호주와 캐나다 등 세계 각국에 진출하여 교민 사회 개척, 한국인의 세계화 기틀을 만들었다. 이들은 베트남전 근무 외국 인력의 40%를 차지했다. 이들의 봉급과 보상비 등 약 1억 6,600만 달러를 국내에 송금했다. 56년부터 72년까지 베트남전으로 유형적인 총수입은 10억 3,600만 달러로 집계됐다. 이는 66년에 시작한 제2차 경제개발 5개년 계획에 절대적으로 기여했다. 베트남전 특수에 의한 수입은 국내 산업 기반과 소비 수요의 창출에도 기여했다. 냉장고, TV, 트랜지스터라디오 등 가전제품이 보급되기 시작했다. 국민들의 생활수준도 나아지기 시작했다. GNP는 100억 200만 달러로 늘었으며, 1인당 GNP도 64년 105달러에서 73년에는 373달러로 300% 이상 증가했다.

### 다. 사회 간접자본 시설 확충

제3세계 발전의 관건은 개발에 필요한 자금 확보 여부다. 전투사단 파병을 계기로 막대한 공공 및 상업차관을 도입할 수 있었다. 이 차관의 대부분은 사회 간접자본의 확충과 전략적 기간산업 시설의 확충에 이용되었다. 파병 대가로 얻은 1억 5,000만 달러 차관 외에도 다른 차관 도입을 위해 많은 노력을 기울였다. 66~72년 약 35억 달러의 외자 도입, 그중 45%가 상업차관, 공공차관 도입은 11억 달러 기록, 총 외자 도입의 24.6%를 차지했다. 베트남전과 관련하여 들어온 공공차관은 주로 발전소 및 댐건설 철도 및 고속도로 건설에 투자되었다. 경부고속도로 건설은 대표적인 사회 간접자본 투자, 김영삼, 김대중의 반대에도 불구하고 수출과 지역 발전에 기여했다. 상업차관은 정유, 화학, 시멘트, 철강 등 전략적 기간산업 설립 구축에 쓰였다. 미국 정부로부터 도입된 차관은 총 5억 2,250만 달러였다. 베트남전 공공차관은 총액의 45.5%, 외국인 투자액을 합친 총 차관의 16%, 총 외자 도입의 12.7%에 해당한다. 섬유산업 등 수출 전략 산업 부문에 집중 투자했고 수출입 은행에서 도입한 3,250만 달러는 원료와 원자재 도입에 쓰였다. 그 밖에 사회 간접 시설 확충에 집중적으로 쓰였다. 2,500만 달러는 증기기관차를 디젤기관차로 바꾸는 데 쓰였고 900만 달러는 서울시 수도 시설 확충에, 2,100만 달러는 당인리 화력발전소 건설에 투입되었다.

### 라. 과학기술 토대인 KIST 창설

파병 대가로 박정희 정부는 과학기술원 창설에 대해 미국의 도움을 요청했다. 존슨 행정부 적극 수용, 미국 오하이오 주 배텔연구소를 모델로 홍릉에 건립. 2,000만 달러 차관 공여, 우수 과학자 귀국과 함께 파격적 대우 보장, 한국의 산업화 기반 구축에 기여했다.

### 마. 기업 해외 진출 토대 마련

경제 발전 주역이 될 민간 기업들을 육성하고 특혜를 제공함으로써 기업이 재벌로 성장할 기틀을 마련했다. 정부와 특수 기업의 밀월 관계를 형성해 나가면서 재벌은 한국 경제의 견인차 역할을 하게 되지만 권력과의 밀착을 통해 구조적 문제를 야기하는 결과를 초래했다. 건설, 운송, 섬유 산업 분야에 진출한 현대, 한진, 대우 등은 독점적 대기업으로 떠올랐고 정부 지원이 다가화로 세계적인 기업으로 발돋움했다.

## 2) 군사력 강화

① 실전 경험 통한 전투력 증강

② 무기현대화

③ 미군의 계속적 주둔

베트남전 참전 당시 한국군이 보유하고 있던 무기의 70% 이상이 노후 무기였다. 개인화기를 M-16으로 교체했다. 73년 2월 미국 2개 사단이 철수할 때까지 한국 주력 부대가 베트남에 잔류한 것은 브라운 각서에 명시된 군원 이관의 효과와 베트남전에서 사용하던 현대 무기를 모두 가져올 수 있다는 기대 때문이었다. 그러나 1개 연대분의 무기만 가져올 수 있었다.

## 3) 정치력 강화

① 경제 활성화를 통한 전통성 확보나 미국의 전폭적 지지 획득과 정권 안정화

② 군부 완전 장악

## 4) 사회적 측면

① 정체된 한국사회의 활성화 계기 마련

② 국제화 초석 마련, 이민사회 건설-호주, 캐나다 이민, 중동 인력 수출

## (3) 베트남 참전의 부정적 측면

### 1) 정치적 측면

베트남전 참전은 박정희 정권의 정치적 기반 안정화에 더없이 좋은 기회였다. 그러나 지나친 자신감으로 대미 관계에도 지나치게 대결적인 자세로 일관했고, 69년 이후에는 베트남 철수 과정에서 받은 실망감과 충격으로 미국과 정면충돌도 불사하는 도전적인 자세를 노골화했다. 삼선개헌, 72년 10월 유신헌법 공포, 장기집권 체제로 자신의 권력을 무한대로 키워 나갔다.

### 2) 사회적 측면

도시 노동자들의 권익 문제가 대두 정부의 강압적인 대처에 조직화하고 집단적 대응

모색. 베트남전 특수에 따른 산업화 증진은 70년대 접어들면서 노동 문제, 민주화 투쟁 요구가 구체화되어 사회운동의 구심점이 되었다. 국민 저항으로 변화.

### 3) 외교적 측면

① 대미 의존이 심화되고 대외 이미지가 실추됐다. 60년대 중반 이후 미국 내 반전운동이 본격화되며 한국 이미지 손상. 북한 등 공산국가 한국 비난, 한국 정부는 이미지 개선을 위해 아프리카에 의사 파견, 농업지도자 초청. 미국의 베트남전 세계의 비판 여론에 한국도 비난 대상이 되었다. 베트남전 종전과 더불어 펼쳐지는 새로운 국제 질서 변화에 적응하지 못했다. 미국의 태도 변화에 충격을 받았음에도 대미 의존을 바꾸지 못했다. 닉슨의 괌독트린 선언에 미군 철수 불가만을 주장할 뿐 전향적인 대응은 하지 못했다.

② 사이밍턴 청문회와 한국의 용인병 낙인

베트남 파병은 대미 관계에서 한국을 동반자로 격상시켰으나 반전운동가들과 제3세계로부터 비난을 받았다. 60년대 중반부터 자라기 시작한 반전 움직임 속에 한국 이미지는 큰 손상을 입었다. 북한이 용병설을 퍼뜨렸으며 Symington 청문회를 개최, 한국의 베트남전 참전 조사를 했으며 한국군 처우개선 차원에서 전투 수당, 사상자 수당을 미국으로부터 받았다는 것이 공개되었다.

### 4) 군사적 측면

북한의 도발 위협이 증가했다. 휴전협정 위반 사례가 급증했다. 65년 88회, 66년 80회, 67년 784회, 68년 985회, 69년 188회, 70년 181회, 71년 84회, 북한 무력 도발이 절정에 이른 시기는 68년이었다. 한국에서 예비역들로 구성된 추가 부대 파병을 검토할 때였다. 68년 1월 21일 김신조 일당이 청와대 피습, 공비 남파. 1월 23일 미국 정보함 푸에블로호 나포 사건. 11월에는 울진에 무장공비 120여 명 침투. 존슨의 푸에블로호 사태를 공격했던 닉슨이 대통령 당선 직후 69년 4월 14일 북한은 공해상에서 미국 해군 해상 정찰기 EC−121기를 격추시켰다.

### 5) 파병을 통해 박정희 정권이 얻은 것

① 베트남 파병을 자처한 것은 미국의 군사적 안보 공약을 확고하게 할 수 있다는 판

단, 미국이 한일 관계 회복을 독려하면서 미군을 베트남으로 빼돌리려는 것이 아닌가 하는 우려 때문이었다. ② 참전을 통해 신무기를 얻고 전투능력도 배양시킬 수 있다. 미국은 파병 대가로 군현대화 소요 군사 장비와 시설 제공, 파병에 따른 군사비 부담 약속을 하였다. ③ 수출지향 개발계획에 따른 수출시장으로 베트남을 활용. 한국군 사용 물자와 용역을 한국에서 구입, 미국이 베트남에서 국제개발처(AID)의 자금으로 시행하는 건설 및 구호 사업에 소요하는 물자와 용역도 한국에서 구매. 베트남에서 65~73년에 2억 8,300만 달러를 벌어들였다. ④ 높은 실업률 해소(63년부터 대외개방정책 일환으로 노동력 해외수출. 서독에 광부, 간호사, 선원 수출. 65년 해외 취업자 송금 외화가 상품 수출액의 10.5%, 무역 외 수입의 14.6%, 65~72년에 한국 기업들이 벌어들인 수익과 군인 노동자들이 받은 봉급 및 보상금은 7억 5,000여만 달러였다. ⑤ 미국으로부터 조건이 좋은 공공차관 다량 도입, 미국 안보 공약이 확고해짐에 따라 상업차관 얻기도 쉬워졌다. 그 결과 66~72년에 35억 달러 외자 도입. 공공차관이 26.4%인 11억 달러, 45.6%인 19억 달러는 상업차관. 이 차관은 발전, 철도, 고속도로 등 기간 설비 건설에 투입됐다.

## 3. 압축경제성장과 한미경제관계

1882년 한미우호통상조약이 체결된 후 Walter Townsend이 1884년 제물포에서 무역업을 시작했다. 이승만 대통령과 덜레스 국무장관 사이에 있었던 2차 회담보고서가 '한국에 대한 경제원조'로 작성됐다. 아이젠하워 대통령은 1만 톤 구호 식량을 보내고 H. J. Tasca 박사를 한국 경제문제 특별보좌관으로 보내 한국 경제 포괄적 보고서를 제출케 했다. 타스카 박사는 군사지원, 민간 수호, 경제재건을 위한 3개년 통합경제안보계획을 건의하면서 54년 3억 달러, 55년 3억 4,800만 달러, 56년 2억 7,500만 달러를 각각 지원하도록 했다. 공산국가에 대항한 나라에 대한 정신적이고 물질적인 보답 선례를 자유아시아 제국과 세계에 보일 수 있다는 기대 효과도 제시했다. 또한 한국에 대한 경제지원은 한일 간 무역 증진의 시너지 효과도 있어서 일본 경제의 자유세계를 지향케 할 것이라고 내다보았다. 타스카 보고서 실행에 앞서 미국안전보장위원회는 한국 정부가 선행할 몇 가지 조건을 부가했다. 한국 정부의 휴전협정 준수와 연계시켜 한국 정부가 미국과 UN군의 시책에 비협조적이면 지원을 중단한다는 것이다. 덜레스는 아시아에서 일본의 중요성과 그 역할을 중시하면서 이승만과 한국 국민이 일본에 대한 생각을 바꾸도록 요청했다. 미국은 한국 경제 안정화를 위해 장기발전계획 필요성을 지속적으로 강력하게 제기, 그 계획은 신중하게 성안되고 엄밀하게 추구되어야 한다고 했다.

### (1) 자본관계 – 투자자원의 조달과 기술 제공

한국에 제공한 경제원조와 군사원조
53~61년 경제원조 25억 7,900만 달러, 군사원조 15억 6,000만 달러
62~69년 경제원조 16억 5,800만 달러, 군사지원 25억 13만 달러
70~76년 경제원조 9억 6,360만 달러, 군사지원 27억 9,700만 달러

### (2) 외자 도입

미국이 1차 계획 기간 중 47.1% 1억 6,000만 달러, 제2차 계획 44.2%
일본이 1차 계획 21.4%, 2차 계획 24.2%

### (3) 기술 도입

제1차 – 미국이 14건, 일본 10건, 서독 3건

### (4) 인적자본관계

경제전문가, 경영전문가, 과학기술자, 국가관료 교육 – 미국에서 이루어졌다. 국무성 초청 관료, 언론인, 학자 양성. 62~66년 612명 기술자 초청 교육, 2,549명 해외 파견 기술 수여. 기술연수 위해 2천만 달러 기술원조자금 제공. 1,700만 달러 용역 제공, 4,600만 달러 기술원조 공여. 연세대, 고려대 경영학 교과과정 현대화 교수진 양성 공동연구 기업진단. 포드재단 프로젝트 스탠포드대학에서 한국교수 재교육. 플부라이트 재단 공무원이나 은행 간부들 단기코스 연수. 미국식 관리 방식 저변 확대 효율성 전파. 미국에서 새교육을 받은 학자, 관료 정부의 경제 담당자로 등용되면서 경제정책 수립과 집행에 공헌했다고 전택수 교수는 지적했다.

### (5) 무역관계

수출상품 제작 지도, 수출시장제한, 무역분쟁으로 감독했다.

### (6) 경제정책관계 – 격려와 견제를 통한 간섭

5·16 후 경제개발과정에서 미국은 결정적인 역할을 했다고 전택수 교수는 지적했다. 1차 계획에 대해 미국은 독단적인 추진에도 제동을 걸었지만 과잉목표와 방법론 등에 모순을 지적하고 수정하게 했으나 기본 목적에는 동의했다. AID를 중심으로 많은 미국인이 고문 역할을 했다. 63년의 재정수요 정책의 재도입, 64년의 환율 현실화, 65년의 세제 개혁 및 이자율 인상 등의 정책 채택 배경에는 미국 경제학자들의 권고가 있었다. 제2차 계획 작성에는 직접 개입했다. 미국은 경제운영의 안정성을 중시하고 투자 우선순위에서 농업을 먼저 제시했으나 한국은 광공업에 대한 우선적인 투자와 고속성장 달성이었다. 미국은 재정 및 금융의 안정을 추구했다.

### (7) 고속성장의 시동을 건 미국의 정책

60년대 초까지 한국 경제에 대한 미국의 시각
첫째, 자유세계와 일본을 포함한 아시아 방위 측면에서 한국 경제를 바라보았다.
둘째, 한국 경제 안정이 주한미군의 안정을 보장한다고 하면서 안정 추구
셋째, 국가지도력 부재, 불신 부정부패 경제문화에 대한 부정적인 시각
한국과 미국의 경제관계＝물적 기본관계, 인적 기본관계, 무역관계, 경제정책 관계로 절대적이었다.
첫째, 1, 2차 개발계획에서 미국은 필요한 투자재원과 생산기술의 제공자였다. 60년대 중반까지 공공차관을 비롯한 미국 원조는 총수입액의 50% 정도를 보전했다. 제2차 계획 기간 중 총 외자 도입액 23.9억 달러의 47%가 미국으로부터 조달되었으며 주로 중화학공업 분야에 투입되었다.
둘째, 인적자원 면에서 미국은 한국인 경험학습 지휘관을 양성했다. 한국인 기술자를 초청 연수시키고 미국인 전문가를 한국에 파견하여 용역사업에 참여케 했다. 신기술 습득

과 전파에 공헌했다. 기존 경제관료, 경제 경영학자들을 미국 유수대학에 장기간 연수시키는 동시에 개인별 학업에도 다양한 형태의 지원을 했다.

셋째, 미국은 수출시장을 제공했고 무역분쟁을 제기했다. 미국은 61년 총 수출액 대비 16.6%에서 71년에는 49.8%로 한국 경제성장의 필수적인 수출시장을 제공했다. 미국은 경제정책관계에서 격려와 견제를 지속적으로 했다. 미국은 한국 정부에 조달 가능한 재원을 고려한 투자계획, 과도한 중화학투자 자제, 정부보증의 상업차관 엄선 도입, 국내저축을 증대시키는 경제적 환경 조성을 조언했다. 이러한 지적은 성장지향적인 박정희 정권의 경제정책에 상당한 제동 역할을 했으나, 안정장치가 되기도 했다. 2차 계획에 미국 AID 고문단이 적극적으로 참여하여 내적 정합성 확립에 상당한 기여를 했다.

## 4. 닉슨독트린, 7·4공동성명

### (1) 박정희 통치기반의 효율성과 모순

#### 1) 군과 중앙정보부 군보안사령부 감사원

박정희는 민·군 연립의 체제 속에서 통치기반을 공고히 한 정치인이었다고 김영명 교수는 특징지었다. 중앙정보부 보안사 육군본부는 유사 민간화된 군사정권의 중요한 통치기반이었다. 중앙정보부는 당, 국가 기구, 민간 사회 전역의 사찰 업무를 담당했다. 불법 납치, 고문 등을 했으며, 중요한 국가 정책에 관여했다. 경찰, 검찰 위에서 사찰을 담당하고 국무를 조정했다. 6·3사태·71년 위수령 국가 비상사태 선언, 유신 선언 등에 군부가 지속적으로 동원됐다. 군 출신이 대거 사회에 진출, 군대문화가 만연됐다. 중앙집권화와 효율성이 강조됐다. 이후락, 김형욱, 박종규, 차지철 등의 전횡과 권력 독점이 문제가 됐다. 유신 시대에는 청와대 사정특보와 감사원 등 민간기관이 제 기능을 찾기 시작했다. 국회와 언론은 위축됐다. 박정희 군사정권은 반공과 경제성장을 통치의 명분으로 내세웠다. 장면 정부 시대 분출됐던 통일 논의를 통제할 것을 분명히 했다. 남한이 북한보다 우월하게 될 때까지 적화통일을 용이하게 할 통일 논의는 안 된다는 것이었다. 3공화국 말기부터 본격화된 안보의 강조와 부패 척결이 정치 탄압과 언론자유 통제의 명분이 되었다. 그러나 통일을 유신체제 선포의 명분으로도 이용했다. 경제성장은 박정희 정부가 내세운 최대의 정치적 명분이었다. 경제발전을 통한 국부의 축적과 국가 권력의 확대라는 목표를 지속적으로 추진했다. 경제개발 5개년 계획 결과 급속한 경제성장이 있었다. 67년 선거에서 압승했다. 보릿고개, 장리쌀 등 최빈국의 가난을 극복했다. 그러나 70년대 성장 위주 정책과 그것이 잉태한 계급 간, 지역 간 불평등 심화, 급속하고 불안정한 인구 이동으로 인한 도시의 소요, 한국 경제성장의 한계 등이 국제경기 침체로 증폭되어 정부에 대한 국민 불만이 고조됐다. 경제성장이 정치적 정당성의 원천이지만은 않다는 사실이 현실로 나타났다. 그것이 오히려 정권에 대한 정치적 도전이 될 수도 있다는 사실을 폭력적으로 보여 주었다. 밖으로 강대국과의 국제관계 개선이 정권 유지의 필수 조건임을 박 정권은 알려 주었다.

### 2) 정당정치 쇠퇴와 권력의 개인 독점

민정 이양 후 공화당을 중심으로 한 정당정치가 가능성을 보였으나 정당이 권력자의 권력 유지와 연장의 부속물로 전락해 갔다. 이 자리에 경제계획의 입안·집행을 담당한 관료와 중앙정보부 중심의 보안 기구가 대신했다. 삼선개헌, 유신헌법 선포로 정당정치는 퇴보했다. 행정의 효율성을 앞세워 당은 약화되고 관료의 역할은 증대되었다. 공화당 산파인 김종필 견제도구로, 이후락과 김형욱 4인방(김성곤, 길재호, 김진만, 백남억)을 활용했다. 항명 파동으로 4인방도 숙정했다. 박정희가 1970년대 권력을 완전 장악함으로써 정당정치와 민주주의는 약화되었다. 1967년 대통령 선거와 국회의원선거에서 공화당이 압도적으로 승리하여 한일회담 후유증을 완전 극복했다. 이 안정기를 이용해 삼선개헌을 관철했으며 쿠데타 세력의 권력 투쟁이 박정희 일인 지배체제로 귀결되었다. 1971년 제7대 대통령 선거에서 김대중을 누르고 재집권했으나 정부 지지가 약화됐다. 집권 10년간 경제성장의 과실은 민주화의 기반 확충이 되었다. 정치적 저항 세력이 확산됐다. 대중적 지지를 이끌 제도적 기틀을 다지지 않았고 설득력 있는 PR이 부족했다. 국민의 광범위한 정치적 참여를 보장하지 못했고 부패 심화. 효율성 우선주의는 정치가 설 자리를 축소시켰다.

### 3) 정치적 저항과 사회적 통제

69년 삼선개헌 반대투쟁은 권위주의 독재 대 민주화 세력의 투쟁으로 군의 개입으로 박정희가 승리했다. 야당의 국회 보이콧이 있었으나, 박정희의 정치력보다 행정적 효율성을 우선한 정책이 설득력이 있었다. 반정부 운동은 한동안 뚜렷한 조직과 이념 결여로 국가 강제력에 밀렸다. 박정희는 경제개발계획 전문 기술 관료의 역할 증대를 독려했다. 한편 63년 정치 규제가 풀리자 민정당, 민주당으로 양립하다가 65년 5월 민중당으로 통합. 67년 2월 유진오 당수, 윤보선 대통령 후보로 신민당을 통합했으나 67년 선거에서 패배했다. 69년 삼선개헌 반대 투쟁에 나선 야당과 학생 지식인의 반정부 활동은 위수령을 발동한 군의 개입으로 밀렸다. 반정부 운동은 조직과 이념 결여로 국가 강제력에 밀렸다. 71년 선거에서 야당은 도시 지식인 지지를 확보했다. 대통령(박정희 유효 득표율 51.2%, 김대중 43.6%), 국회의원선거(공화당 48.8%, 신민당 44.4%) 결과는 선거에 의한 정권 교체 가능성을 보여 주었다. 단지 국민들에게 3김은 신뢰성이 없다는 문제가 있었다. 국제정세도 미국과 중국이 손을 잡는 냉전구조 탈피, 오일쇼크 파동 등으로 한국의 새로운 비전 모색이 절실했다. 그동안의 권위주의 통제에 대한 반발, 국제적 데탕트 파괴에 따른 남북 대화 시도 등이 있었다. 제3공화국은 유사 민간기구 권위주의 정권으로 조국 근대화 작업을 추진, 경제성장 바탕으로 사회구조적 변화를 유도했다.

### 4) 사회경제적 통합 위기

쿠데타 이후 한국의 정치, 경제는 군부, 관료, 재벌의 지배연합이었다. 전후 정부가 육성한 자본가 계급은 이승만 정권 당시부터 정치권력 비호하에 기반을 구축했다. 군사정권은 다국적기업 유치보다는 차관 도입을 통한 국내 기업을 육성하는 정책을 선호해 재벌의 성장이 가능했다. 국가가 재벌에게 선별적으로 외자와 은행대부의 특혜를 주었다. 정부가 노동자 통제, 수출 주도, 산업화 전환 등으로 경제를 지도하며 재벌을 성장시킨 것이다. 5·16 후 산업노동자, 전문직, 자본가 계급이 증가했다. 70년 11월 전태일 분신자살, 71년 8월 철거민 이주촌 폭동, 대한항공노동자 분규, 서울 문리대 교수 선언문 발표, 학생 시위 등으로 위수령으로 국가 비상사태 선언이 속출했다.

## (2) 닉슨독트린과 남북대화

### 1) 닉슨독트린 충격

닉슨이 1969년 1월 미국의 새 외교정책 발표에 이어 7월 괌에서 닉슨독드린(Nixon Docrine)을 발표했다. "미국 동맹국은 스스로 자신의 안보정책에 책임을 져야 한다"고 선언했다. 소련, 중국을 상대로 한 '봉쇄정책'에 대한 대전환이었다. ① 미국은 모든 안보공약을 준수할 것이며, ② 미국의 안보에 극히 중요한 국가가 외부로부터 핵 위협을 받을 경우, 이들을 핵 위협으로부터 보호할 것이며, ③ 미국은 핵 위협 외의 외부 공격에 대하여 동맹국이 요청하면 안보 공약에 의거해 그들에게 군사적 및 경제원조를 제공할 것이나, 동맹국은 스스로 자신의 방위에 대해 일차적 책임을 져야 한다. 닉슨독트린은 제2차 세계대전 후 미국의 대외정책의 대전환을 시도한 것이다. 소련 중심의 대공산권 견제를 목표로 했던 봉쇄정책(containment policy)은 1949년 중국 대륙의 공산화와 한국전쟁을 계기로 공고화되었다. 이 봉쇄정책(containment policy)은 두 가지 기본 가정에서 출발한 것이다. 첫째, 좌익 공산주의 운동은 소련의 팽창주의적 대외정책의 일환이며 공산진영은 소련과 중공의 군사동맹에 기초한 단일체제블록(monolithic block)을 형성하고 있다. 둘째, 한 나라가 공산화되면 연속적으로 공산화된다는 도미노 원리(domino theory)이다. 이것에 대항하기 위해 세계적 차원의 동맹체제를 구축하고 봉쇄정책을 전개했다. NATO, CENTO, SEATO 등 지역 동맹체제가 공산주의 도전에 노출된 지역에 군사, 경제적 원조를 하여 미국의 안보 공약을 과시했다. 미국이 베트남전쟁에 군사 개입(1965~1968)한 것은 미국의 안보공약에 대한 신뢰성을 보여 주기 위한 것이었다. 그러나 1969년 닉슨독트린 배경에는 미국의 반전 여론과 군사적 패배가 원인이 되었으나 보다 근본적으로는 국제정치 세력 균형의 변화가 왔었다는 사실이다. 다극적 체제로 전환하던 국제정치의 양상 전환이 있었다. 닉슨독트린에 대한 동아시아 각국의 즉각적인 반응은 미국이 아시아를 포기하고 떠날 것이라는 극도의 경악감과 위기감이었다. 이 외부적 충격이 이 지역 국가들의 국내 정치에 미친 영향은 도미노 현상으로 점증하는 체제의 권위주의화 추세였다고 배긍찬 교수는 분석했다.

닉슨독트린 후 70년 미국 지원을 받던 캄보디아 론놀 장군이 친좌경적 외교노선을 견지하던 시아누크 공을 축출하는 쿠데타가 일어났다. 71년 11월 태국 군사정권은 계엄령을 선포했다. 남베트남 티우 정권은 사회 통제를 강화했다. 65년 반공 쿠데타로 수카르노를 무너뜨린 인도네시아 군부도 71년 여름 총선을 통해 강력한 군사 통치 기반을 마련했다. 72년 9월 마르코스 필리핀 대통령도 계엄령을 선포하고 장기 독재를 시작했다. 한 달 뒤 한국도 10월 유신, 권위주의 체제를 구축했다. 닉슨은 71년 3월 미국 제7사단을 철군, 한국 주둔군은 69년 52,580명에서 33,250명으로 감축됐다. 주한미군 1사단을 빼내간 것 외에도 다음과 같은 사태가 줄을 이어 한국 정부도 특단의 대처를 하지 않을 수 없었다. 한국 정부는 닉슨독트린이 발표되기 전부터 한국에 대한 미국의 안보 공약에 강한 회의를 갖고 있어 독자적인 대북개선을 모색하고 있었다. 남북대화, 유신체제 등이 그런 것이었다. 한국안보를 위협하는 대사건이 속출했다. ▶ 68. 1. 21. ─ 김신조 무장 공비 청와대 습격 기도, ▶ 68. 1. 23. 푸에블로호 나포, ▶ 68. 11. ─ 삼척 울진 무장 게릴라 침입, ▶ 69. 4. 15. ─ 미 정보기 격추, ▶ 71. 3. 미국 제7사단 철군으로, 미군 병력이 69년 52,580명에서 33,250명으로 감축, ▶ 72. 4. 로저스 국무장관 75년부터 미국 대한 무상 군사원조 종식 선포, ▶ 70. 8. 15. 박정희 ─ 평화통일 구상 선언, 유엔에서 북한과 통일 논의 제의, ▶ 77. 카터가 취임 후 한국 정부와 상의 없이 주한미군의 단계적 철수 일방적으로 발표했다.

## 2) 박정희 1970년 8 · 15선언

70년 8월 15일 박정희는 평화통일 구상을 선언했다. 유엔에서 북한과 통일논의를 제의했다. "한반도 장래는 우리의 주체적 노력과 자주적 결단에 달려 있다. 무력에 의한 적화통일이나 폭력 혁명에 의한 대한민국 전복 기도를 포기하고 전쟁 준비에 광분하는 죄악을 범하지 말고 선의의 경쟁 ─ 경제개발 건설 창조의 경쟁에 나설 용의 없는가." 박정희는 70년 8월 15일 광복 25주년 경축사에서 북한이 몇 가지 전제 조건을 수락한다면 남북한에 가로놓인 인위적 장벽을 단계적으로 제거해 나갈 수 있는 현실적인 방안을 제시할 용의가 있다는 것을 밝혔다. 박정희는 한반도 문제는 우리의 주체적 노력과 자주적 결단에 달려 있다고 천명했다. 60년 남한 1인당 GNP 94달러, 북한 137달러가 70년에 접근하자 자신감을 갖고 북에 제의한 것이다. 75년엔 1인당 GNP가 591 대 579로 역전했다. 북한도 미군 철수 가능성 기대와 남한의 종북적인 민중세력과 제휴하여 한국 정부 전복 가능성이 있다고 진단하고, 4대 군사 노선, 무리한 군비 증강으로 심각한 경제난에 직면하여 1972년 7월 4일 7 · 4공동성명에 참여한다.

## 3) 남북적십자 회담 성사

71. 8. 15. 박정희 ─ 주체적 노력과 자주적 결단에 통일 문제가 달려 있다.

71. 8. 12. 천만 이산가족 찾기 운동 대한적십자사 제의

71. 8. 20. 판문점 중립국감독위원회 회의실에서 남북적십자 예비회담 시작

72년 8월 11일끼지 25회.

72. 8. 29.~9. 2. 평양에서 남북적십자 본회의 개최

72. 7. 4. 7 · 4공동성밍 선언

72. 10. 17. 대통령 특별선언. 국회 해산, 전국 비상계엄 선포(10월 유신)

### 4) 7 · 4공동성명

72. 7. 4. 공동성명 – 자주적 평화적으로 해결하겠다는 통일 3원칙을 채택, 서울과 평양에서 남북공동성명 동시 발표

① 쌍방은 다음과 같이 조국통일 원칙들에 합의를 보았다.

첫째, 통일은 외세에 의존하거나 외세의 간섭을 받음이 없이 자주적으로 해결해야 한다.

둘째, 통일은 서로 상대방을 반대하는 무력행사에 의거하지 않고 평화적 방법으로 실현해야 한다.

셋째, 사상과 이념, 제도의 차이를 초월하여 우선 하나의 민족으로서 민족의 대단결을 도모해야 한다.

② 상대방을 중상 비방하지 않으며 무장 도발하지 않으며

③ 남북 사이에 다방면적인 제반 교류를 실시하기로 합의하였다.

④ 남북적십자 회담이 성사되도록 적극 협조한다.

⑤ 상설 직통전화를 놓기로 합의

⑥ 남북조절위원회를 구성 운영하기로 합의

⑦ 합의사항 이행을 온 민족 앞에서 엄숙히 약속한다.

이후락 정보부장이 1972년 5월 2~5일 3박4일 평양을 방문, 김일성과 두 차례, 김영주와 두 차례 회담을 했다. 이 자리에서 6 · 25 전범 김일성은 68년 1월 21일 북한 124군부대 특공대가 청와대 습격을 위해 남파했던 것을 사과했다. 북한로동당 김영주 조직지도부장을 대신한 박성철이 5월 29일~6월 1일 3박4일 서울을 방문했다.

### 5) 남북대화의 난항

1972년 11월 4일 남북조절위원회가 정식 발족했다. 72년 11월 30일 서울에서 본회담을 개최하고 73년 6월 13일 열려 모두 3차례 만나고 결렬되었다. 북한 측은 공동위원장회의를 통해 남한의 대내적 반공정책 포기, 자유민주주의 체제 옹호 중지, 한반도 문제에 대한 유엔의 개입을 반대하고, 주한미군 즉각 철수를 주장했다. 군사력 증강 및 군사훈련 중지 등을 수용하라고 주장했다. 남북 간의 정치, 문화, 경제 합작을 주장하고 상호 군축과 '남

북한 연방제'를 거론하기도 했다. 73년 3월 13~14일 평양에서 개최한 제2차 본회담에서 북한 측은 5개 항을 내놓고 군사문제 우선 해결을 요구했다.

① 무력 증강과 군비 경쟁 중지

② 10만 이하로 군대 대폭 축소

③ 외국으로부터 군수물자 반입 중지

④ 주한미군 철수

⑤ 평화협정 체결

남북조절위원회 외에 '남북 정당 및 사회단체 연석회의' 개최도 제의했다.

제3차 본회담부터 교착 상태에 빠졌다. 북한 측은 합의의제는 미루어 놓고 토의 선행조건으로 이른바 '법률적 조건과 사회적 환경개선'이라는 조건을 내세워 한국의 반공정책, 주한미군 철수 문제 등의 토의만을 고집했기 때문이다. 반공법 및 국가보안법 폐지, 반공기관과 단체 해체, 일체의 반공 활동 금지, 군중해설 사업을 도울 해설위원을 이와 동에 파견할 것을 주장했다.

## 6) 6·23선언

1973년 들어서 남북대화가 불투명해진 가운데 박정희 대통령은 73년 6월 23일 '평화통일 외교정책 특별선언'을 통해 한국의 대북 외교의 획기적인 전기를 마련했다. 6·23선언을 통해 휴전선 이북 지역을 실질적으로 통치하고 북한 공산 정권의 존재를 인정한 것이다. 한국 정부의 새 북방정책이 시작되었다.

④ 북한이 국제기구에 참여하는 것을 반대하지 않는다.

⑤ 북한과 함께 국제연합에 참여하는 것을 반대하지 않는다.

⑥ 우리와 이념과 체제를 달리하는 국가들도 우리에게 문호를 개방할 것을 촉구한다.

## 7) 남북대화 중단과 74년 평화통일 3원칙 천명

73년 8월 28일 남북조절위원회 평양 측 공동위원장 김영주는 남북 대화 중단을 선언했다. 김영주는 "남한의 중앙정보부가 1973년 8월 8일 김대중 납치사건을 주도했고 평화통일을 주장하는 애국적 민주인사를 탄압하고 있기 때문에 남조선 중앙정보부 깡패들과는 마주 앉아 국가 대사를 논의할 수 없다"며 남북조절위원회 운영을 중단했다. 한국 측은 1973년 11월 15일 북한 측에 조속한 남북한 대화 개최를 촉구했다. 북한은 남북대화를 진행시키면 주한미군이 자동적으로 철수할 것으로 기대했으나 주한미군 철수는 부분적으로만 이루어짐에 따라 대화 계속의 필요성이 감소됐다. 남북대화를 이용해 통일전선을 형성함으로써 남한 내 반공을 완화시키고 국론 분열을 기대했으나 그렇지 않았다. 오히려 유신체제가 선포되어 혁명적 분위기 조성은 물 건너갔다. 남북대화를 통해 북한은 남한의 경제 발전에 압도되었음을 확인해 대화와 교류에 대한 자신감을 상실한 것도 서둘러 남북대화 종결을 선언하게 된 원인이다. 박정희 대통령은 남북대화가 교착 상태에 빠지자 1974년 8월 15일 광복 29주년 기념 경축사를 통해 '평화통일 3원칙'을 천명했다.

첫째, 한반도에 평화를 정착시켜야 한다.

둘째, 남북 간에 상호 문호를 개방하고 신뢰를 회복해야 한다.

셋째, 이 바탕 위에서 공정한 선거관리와 감시하에 토착인구 비례에 의한 남북한 자유 총선거를 실시하여 통일을 이룩한다.

### (3) 70년대 전반기 경제정책과 산업구조 변화

60년대 한국 경제는 제1차 경제개발계획이 관치 경제로 과도한 재정 투자와 투자 촉진을 위한 금리 인하 등으로 63년, 64년 고물가 현상을 초래했다. 65년 금리 현실화 조치로 사금융이 제도금융으로 흡수되는 효과와 함께 외자도입을 촉진했다. 65년 6월 한일국교 정상화로 외자 유치 돌파구를 마련하고, 66년 외자 도입법 제정으로 활발한 외자 도입이 이루어져 고도성장 기폭제 역할을 했다. 62년부터 수출 목표제를 도입하고, 공정환율 130원에서 255원으로 대폭 인상하고 단일환율제를 채택하여 수출을 장려했다. 65년부터 매월 청와대에서 수출 진흥 확대 회의가 열렸고 개방 경제 구조 이행 기본 골격을 마련했다. 한국 경제의 대외 의존성이 심화되기 시작했다. 농업을 제외한 전 분야에서 연평균 9.7% 고도성장을 달성하였고 제조업은 22% 성장했다(62년부터 71년까지 연평균 9%, 72~79년 10% 성장). 섬유합판, 가발, 신발류 해외 수출이 70년대 말부터 중화학공업 쪽으로 눈을 돌리게 됐다. 70년 4월 포항종합제철공장(POSCO) 착공, 재벌 기업들이 값싼 외자 도입과 정부 지원으로 기간산업 주역으로 등장했다. 정부가 포철, 외환은행 등 공기업 설립을 통해 중요한 투자 주체로 활동했다. 공업화 추진을 위해 기계, 전자, 석유화학 등 특정 산업 진흥을 위한 특별법을 제정하고 울산 석유화학공업 단지, 구미전자 공업 수출 단지, 마산 수출자유 지역 등 공업 단지를 조성했다. 투자재원 충당을 위한 외환은행을 비롯하여 특수금융기관 정부 투자로 설립, 지방은행도 설립, 내자동원 조세수입 위한 증대책도 강구했다. 국민저축은 매우 적었으나 외자 도입이 1차 계획 기간 중 목표치의 10배인 29억 달러였다. 69년 부실기업 정리. 70년 12개 다목적 댐 건설을 주 내용으로 하는 4대강 유역 개발사업 전개. 국토 개발 건설 사업을 추진하는 등 계획경제개발이 순조롭게 진행됐다.

### 1) 국제적 환경 - 닉슨쇼크 제1차 석유 파동

70년대에 들어서면서 세계 경제 질서는 큰 변혁을 맞게 되었다. 미국은 무역수지 적자, 달러화 가치 하락, 이자율 저하 등에 대처하기 위해 71년 8월 닉슨 대통령 경제 긴급조치로 닉슨쇼크를 발표한다(닉슨쇼크 - ① 달러화 금태환 일시 정지, ② 대외경제협력 자금 삭감, ③ 10%의 수입과징금 부과, 브레턴우즈체제 붕괴). 닉슨쇼크 등 국제경제 질서 변화는 대외경제 의존도가 높은 한국 경제에 큰 타격을 주었다. 경제성장률이 12.6~15%에서 70년 7.9%로 대폭 둔화되었다. 닉슨쇼크에 이어 후발 개발국 중국, 태국, 인도네시아, 말레시아 등도 공업화에 뛰어들어 한국 경제에 중대한 위협이 되었다.

### 2) 국내 환경

① 경제적 환경이 적신호를 알렸다 - 70년대 초 거시적으로 인플레이션, 불황, 국제수지 악화 삼중고, 미시적으로 수출 산업과 내수 산업 간, 대기업과 중소기업 간, 도시와 농촌 간 이중구조, 만성적 국제수지 적자에 따른 외채 상환 부담 누증과 외자계 기업 도산, 금융 산업 취약성 등 총체적 위기 국면이었다.

② 안보사회적 환경 - 경제위기는 정통성 위기, 닉슨독트린, 지상군 일부 철수, 민주화 요구

### 3) 전반기 경제정책과 산업구조 변화

70년대 주요 경제지표는 성장 속에 문제가 있었다. 경제성장률 70년 7.6%, 71년 9.4%, 72년 5.8%, 73년 14.9%였으나 70년대 경제성장 문제점으로 73~78년에 총 외채 112억 달러로 외채가 문제였다. 연평균 26.7% 증가. 물가 급등, 임금 상승, 만성적인 국제수지 적자가 부담이었다. 70년대 압축 경제성장 뒤에는 경제이 질적 고도성장의 지연, 계층 산, 지역 간 대·중소기업 간의 격차와 이중 구조화 등 문제점이 발생했다. 실물 부문과 금융 부문의 구조적 문제도 유발했다. 60년대 경공업 중심의 임가공 수출형 경제 구조는 70년

대 초 닉슨쇼크와 신보호무역주의 제1차 오일쇼크로 한계를 드러냈다. 아울러 국내외 정치 사회적 상황의 악화, 강력한 자주국방 및 자립경제 이념과 맞물리면서 중화학공업화가 위로부터 강력하게 추진되었다. 그 결과 양적으로 급속한 공업구조의 고도화를 이룩했다. 주식회사 대한민국은 중화학공업 건설에 올인했다.

## 5. 시월유신

### (1) 시월유신과 민주주의 후퇴

이른바 시월유신(十月維新)은 1972년 10월 17일 박정희 정권이 국회를 해산하고 국회를 대신한 '비상국무회의'를 신설, 국회 권한을 대행하는 초헌법적인 비상조치를 단행하며 계엄령을 선포하고 유신체제를 출범시킨 '10·17비상조치'로 시작된다. '10·17비상조치'로 신설된 비상국무회의는 10월 27일 새 헌법안을 공고하고 11월 21일 국민투표로 가결시켰다. 12월 15일 새 헌법에 규정된 2,359명의 통일주체국민회의 대의원선거 후 구성된 통일주체국민회의가 12월 23일 박정희 8대 대통령을 선출, 유신체제가 출범했다. 유신헌법은 대통령이 입법, 사법, 행정 3부를 장악하는 최고의 영도자 지위를 갖게 하는 권위주의 체제를 법으로 가능케 했다. 국회의원 정수의 3분의 1에 대한 임명권과 국회해산권, 법관에 대한 실질적인 임명권도 대통령이 장악, 의회와 사법에 대한 통제도 가능하게 했다. 유신체제는 기존의 정치체제와는 다른 여러 가지 제도적 특징이 있다.

① 조국통일정책의 심의 결정과 대통령선거 및 일부 국회의원선거 등의 기능을 갖는 통일주체국민회의가 헌법기관으로 설치되고, ② 직선제이던 대통령선거제도가 통일주체국민회의 대의원들에 의한 간선제로 되었으며, ③ 대통령의 임기가 4년에서 6년으로 연장되었다. ④ 국회의원 정수의 3분의 1을 대통령의 후보 추천으로 통일주체국민회의에서 일괄 선출, ⑤ 국회의원의 임기를 6년과 3년의 이원제로 하여 통일주체국민회의에서 선출된 의원은 3년으로 하였으며, ⑥ 국회의 연간개회일수를 150일 이내로 제한하고, ⑦ 국회의 국정감사권을 없앴으며, ⑧ 지방의회는 조국통일이 이루어질 때까지 구성하지 않을 것을 못 박았다. ⑨ 대통령이 제의한 헌법 개정안은 국민투표로 확정되고, 국회의원의 발의로 된 헌법 개정안은 국회의 의결을 거쳐 통일주체국민회의에서 다시 의결함으로써 확정되

도록 하였다. 그 밖에 1972년 10월 17일의 비상조치와 그에 따른 대통령의 특별선언 등은 제소하거나 이의도 제기할 수 없도록 헌법에 못 박았다. 이것은 민주정치의 후퇴다. 대통령의 간선제, 사실상 대통령의 임명제와 흡사한 국회의원 정수의 3분의 1에 대한 간선제 및 국회의 국정감사권의 박탈 등으로 가장 중요한 국민의 선거권과 국정감독권을 제한, 위축시켰기 때문이다. 더욱이 헌법 개정 방법을 이원화하여 대통령이 원하는 헌법 개정은 비교적 쉽게 하고, 대통령이 원하지 않는 헌법 개정은 사실상 불가능하게 함으로써 합헌적인 체제개혁의 길을 봉쇄하였다. 한마디로 민주공화국의 대통령에게는 원칙적으로 인정되지 않는 대권을 장악하여 입법·행정·사법의 3권을 통합하고 조정하는 영도자적인 지위를 차지하게 되었다. 6년 임기만을 규정하고 중임이나 연임 제한에 관한 규정을 전혀 두지 않음으로써 1인에 의한 장기집권을 가능하게 하였다. 따라서 비판론자들은 유신체제는 대통령 박정희의 장기집권을 위한 정략적 조치에 불과하다고 비난하였다. 북한의 정치체제와 유사한 민주정치의 후퇴다. 유신 이후의 박정희 정권을 신권위주의 혹은 관료적 권위주의라고 말한다. 유신정권은 구조적으로 이전의 권위주의 정치와는 다른 다음과 같은 특성을 갖는다.

### (2) 유신정권의 특성

첫째, 박정희를 정점으로 하는 권력 집중의 상층구조를 구성하고 있었다. 관·군·민의 기술 관료진이 상층구조가 되었다. 박정희의 리더십은 잘 훈련된 경제전문가 및 군인을 중심으로 한 기술 관료들의 뒷받침으로 이루어졌다. 이들은 고도의 경제성장을 위하여 '국력의 조직화' 및 '능률의 극대화'를 지향하고 있었다.

둘째, 유신체제는 민중을 정치·경제적으로 더욱 배제하는 새로운 권위주의 정치제도였다. 이것은 민주주의적 대의기구가 파쟁과 정략에 희생되어 국력을 크게 소모시키며 낭비적이라는 유신의 논리와 '사회 안정'의 명분으로 경제성장 과정에서 소외된 계층의 요구와 저항을 무질서와 비능률적 사회혼란이라고 규정한 데서 알 수 있다.

셋째, 국가의 강압 장치가 비대화하고 그것이 남용되는 일이었다. 제1공화국이나 제2공화국에 비하면 제3·4공화국에서는 계엄령을 비롯한 여러 강압적인 수단들이 조직적으로 강화되고 남용되었다. 특히 박정희 정권은 긴급명령·국가비상사태 선포·위수령·대통령긴급조치 및 비상세엄 등의 강압적인 방법들을 동원하였다. 그리고 마침내는 유신체제에 반대하는 행위를 초헌법적인 방법으로 처단하는 비상수단을 행사하였다.

넷째, 국가 주도적인 산업화 과정에서 국가의 자율성이 더한층 강화되었다. 유신체제의 특징은 한마디로 과도한 국가 자율성의 일방적인 확보에 있다. 광복 이후에 강화 일로에 있었던 국가는 국가 주도적 경제성장을 위한 외자의 도입, 특히 외국의 차관을 도입하여 배분하는 과정 등에서 그 물적 기초를 구축할 수 있었고, 이를 토대로 한 국가의 계획적이며 조직적인 주도적 구실은 국가의 자율성 강화를 가속화하였다. 상대적으로 사회적 자율성은 약화되고, 정치적 자율성은 크게 위축됨으로써 유신체제하에서는 정치 부재 상태가 형성되었다. 이것은 정치적 정통성을 능률적인 경제업적으로 상쇄하려는 '행정민주주의' 발상과 일맥상통한다.

다섯째, 정치권력의 개인화와 경직화이다. 1969년의 삼선개헌 파동으로 촉진된, 박정희에 대한 정치권력의 집중은 1971년의 대통령 선거에서 거센 야당의 도전을 받게 됨으로써 새로운 국면을 맞게 되었다. 그리고 이것은 그의 권력 강화를 위한 또 다른 전략적 비상조치를 강구하게 하였다. 그러나 박정희가 추구하던 정치권력의 개인화는 1979년 10월 26일 비극적 결과를 가져왔다. 유신체제하에서 한국의 민주주의는 후퇴하였고, 합헌적인 체제개혁은 그 기간에 봉쇄되었다. 이와 같은 새로운 권위주의 정치는 제한된 정치적 다원주의가 그나마 인정되던 그 이전의 권위주의 체제와는 다른 특성을 가지고 있었다. 72년 10월 유신 단행 후, 긴급조치 1호(헌법논의 금지), 2호(비상군법회의 설치) 등으로 반공 병영사회, 이데올로기 통제체제로 사회가 경직화됐다. 그러나 유신체제에서 중화학공업 성공으로 인한 한국 경제의 비약적인 성장은 민주화운동의 기반 조성이 되었다. 신중간계층이 증가했다. 유신헌법에 따라 73개 선거구에서 2인씩 선출하는 73년 2월 제9대 국회의원선거에서 민주공화당은 38.7%, 신민당은 32.5%, 민주통일당은 10.2%. 78년 제10대 국회의원선거에서는 민주공화당이 31.7%, 신민당이 32.8%, 민주통일당이 7.4%. 여소야대 현상이 생겼다. 특히 서울, 부산에서는 공화당 26.6%, 29.7%, 신민당 60.3%, 52.0%의 투표성향이 나타났다.

학생운동이 불같이 번져 70~79년 시국사범 복역자 2,704명 중 학생과 청년이 1,197명 44.3%를 차지했다. 기독교회와 성당 사찰 등 종교인과 지식인의 반체제운동, 노동운동 등이 유신체제를 붕괴시켰다. 1979년 10월 26일 김재규의 반역은 이런 자유화 운동의 영향을 받은 것이다.

## (3) 유신정권의 중화학공업 추진

박정희 정부는 70년대 들어서 경공업 위주 산업에서 중화학공업 위주로 산업구조를 바꾸기 위해 대대적인 체제 개편에 착수한다. 경제적, 군사적, 정치적 동기 외에도, 노동 집약적 경공업품의 수출 전략이 선진국의 보호무역주의 증대와 노동 임금의 상승 등 국내외적인 경제 여건의 변화로 한계에 부딪혀 중화학공업 추진이 불가피했다. 군사적으로 60년대 북한 도발과 닉슨독트린 선언, 미 지상군 감축 등으로 안보 위협을 받아 방위 산업을 위한 중화학공업화 추진이 불가피했다. 정치적으로도 국제적 분업 체계에 편승하여 정권의 정통성 확보에 필요한 가시적 성장과 수출 목표의 달성이 급했기 때문에 추진할 수밖에 없었다. 제3차 5개년 개발계획과 함께 시작된 중화학공업 투자는 산업구조를 고도화하고 수출 증대에 한몫했다. 중화학공업사업 결실로 73~78년에 평균 경제성장률 11.2%, 수출 3.94배 증가했다. 그러나 중화학공업편중 투자는 70년대 말 수출 부진, 물가 앙등, 외채 증가, 무역수지 불균형, 소비재 부족 등의 경제적 문제로 드러났다. 무리한 중화학공업화 추진은 중복과잉 투자로 인한 효율성 결여, 소비재 품목 품귀의 이중 문제를 야기하기도 하고. 인플레이션 악화로 연결되었다. 79년 소비재 물가 상승률은 한국의 고도성장 경제에서 보기 드문 18.3%. 수입 유발 효과를 일으켜 무역수지가 악화되었다. 70년대 중동 건설 경기는 대량의 외화를 유입시켜 인플레이션 요인이 되었다. 중동에 77년 이후 매년 최고 10만 명 한국 건설요원이 진출. 수주고가 77년 33억 8,700만 달러, 78년 79억 8,200만 달러였다. 제2차 오일쇼크도 한국 경제를 더 어렵게 했다. 선진 산업국들의 보호무역주의 팽창, 기술이전 감소, 중동 붐으로 숙련 노동자 부족 현상 등은 수출 전략에 장애 요인이 되었다. 경제성장은 둔화된 반면 실질 임금은 하락했다. 78년 12월 긴급 정책 발표, 통화 긴축 경공업으로 산업정책 변화를 포함했으나 위기를 극복하지 못하고 노동 소요를 자극했다. 유신은 민주정치의 후퇴였다. 대통령의 간선제, 사실상 대통령의 임명제와 흡사한 국회의원 정수의 3분의 1에 대한 간선제 및 국회의 국정감사권의 박탈 등으로 가장 중요한 국민의 선거권과 국정감독권을 제한, 위축시켰기 때문이다.

## (4) 유신정권의 사회경제적 위기

1978년 12·12선거 득표율은 신민당－32.8%, 공화당 31.7%였으나 신민낭 61석, 공화당 68석, 유정회 77석이었다. 국회는 박정희 정권이 장악했으나 민심 이반 현상은 심각했다. 77~78년 방림방적, 청계피복, 동일방직사태, YH 사건－신민당사 농성 여공 자살사건은 반체제운동의 기폭제가 되었다. 국회의원선거－결과와 미국의 압력 가중도 유신체제 붕괴를 재촉했다. 유신체제에서 카터의 노골적인 반박정희 감정은 한미관계 갈등을 고조시켰다. 76년 10월부터 유태계가 장악한 미국 언론은 '코리아게이트'를 연속 보도해 4·19 때 미국 언론이 이승만 정권을 궁지로 몰았던 것처럼 유신체제를 비판했다. 77년 주한미군 철수 발표, 78년 12월 김대중 석방, 79년 5월 김영삼 신민당 총재 복귀. 김영삼 총재의 유신체제 철폐 투쟁 선포와 박정희 사임 압력, 경제정책 비난, 외신기자 클럽에서 김일성을 만나겠다고 폭탄선언, 김대중 재연금, 김영삼 총재직 박탈, 9·16 국회 의원직 박탈 등 일련의 사태는 철권 정치에 눌렸던 국민의 정치적 불만이 김영삼 탄압으로 폭발했다. 미국의 카터 의회 언론이 한국 내 반체제 세력과 연결하여 유신체제를 집요하게 압박했다. 유신정권의 중화학공업화 성공이 정치적 안정에 큰 역할을 하지 못하고 오히려 반체제운동의 사회적 기반 확대여건을 제공했다. 중화학공업 추진으로 사회계층 계급 구조의 변화가 생겼다. 산업노동자가 60년대 7.1%, 70년대 15.8%, 80년대 24%로 증가하고 농어촌 인구는 격감했다.

## (5) 카터와 박정희의 갈등

### 1) 박정희 살해의 미스터리

도널드 그레그(73~75년, 서울주재 CIA 책임자)는 76년 10월 텍사스대 강연에서 "한국 정권이 현재와 같이 정치를 해 나간다면 임기 중반쯤에 가서 쿠데타로 타도될 것"이고 "1978년 박정희 대통령이 다시 선출된다면 6년 임기를 살아서 채우지 못할 것"이라고 했다. 협박성 발언이 현실화되면서 박정희 제거에 미국 CIA 개입설 논란이 일었다. 10월 26일 밤 7시 40분경 서울 종로구 궁정동 중앙정보부 안가에서 박정희, 차지철을 살해한 김재규가 1980년 4월 16일 대법원 전원합의체 재판에 넘겨져 5월 20일 이영섭 대법원장을 재판장으로 대법원판사 14명이 참여한 최종 판결에서 항소는 8 대 6으로 기각됐다. 이완범 교수는 10·26과 한미관계를 고찰하며 백악관 안보회의 한국 아세안담당위원 니콜라스 플라트와 국무부 한국과장 로버트 리치가 10·26 전 한국에 들어와 카터 방한 후 10·26사건이 나기까지 서울에 남아 있던 미 CIA 요원과 같이 있었다고 지적했다. 1979년 6월에 카터 방한 때 오산비행장으로 들어왔던 CIA 요원 250명이 박정희가 살해될 때까지 남아 일을 했다는 뜬소문도 이완범 교수는 언급했다. 1979년 하반기 김재규는 글라이스틴 대사와 CIA 서울지부장 로버트 브루스터를 자주 만났다. 그러나 박정희 사후 미국은 박정희 살해 사주설을 부인했다. 김재규, 김영삼이 글라이스틴의 논리에 영향을 받아 반박정희 논리를 폈을 것이라는 추측은 자주 나왔다. 이완범은 한국 현대사의 재인식 26권 '박정희 정부 교체와 미국, 1979~1980'에서 카터를 비판했다. 카터는 한국의 권위주의적 정부를 민주화시키려고 인권문제를 제기했지만, 한국이 소련 접촉으로 선회하자 한국 비판 강도를 완화했으며 주한미군 철수는 사실상 백지화했다고 지적했다. 인권과 제3세계민주화를 중시했던 카터 행정부지만 1980년 5월 광주사태에 대해 광주 시민을 적극적으로 지지하기보다는 무력 진압을 저지하지 않아 실제로 신군부를 지원한 셈이라고 이 교수는 해석했다.

## 2) 카터의 동아시아 정책과 주한미군 철수 고집

1977년 대통령에 취임한 카터는 주한미군 철수를 한국 인권문제와 관련시켜 강력하게 추진했다. 카터 행정부의 주한미군 철수 계획은 중국과의 관계 개선, 일본에 대한 책무 이전, 위험지역에서 개입 감축이라는 세 가지 정책기조를 모두 반영한 것이다. 카터 행정부의 주한미군 철수 계획은 미국 내 이상주의적 여론에 기반을 두면서 타국의 인권문제에 적극적으로 개입하겠다는 인권정책에 의해 더욱 증폭되었다. 1970년대 후반 한미관계는 미소 냉전체제의 변화와 카터의 인권정책이 빚어낸 '긴장된 동맹'(strained alliance)의 시기였다. 이 긴장의 배경에는 남부 민중주의적 전통을 계승한 카터의 인권사상이 깔려 있었다. 인권정책과 주한미군 철수를 표방했던 카터 시대에 남한에서 반미운동이 등장하기 시작한 것은 역설이었다. 미국 39대 대통령 James Earl Carter. Jr를 '제2차 세계대전 이후 외교정책 경험이 가장 적은 대통령'이라고 스테판 앰브로즈는 평했다. 트루먼은 최초의 미시시피 강 이서 출신 대통령이고, 카터는 조지아 주 촌도시 플레인즈 출신 대통령으로 미국 정가의 아웃사이더다. 카터는 종교적 수사학을 동원하여 군중을 사로잡았고, 국제관계도 그런 수준으로 대응했다. 휘황찬란한 미국호의 침몰에서 오는 심리적 공황의 시대정신이 지배하고 있었다. 동부 기득권층으로부터 redneck(남부촌뜨기)이라고 조롱을 빚있던 카터는 주한미군 철수는 중국의 전쟁발발 사유를 미연에 없애 버리는 의미가 있으며, 북한과의 관계 개선은 박정희 정부를 움직이는 지렛대 성격도 있다고 김명섭 교수('1970년대 후반기의 국제환경 변화와 한미관계' 한국 현대사 재인식 13권)는 분석했다. 카터는 취임 직후 '대통령 검토각서'를 통해 주한미군 철수 검토를 지시했다. 75년 5월 말 미국, 유럽, 일본 삼각위원회 모임 참석차 도쿄를 방문한 다음 날 주한미군을 5년에 걸쳐 철수할 계획 이라고 밝혔다. 76년 2월에는 "한국에는 원칙적으로 미군이 주둔할 수 없다"면서 주한미 군 즉각 철수를 다시 주장했다. 카터 행정부는 77년 5월 5일 주한 미 지상군의 세 단계 점진적 철군 계획을 마련했다. 78년부터 단계적으로 지상군을 철수할 것 등을 철수 골격 을 확정한 것이다. 이것은 카터 개인적인 한국 인권문제에 대한 소신과 관련이 있다. 카터 행정부의 대한 정책은 한국 인권 상황과 직접적으로 연계되긴 하지만 베트남전에서 미국 의 편에서 피를 흘리면서 구축했던 특수 관계를 망각한 단견이었다. 카터가 등장하기 전 한국 정부는 74년 12월 14일 미국인 조지 오글 목사, 시노트 신부 등을 강제 추방했다. 오 글과 시노트는 추방당한 후 미국에서 김상돈, 최덕신, 이용운, 최석남, 김재준, 임창영, 이 재현, 문명자, 김운하, 그레고리 헨더슨, 도널드 레이너드 등 반한세력의 본산인 '민주회 복 통일촉진국민회의' 등의 반박정희 인사들과 연계해서 활동했다. 그레고리 헨더슨은 뉴 욕타임즈에 '한국에 대해 이제 경고의 호각을 불 때'라는 기고를 통해 한국 정부를 공개 적으로 비판했다. 대표적인 친일인사 라이샤워 전 주일 대사도 인권 상황을 비판하고 원 조 삭감과 주한미군 철수를 주장했다. 하원외교 구제기구 소위원회의 프레이저 위원장도 한국 내 인권 문제를 제기해, 74년 7월 30일 국제기구 소위와 외교위원회가 한국 인권문 제에 대한 첫 청문회를 개최했다. 카터는 76년 6월 선거 유세에서 한국의 인권문제를 주 한미군 철수와 연결시켰다. 미국에서 주한미군 철수를 주장한 사람은 유태계 칼럼니스트 윌리엄 새파이어다. 코리아게이트와 관련해 가장 가혹한 보복안을 주창한 사람도 유태계 하원의원이었던 제이콥이었다. 77년 미의회는 국제안보 원조와 무기 수출에 관한 법령을 통과시킴으로써 안보 원조를 인권과 관련시켜 수정 혹은 중단할 수 있는 근거를 마련했 다. NCC네트워크를 통해 박정희 정부와 기독교의 반목을 해외에 전달, 박 정권 이미지를 추락시켰다. 77년 4월 임대평 목사, 7월 조용술 목사, 오충일 목사 구속으로 기독교계와 박 정권 관계 악화, 반정부 활동은 고조됐다. 카터 행정부는 한국 내의 인권 탄압과 반정 부 세력 동향이 주한미군과 전술 핵병기의 안전에도 영향을 줄 수 있다고 우려했다.

### 3) 카터 정부의 주한미군 철수안과 한국의 자주국방 노력

박정희는 한일국교 정상화, 베트남 파병 등으로 미국과 밀월 관계였던 때도 있었으나 긴장과 갈등의 연속이었다. 인권문제도 박정희와 카터의 시각 차이에 원인이 있었다. 그러나 한미 간 갈등의 진폭은 미국이 한국 안보에 관한 상반된 시각 때문이었다. 하나는 한국이 경제성장에도 자주국방 노력을 기피한다고 보는 불만이고 다른 하나는 한국의 자주국방 노력이 미국의 통제 가능한 범위를 넘어서는 것에 대한 우려였다. 1979년 6월 한국을 방문한 카터는 인권문제와 함께 한국이 자주국방 노력을 기피한다고 비난했다. 그러나 1970년 말 한국을 방문한 미국 군사정책 입안자나 국방 책임자들은 일반 부대 시찰을 간단히 마치고 방위 시설과 방위 산업 시설에 대해서 집중적인 관심을 갖고 둘러본 것은 한국의 자주국방 의지를 통제하려는 의도가 숨겨져 있었다. 1978년 11월 말 헤럴드 브라운 국방장관의 방한 방위 산업 시찰이 방위 산업 육성을 위한 평가적 의미만이 아니고 미국이 통제하고 협조할 단계를 넘어선 측면이 없는가를 확인하려는 데도 목적이 있다고 보였다. 카터 행정부의 미군 철수 계획은 박 정권의 자주국방 의지를 부추겼다. 이것이 핵개발 정책으로 발전했다. 미국은 한국의 핵개발계획에 적극적으로 협력하는 한편 한국의 에너지 공급 형식과 내용 모두를 개선시켜 미국의 원자로를 판매하고자 노력했다. 미국은 한국의 핵 발전 계획에 당근과 채찍을 들고 나왔다. 민간 핵산업이 필요할 경우 미국 후원 아래 재처리공장을 건설할 수 있다는 보장, 정식 과학기술 협정 아래 미국 기술의 추가 제공 등이 한국이 미국 말을 들을 경우 제공될 수 있다는 당근이었다. 반대로 만일 한국이 핵확산에 대한 우려를 불식하지 않을 경우, 미의회 협조를 얻어 핵발전소 건설 계획의 다음 단계에 대한 미 수출입은행의 지원을 봉쇄하겠다는 채찍도 마련되었다. 스나이더와 하비브에게는 한국 정부가 핵무기 개발을 강행할 경우 양국의 안보관계가 전면 재검토될 것이라고 위협했다. 박 대통령의 자주국방 의지를 견제, 핵 발전 계획에 대해서도 수출입은행 지원 봉쇄를 경고했다. 박 대통령이 심혈을 기울였던 것은 핵탄두를 적재할 수 있는 유도탄 개발이었다. 프랑스 기술을 도입했다. 미국은 군사차관을 보류 삭감하는 등 압력을 가해 왔다. 미국은 독자적인 유도탄 개발을 인정하되 사정거리 제한을 요구했다. 박 대통령은 미국 측 타협안을 일축하고 유도탄 독자 개발을 추진했다. 78년 8월 26일 '백곰'이라는 중장거리유도탄(사정거리 180㎞) 시험발사에 성공했다. 78년 9월 27일 나이키 허큘리스 개발형인 최초의 한국산 지대지 미사일 실험에 성공했다. 한국은 세계 7번째 유도탄 개발국이 되었으며 이 유도탄에는 핵탄두도 적재할 수 있었다. 1978년 주한미군 철수 문제를 둘러싸고 카터와 갈등이 증폭되는 상황에서 박정희는 프랑스와 플루토늄 제조용 재처리 공장의 건설에 대한 협의를 재개했다. 1976년 10월 한국원자력기술공사가 설립되었고 11월에는 핵연료개발공단이 창설되었다. 1977년에는 대덕연구단지에서 원자력기술 개발을 서두르고 있었다. 포드 이후 미국은 한국이 다른 나라와 핵개발을 추진하는 것을 주시해 오고 있었다. 미국은 주한미군 철수를 통해 한국에 방위부담을 떠넘기는 동시에 한국 정부를 압박하는 지렛대로 활용하고 동시에 박정희 정부의 자주국방 의지가 미국의 통제 범위를 벗어나는 것도 우려하는 이중정책을 썼다. 박정희는 이것을 잘 알고 자주국방 노력을 계속하면 미군 철수에 따른 공백을 메우고 미군 철수 압력에도 적절하게 대응할 수 있을 것이라고 보았다.

### 4) 표류하는 카터의 대한 정책

미 국무부가 대체로 반한적인 분위기에 의해 주도되고 있었고 주한미군 철수안을 지지하는 것과 대조적으로 미국 국방 관계자들은 카터 철군안에 대해 신중한 입장이었다. 육군장관, 육군참모총장, 주한미군 참모장 등이 공개적으로 반대했다. 싱글러브는 주한미군 철수가 모든 사람에게 전쟁 발발 우려를 갖게 한다고 지적했다. 그 근거는 땅굴, 김일성의 적화통일 노선, 북한의 월등한 군사력 등을 열거했다. 주한미군 철수의 타당성에 대한 청문회 현지 조사를 한 하원국방위원회는 카터 철군정책이 수정되어야 한다는 결론을 내렸다. 1979년 이후 카터 행정부의 인권정책은 위선 정책으로 파악하는 경향이 늘었고, 아프가니스탄 공산주의자 집권(78. 4), 이란 팔레비 실각, 반미적인 호메이니 집권(79), 그레나다 니카라과 쿠바에서 소련파 집권, 소련의 아프가니스탄 침공 등으로 카터 도덕외교에 대한 회의가 일어날 수밖에 없었다. 미의회는 카터가 '돈키호테식으로 미국의 국력을 운영'(quuuixotic stewardship of American power)하고 있다고 우려하게 했다. 79년 미행정부 내에서 주한미군 철수를 주장하는 사람은 카터 하나였다. 카터 측근들도 정책 수정을 건의했다. 79년 카터 방한은 그 일환이었다. 그러나 방한 중 카터의 행태는 그의 속 좁은 인권정책과 미국의 현실주의적 정책의 딜레마를 드러냈다. 반정부적 인사들과 적극적인 접촉은 내정 간섭 인상을 강하게 남겼다. 뉴욕타임즈는 사설 '선교사로서의 대통령'에서 카터 방한 시 박 대통령에게 기독교 귀의를 권고한 것은 미국이 한국의 종교 신앙을 도덕적으로 열등한 것으로 간주하고 있다는 인상을 줄 위험이 있을 뿐만 아니라 다른 외교적 위험을 불러일으킬지 모른다고 비판했다. 79년 6월 전술핵무기 완전 철거 방침을 철회한 데 이어 주한미군 추가철수를 연기한다고 발표했다. 2년 반에 걸친 철군 추진 계획에서 철수한 미군병력은 지상군 1개 전투대 674명이었다. 공군의 경우 오히려 F-4 전투기 12대와 조종사 900명이 한국에 추가로 배치됐다. 카터 방한 후에도 YH 사건, 김영삼 제명 사건이 악재로 작용, 카터는 주한 미대사를 본국으로 송환했다. 58년 다울링 주한 미대사를 소환한 지 21년 만에 재현된 사건이다. 글라이스틴은 김재규의 과격한 행동은 미국의 반박정희 분위기가 부추겼을 가능성을 인정했다. 인권정책을 표방했던 카터 행정부에 대한 한국 민주화운동 세력의 실망감은 80년 광주민주화운동과 그 진압 과정에서 보여 준 미국의 태도에서 급속히 증대되었다. 1980년 의회가 전두환에 대한 반발로 4억 5,000만 달러에 달하는 수출입은행의 대한차관을 연기시키려 할 때 카터가 '안보가 인권에 우선한다'는 밴스 국무장관의 발언을 지지함으로써 더욱 커졌다. 팔레비 이란 왕조가 전복됨으로써 막심한 국익 손실을 경험한 카터 행정부는 급격히 현실주의적인 대한 정책을 폈다. 카터는 신속하게 경제원조를 제공했으며 이것은 미국 기업들의 비즈니스를 돕는 성격이었다. 존 위컴 주한 미사령관은 "레밍처럼 한국 사람들이 전두환의 뒤에 줄 서고 있다. 전두환을 지지한다"고 말했다. 카터는 한국인들은 민주주의를 할 준비가 되지 않았다고 하였다. 광주 미문화원 방화사건, 부산 미문화원 방화사건 등 한미관계는 급변을 예고했다.

### 5) 유신체제 붕괴와 대통령권한 대행체제

78년 이후 민주화운동의 유신정권에 대한 대항 수위는 높아 갔다. 정부와 반체제와의 대립은 부마사태로 절정에 이르렀다. 10월 16일 김영삼 총재 제명 항의, 유신 철폐, 독재 정권 퇴진 등을 요구하는 부산대 5,000명 학생시위는 17일 동아대, 18일 마산대, 경남대로 번져, 부마사태로 발전했다. 18일 0시 부산에 계엄령이 선포되고 20일 마산, 창원에 계엄령이 확산됐으나 국민은 등을 돌렸다. 10월 26일 김재규 정보부장 대통령 시해로 유신체제는 붕괴했다. 유신은 남미의 관료적 권위주의와 비슷하면서도 이승만 정권과 비슷한 개인적, 가부장적 통치의 특징을 띠고 있었다. 군부, 관료, 재벌의 지배연합 구조가 유신 붕괴 후 균열된다. 77~78년 방림방적, 청계피복, 동일방직 사태는 신민당사 농성 여공 김경숙이 옥상에서 투신 사망(79년 8월 11일)한 YH 사건으로 발전해 위기국면이 조성됐다. YH 사건은 구자춘 내무장관과 신현확 보사부장관이 시간을 두고 대화로 해결하기로 대책을 세웠는데 김재규 정보부장이 치안본부장에게 직접 강제 해산을 명령, 농성자가 투신 자살하는 불상사가 일어났다. 박정희는 시국대책 회의에서 김재규를 공개 질책했다. 김정렴 낭시 청와대 비서실장은 10 · 26 후 김재규가 민주인사인 양하는 것이 놀라운 일이라고 비난했다. 함평고구마 수매사건, 안동교구 가톨릭농민회 오원춘 사건 등 정권 도전 반체제운동 기폭제. 국회의원선거 결과와 미국의 압력 가중. 한미 관계 갈등, 76년 10월부터 미국 언론은 '코리아게이트'를 집중 보도했다. 77년부터 주한미군 철수 발표, 78년 12월 김대중 석방, 79년 5월 김영삼 신민당 총재 복귀. 유신체제 철폐 투쟁 선포, 박정희 사임 압력, 경제정책 비난, 외신기자 클럽에서 김일성을 만나겠다고 표명하는 등 사면초가였다. 그런데도 79년 10월 4일 김영삼 신민당 총재를 제명하여 한미 간 갈등은 절정에 이르렀다. 김대중 재연금과 김영삼 총재직, 국회 의원직 박탈은 철권 정치에 눌렸던 국민의 정치적 불만을 폭발시켰다. 카터는 글라이스틴 대사를 소환(1958년 12월 국가보안법 파동 유감 표시로 다울링 대사 소환 이래 20년 만의 돌발사태)하는 등 박정희를 집요하게 압박했다. 79년 10월 16일 김영삼 총재 제명 항의, 유신 철폐, 독재정권 퇴진 등을 요구하는 부산대 5,000명 학생시위는 17일 동아대, 18일 마산대, 경남대로 확산돼 18일 0시 부산에 계엄령을 선포하고 20일 마산, 창원에 계엄령을 확산했으나 10월 26일 박정희 유고로 마무리되었다. 박정희의 죽음까지 몰고 온 민주화운동의 사회적 기반은 박정희가 공들인 중화학공업화 성공으로 반체제운동의 사회적 기반 확대 여건이 제공되었기 때문에 가능했다. 산업 노동자가 60년대 7.1%, 70년대 15.8%, 80년대 24%로 증가했으며 노동 계급과 중간 계급이 폭증하고 농어촌 인구는 격감했다. 70~79년 정치 관련 복역자 2,704명 중 학생과 청년이 1,197명(44%)이었으며 가톨릭학생연합회, 기독학생총연맹(KSCF) 등이 조직적인 민주화운동에 앞장섰다.

## 인용도서와 참고문헌

김영명, 『고쳐 쓴 한국현대정치사』, 을유문화사.
김인걸 외, 『자료한국 현대사 강의』, 돌베개.
윤근식 · 양동안 · 이택휘 · 이정식 · 안병만, 『현대한국정치사』, 한국정신문화연구원.
유병영, 『한국 현대사의 재인식』, 11권 중 「한일협정」, 백산서당.
홍규덕, 『한국 현대사의 재인식』, 11권 중 「베트남전 참전」, 백산서당.
전택수, 『한국 현대사의 재인식』, 11권 중 「1960년대 한미경제관계」, 백산서당.
이완범, 『한국 현대사의 재인식』, 10권 중 「경제개발계획 입안과 미국」, 백산서당.
김일영, 『한국 현대사의 재인식』, 10권 중 「60년대 정치적 변화」, 백산서당.
마인섭, 『한국 현대사의 재인식』, 13권 중 「1970년대 후반기 민주화운동과 유신체제 붕괴」, 백산서당.
배긍찬, 『한국 현대사의 재인식』, 22권 중 「1970년대 전반기 국제환경 변화와 남북 관계」, 백산서당.
박석흥, 『건국 60년 한국의 역사학과 역사의식』, 한국학술정보(주).

# CHAPTER 07

신군부와
김영삼 정부

# 신군부와
# 김영삼 정부

## 1. 유신체제 붕괴와 신군부 등장

박정희 정부는 70년대 들어서 노동 집약적 경공업품의 수출 전략이 선진국의 보호무역 주의 벽에 부딪히자 경공업 위주 산업에서 중화학공업 위주로 바꾸는 대전환을 시도했다. 노동 임금의 상승 등 국내외 경제 여건의 변화 외에도 60년대 말 북한 도발과 닉슨독트린 선언, 미 지상군 감축 등으로 방위 산업 자주화 추진을 위한 절체절명(絶體絶命)의 과제였다. 제3차 5개년 개발계획과 함께 시작된 중화학공업 투자는 한국 산업구조를 전환하고 수출 증대에 한몫했다. 중화학공업 사업 결실로 73~78년의 평균 경제성장률 11.2%, 수출 3.94배 증가했다. 그러나 70년대 말 수출 부진 물가 앙등, 외채 압력, 무역수지 불균형, 경공업 중시로 인한 소비재 부족 등의 경제적 문제가 드러났다. 무리한 중화학공업화 추진은 중복 과잉 투자로 인한 효율성 문제와 소비재 품목 품귀의 이중 문제를 야기해 인플레이션 악화로 연결되었다. 79년 소비재 물가 상승률은 한국의 고도성장 경제에서 보기 드문 18.3%. 수입 유발 효과를 일으켜 무역수지가 악화되었다. 70년대 중동건설 경기는 대량의 외화를 유입시켜 인플레이션 요인이 되었다. 중동에 77년 이후 매년 최고 10만 명의 한국 건설 요원이 진출. 수주고가 77년 33억 8,700만 달러, 78년 79억 8,200만 달러로 급증했으나 중동 붐으로 숙련 노동자가 국내 공장에 부족해 수출 전략에 차질이 오기도 했다. 경제성장이 둔화되어 실질 임금이 하락하자 78년 12월 긴급 정책을 발표, 통화 긴축정책 등을 폈으나 위기 극복은 하지 못하고 노동 소요를 자극했다. 78년 이후 유신정권에 대한 반체제 세력의 대항 수위가 높아 갔다. 유신의 종말은 10대 국회의원선거 결과와 지식인의 이반 현상으로 미리 보여 주었다. 신민당사 농성장에서 여공 김경숙이 옥상에서 투신 사망한 YH 사건은 부마사태에 불을 질렀다. 함평고구마 수매사건, 안동교구 가톨릭농민회 오원춘 사건 등이 잇달아 터져 반체제운동이 확산됐다. 국회의원선거 결과와 카터 미국 정부의 압력 가중으로 한미 관계 갈등이 심화된 것도 유신체제 붕괴를 재촉했다. 76년 10월부터 미국 언론은 '코리아게이트', 77년부터 주한미군 철수 발표, 78년 12월 김대중 석방, 79년 5월 김영삼 신민당 총재 복귀 등을 보도했으며 국내 신문이 민감하게 반응했다. 김영삼이 유신체제 철폐 투쟁 선포, 박정희 사임 압력, 경제정책 비난, 외신기자 클럽에서 김일성을 만나겠다고 표명한 것이 미국 신문에 크게 보도돼 국내 신문도 함께 크게 다루었다. 79년 10월 4일 김영삼 신민당 총재 제명, 김대중 재연금, 김영삼 총재직, 국회의원직 박탈 등을 강행했다. 철권 정치에 눌렸던 국민의 정치적 불만을 폭발시켰다. 김영삼 탄압이 도화선이 된 것이다. 카터 미국의회, 미국 언론이 한국을 집요하게 압박했다. 미국의 반박정희 무드는 한국 내 반체제 세력과 연결되어 박정희 정부를 괴롭혔다. 1979년 10월 26일 김재규 정부부장의 대통령 시해로 유신체제는 붕괴됐다. 유신체제 붕괴는 군부, 관료, 재벌의 지배연합 구조가 균열을 일으킨 것이다. 유신체제 붕괴 후 기성정치인의 정쟁, 학생시위의 격화 등으로 사회가 불안정한 상태에서 신군부가 12·12쿠데타로 정권을 장악한다. 신군부가 등장하여 공화당 유신체제에 이어 제3의 군정을 계속하게 된다. 박정희도 이승만과 비슷하게 미국과 알력이 있었고 후계자를 제대로 키우지 못했다. 박정희 피살, 후신군부 등장까지 복잡한 진통이 있었다. 한영환 행정학자가 신군부 등장 10년 전 조사한 엘리트 개혁 의식 조사(국장, 과장급 관료, 영관급 장교, 기업이사 등 각계각층 차세대 견인 세력에 대한 개혁 의지 조사)에서 군이 단연 개혁적인 세력으로 조사됐었다. 10·26 후 군부, 학생, 정치 세력 간에 정치권력 장악을 둘러싼 치열한 쟁탈전이 벌어졌다. 최규하 대통령 권한 대행이 제주도를 제외한 비상계엄 선언, 정승화를 계엄사령관에 임명했다. 그러나 정승화를 당시 항간에서는 목후이관(沐猴而冠, 원숭이가 관을 머리에 써 의관은 훌륭하나 사람답지 못하다)이라고 비꼬는 은어가 있었다. 군 수뇌부는 정치적 중립을 선포했고 정치권은 유신헌법 폐기를 결정했다. 청와대 경호실 차장을 역임한 전두환 보안사령관은 박 대통령 시해사건 합동수사본부장 자격으로 정승화 계엄사령관을 구속하는 12·12사태를 주도해 정권을 장악했다. 전두환 보안사령관은 육사 11기로 군내 비밀

조직인 하나회 수장이었다. 전두환을 정점으로 한 신군부와 정승화 계엄사령관이 대립한 상황에서 신군부가 12·12를 일으켜 정권을 잡은 것이다. 최규하 대통령 권한 대행이 1979년 12월 6일 유신헌법에 따라 통일주체국민회의가 선출한 제10대 대통령에 당선되어, 헌법을 개정하고 김대중 연금과 긴급조치 9호를 해제했다. 공화당은 김종필을 총재로 선출하고, 박정희 정권과 끈질기게 싸웠던 김영삼이 신민당 당수가 되고 연금 해제가 된 김대중이 대중 앞에 나서 3김 체제가 됐다. 80년 4월 14일 전두환 합수부장은 중앙정보부장까지 겸직, 권력의 실세가 되었으나, 김대중, 김영삼은 분열하고 김종필 공화당 총재는 미온적인 자세로 방관하는 가운데 학생과 재야 세력이 도전하는 혼란기가 되었다. 교수성직자, 정치인, 온건주의자는 신민당 주도의 개혁을, 학생운동권 출신의 강경노선은 대중 동원을 통한 민주화 주장으로 대립했다. 학생운동도 재학생 중심의 단계적 투쟁론과 국민연합의 강경노선을 추종하는 복학생 중심의 전면적 투쟁론으로 분열되었다. 5·13 학생 가두시위가 폭력화되어 내란의 위험을 걱정해야 할 상황으로 변모했다. 5월 14일 7만여 학생시위대가 유신 잔당 타도, 계엄 해제, 정부 개헌 중단, 노동 3권 쟁취를 외치며 서울 거리를 누비고 김대중을 선호하는 광주 시민운동이 극한 상황으로 치달았다. 5월 15일엔 10만 명이 서울역 광장에 모여 시위운동은 절정을 이루었다. 4·19 후 최대 규모의 시위대가 참여한 '서울의 봄'은 5월 17일 신군부가 계엄령을 선포하고 정치 활동을 금지함으로써 끝나고 말았다. 대학에 군이 진주하고 김종필, 김대중 등 정치인이 권력형 부정 축재자로 체포되고, 김영삼 신민당 총재는 자택에 연금됐다. 신군부는 5월 31일 '국가보위 비상대책위원회'를 설치하고 전두환 합수부장이 위원장으로 진두지휘했다. 1980년 '서울의 봄'이 이렇게 무산되자 새로운 시대를 기다리던 사람들은 실망하고 계엄하에서도 일부 지역에서는 학생시위가 계속되었다. 1980년 5월 18일 광주시위는 무기를 든 시민과 계엄군이 맞서 수백 명의 시민이 사망하는 비극을 초래했다. 광주 시민항쟁 사태는 군부 내 강경 세력 득세와 학생시위의 대결 상황의 정점으로 계엄령하의 참혹한 사태였다. 민간인 177명, 군인 22명, 경찰 4명 등 170명이 사망했다. 5월 27일 평온을 되찾자 신군부는 김대중과 주요 재야인사, 광주 항쟁 관련자들을 내란기도 혐의로 구속했다. 김영삼 자택 연금에 이어 김종필, 이후락, 박종규, 김진만, 이병희 등을 부정 축재자 혐의로 공직 사퇴시켰다. 173개 정기간행물 등록을 취소, 언론 통폐합, 불량배를 삼청교육대로 보냈다. 정부 두 자기관 산하 127개 기관 임직원 1,819명을 숙정했다. 5월 31일 국가보위비상대책위원회가 구성되고 8월 16일 최 대통령 하야, 8월 27일 전두환 국보위 상임위원장, 국가보위비상대책위원회 위원장이 통일주체국민회의에서 11대 대통령으로 선출되어 9월 1일에 취임했다. 이해 10월 27일 유신헌법을 일부 수정한 신헌법이 제정되어, 대통령 임기는 7년 단임으로 고치고 대통령선거인단이 대통령을 간접선거하도록 했다. 이 헌법에 따라 1981년 2월 전두환 12대 대통령이 선출되어 3월 3일 취임하고 민주정의당이 여당으로 조직돼 5공화국이 출범했다. 그러나 1985년부터 5·18 진상규명 요구가 정치현안이 되어, 1989년 11월 노태우 정부가 '광주사태' 대신 '광주민주화운동'으로 성격 규정 정리했다. 1990년 8월 '광주민주화운동 관련자 보상 등에 관한 법률'을 제정했고. 1995년 12월 19일 '5·18 민주화운동 등에 관한 특별법' 국회의결. 1997년 4월 전두환 무기징역 등 14명 실형 선고. 1997년 5·18국가기념일로 제정했다.

## 제5공화국

1981년 3월 3일 출범한 제5공화국은 정의사회 구현과 민주복지 국가 건설을 국정지표로 내걸었다. 박정희가 군부를 배경으로 국가를 운영했던 기조를 계승했다. 교복자율화, 두발자유화, 학도호국단 폐지, 대학정원제 완화, 교육세 신설, 과외 금지 등 교육개혁을 단행했고 교육개혁심의위원회를 조직하여 본격적인 교육개혁을 추진했다. 해외여행 자유화, 통행금지 해제 등 구체제 잔재를 청산하고 중앙정보부를 국가안전기획부로 반공법을 국가보안법으로 바꾸었다. 제5공화국의 교육개혁과 경제 안정은 평가할 만하다. 이승만, 박정희 대통령이 심혈을 기울인 핵무기 개발을 백지화시킨 것은 아쉽지만 미국, 일본과 밀월 관계를 유지해 국내 정치 안정과 경제성장에 총력을 기울일 수 있는 여건을 조성했다. 장영자 사건, 명성그룹 사건, 국제그룹 해체 등의 경제 사건이 세상을 시끄럽게 했지만 물가도 잡고 수출이 호조를 이루어 국민 1인당 소득과 GNP가 올라가고, 자동차, 전자, 반도체 등 부가가치가 높은 첨단산업이 국제 경쟁력을 갖게 되었다. 1986년에는 현대자동차 포니엑셀을 미국에 수출했다. 86년에 아시안게임을 서울에서 개최했고 88년에는 서울올림픽을 유치했다. 수출 호조에 힘입어 5공 7년간 평균 경제성장률이 10% 내외를 유지했으며 GNP가 중진국에서 선진국 문턱에 들어섰다. 함병춘, 김재익, 이규호 등의 인재를 발탁하여 10·26 이후의 혼란을 극복하고 성장을 지속시킨 것은 평가할 만하다. 국사 교과서 개편 국회청문회가 열었고 국사관을 새로 짓고 국편위원장을 차관급으로 올렸다. 독립기념관, 예술의전당, 국립현대미술관 등 문화시설을 건립했으며 지방의 문화공간도 많이 확충했다. 그러나 광주의 악몽을 껴안고 출범한 전두환 정권은 정당성 문제로 항상 전 전긍긍했다. 임기 중 반정부 급진 세력의 공세에서 벗어나지 못했다. 전국학생총연합(전학련)과 그 전위 조직인 민족통일 민주쟁 취민중 해방 투쟁 위원회(삼민투)가 공세를 주도했다. 84년 11월엔 민정당사, 5월엔 서울 미국문화원을 점거했다. 이들은 86년 반미반파쇼 민족민주투쟁위원회(민민투)로 대체되었다. 이들은 이후 각각 이른바 PD(Proletarian Democracy)파와 NL(National Liberation)파의 모태가 되었다. 반미, 반전, 반핵 운동을 본격화했다. 86년 10월 전국반외세애국학생투쟁연합(애학투)이 발족했다. 87년 6 · 29선언 후 8월 19일 전국대학생대표자협의회(전대협)를 결성했다. 재야 운동권은 83~84년 이후 기층 민중으로 기반을 확대하고 민중운동을 주도했다. 노사분규는 80년 초 100건에서 85년 256건으로 증가했다. 반미운동, 사회 변혁, 사회주의적 혁명을 위한 민중민주주의 이론까지 등장, 사회주의 혁명까지도 천명했다. 이 학생운동 세력이 김대중, 노무현 정부의 주요 자리에 진출했다. 정부뿐만 아니라 언론, 법조, 교육계에도 진출했다. 제12대 총선에서 대학의 이른바 민주화운동 세력은 84년 5월 18일 민주화추진협의회 발족, 본격적인 정치 활동에 나섰다. 1985년 1월 18일 신한민주당 창당(총재 이민우), 85년 2월 12일 12대 총선에서 민정당 88석(전국구 포함 149석), 신한민주당 50석(전국구 포함 67석), 민한당 26석(전국구 포함 35석), 국민당 14석(전국구 포함 19석)으로 불합리한 정치시스템에서도 야당의 진출이 있었으나 한계가 있었다. 1987년 민주화운동은 천주교 정의구현 전국 사제단이 87년 5월 22일 박종철 고문치사 사건 폭로가 도화선이 되어 부천서 성고문 사건, KBS시청료 거부 운동 등으로 확산되어, 6월 10일과 18일에는 50만 명의 도시 중산층 화이트칼라 계층이 대거 참여했다. 이런 시위에 눌려 전두환, 노태우는 6 · 29선언을 했다. 6월 10일 민정당 차기 대통령 후보로 선출된 노태우는 대통령 직선제 수용 등 대통령선거법 개정을 선언하고, 김대중 사면, 기본권 신장, 언론자유 창달, 대학 자율화, 정당활동 보장, 사회 정화 조치 등을 제시했다. 7~9월 노동자 대투쟁이 있었으며 1,000개 이상의 신규 노조가 설립됐다. 87년 한 해에 3,749회 노사분규가 있었고 이 과정에서 파산하는 기업도 생겼다. 1987년 5월 1일 양 김씨가 신민당을 탈당하고 통일민주당 창당하여 신민당은 와해됐다. 김대중은 10월 28일 대통령출마를 선언하고 평화민주당을 창당했다. 민정당 노태우, 통일민주당 김영삼, 신민주공화당 김종필, 평화민주당 김대중 4파전 대통령선거에서 노대우 36.65%, 김영삼 28%, 김대중 27.1%, 김종필 8.1%로 군정 종식을 성공시키지 못했다. 그러나 1987년 민주화운동은 4 · 19 이후 국민 압력에 의한 정치 변동 가능성을 보여 주었고 이 주역들은 정치 일선에 나가 이른바 진보정치의 전도사로 나선다.


## 2. 노태우 정부(1988~1993)

1988년 2월 출범한 노태우 정부는 권위주의로부터 민주주의로 군사정권으로부터 민간 정부로 이행하는 과도기적 정부였다. 선거에 의한 민주적인 정권교체, 정당정치 부활, 의회주의 강화 등 대전환이 시작되었으나 우유부단 리더십으로 혼란을 자초했다. 이른바 TK와 언론인 출신 참모들의 대중 연합 노선 정치가 이 걸림돌이 되었다. 포퓰리즘 정치가 시작돼 국정의 기조가 흔들렸다. 89년 문익환 밀입북 김일성 면담, 동의대 사건, 서경원 간첩 사건, 임수경 밀입북 등이 잇달아 일어나 정부의 대북정책의 기조가 흔들렸다. 91년 5월 강경대군 죽음으로 노태우 정권은 백기를 들었다.

(1) 노태우 정권의 정당성 추구는 다양하게 시도됐으나 실패했다. 경제개혁정책은 금융실명제, 토지공개념 도입 등을 내걸었으나 금융실명제는 좌절하고, 토지정책은 양도 소득세 택지 상한제를 채택하는 정도로 마무리했다. 자본가와 정치 세력의 반개혁적 지배 연대 유지로 경제개혁은 실패했다.

북방정책으로 88년 민족자존과 통일번영을 위한 대통령 7·7특별선언을 발표했다. ① 남북 동포 교류, 해외 동포 남북 자유 왕래, ② 이산가족 상봉, 서신 왕래 ③ 남북 교역 문호 개방, ④ 우방 비군사 물자 교역 인정, ⑤ 남북 대결 종식 ⑥ 북한 대미일 관계 개선 협조. 1990년 9월 남북총리회담 개최, 남북 공동 축구팀, 탁구팀 구성합의했다. 1991년 남북한 간의 기본 관계 합의서 채택, 한반도 비핵화를 선언했다. 소련 동구 국가와 수교하고 중국과 교류를 확대했다. 90년 남북총리회담개최, 91년 말 남북한 간 기본 관계 합의서를 채택했다. 한반도 비핵화 선언, 군축 협상, 남북정상회담 분위기를 조성했으나 89~91년 동구공산권이 붕괴되는 것을 예측하지 못한 노태우의 공산권과의 개방정책은 빗나갔다. 뒷돈을 주고 고르바초프를 제주도에 초대한 경우는 김대중이 5억 달러 불법 송금하고 김정일 만난 것과 크게 다를 것이 없었다.

## (2) 5공 청산

언론 기본법, 사회 안전법 폐지, 국가 보안법, 집회와 시위에 관한 법률 등 개정과 헌법 재판소 88년 9월 개원 등은 기록할 만하다. 여소야대 정국에서 5공 청산은 부작용이 많았다. 1989년 국회에 권력형 비리조사 특별위원회와 광주민주화운동 진상 조사 특별위원회 설치, 청문회 정국을 만들고, 전두환을 백담사에 유리 안치했다. 민정당이 34% 득표율로 125석을 차지하여 과반수에서 25석 부족한 여소야대 국회를 극복하기 위해 1990년 2월 9일 민주자유당이 탄생했다. 국민 저항 한계 상황에서 김영삼 통일민주당, 김종필 신민주공화당, 민정당이 합당한 민주자유당 탄생으로 나타났다. 보수정치의 변형이다. 지역연고 중심의 4당 체제를 타파하고 새로운 국제정세의 변화에 대처하기 위한 정치 재편이라고 주장했으나, 노태우, 김영삼, 김종필의 권력 추구를 위한 미봉책이었다. 집권 말기 민자당 내분을 정리하지 못하고 김영삼 정권에서 무기징역 선고를 받는다. 노재봉 총리는 내각제 개헌을 찬성하고 정치권 물갈이를 주장했으나 우유부단하게 시간을 보내다가 김영삼이 김대중과 협력하여 내각제 개헌 반대와 소선거제 고수를 합의하는 등 부자연스런 공동 전선을 형성하여 정권은 자연스럽게 김영삼 세력에 넘어갔다. 이종찬은 탈당했고, 김윤환 등 TK 세력은 김영삼 지지로 변신, 노태우 추종 세력은 사분오열되었다. 민주화와 개방정책을 떠밀려 추진했다. 반정부 재야 세력이 미군 철수, 한반도 비핵지대화 휴전협정 평화협정 대체, 남북한 불가침협정 체결, 연방제통일 등 북한과 비슷한 구호를 내걸고 노태우 정권 타도, 민중주체 조국통일 조속한 실현 등을 요구했다. 1988년 6월 10일, 8월 15일 전대협 주도 평양행 기도. 1989년 1월 21일 전국 600여 개 진보적 정치 사회 세력을 망라한 범운동 세력 연합체인 전국민주운동연합(전민련)을 발족했다. 노태우 포퓰리즘 정치는 친북 세력의 과도한 요구에 쫓기다가 강경 선회했다. 89년 3월 25일 문익환 밀입북 김일성 면담, 5월 동의대 사건(동의대생 전경 불태워 죽인 사건), 6월 평민당 서경원 간첩 사건, 7~8월 임수경 밀입북 사건 등 좌파세력 득세와 경제위기, 국가안보위기 등 총체적 위기에서 노태우 정부는 강경 대응을 선언했다. 동구 사회주의 국가 몰락으로 국민들 보수화에 편승했다.

# 3. 김영삼 문민정부(1993~1998)

1993년 2월 25일 제14대 대통령선거에서 민자당 김영삼 후보가 41.4% 득표율로 당선했다. 김대중 33.4%, 정주영 16.1%, 박찬종 6.3% 득표율이었다. 5 · 16쿠데타 후 32년 만의 민간정부 출범이다. 사정과 도덕정치 표방, 금융실명제, 세계화 개혁 등을 내건 김영삼 정부는 국가부도(IMF관리체제 편입)로 불명예스런 퇴진으로 막을 내렸다.

① 체계적이고 일관된 철학과 이론을 개발하지 못하고 즉흥적, 임기응변적이었다.

② 개혁을 정치적 사고로 접근하는 능력이 부족했고 광범위한 개혁 연합을 형성하는 데 실패하여 진보파와 수구파 모두의 공격을 자초했다.

③ 대통령 한 사람에 집중된 권력구조와 정치권의 파당적 정치 행태를 더욱 악화시켰다. 개인적 인기의 허상에 현혹됐다.

## (1) 역사 바로 세우기

• 1993년 2월 25일 김영삼 정부 출범. 61년 5 · 16쿠데타 후 32년 만의 민간 정부 구성. 1993년 8월 12일 금융실명제 도입, 1993년 12월 우루과이라운드협정 타결.

• 군정유산 청산─1994년 4월 하나회 해체 숙군, 1995년 11월 16일 비자금 조성 협의로 노태우 구속, 1995년 12월 3일 전두환 12 · 12 및 5 · 18사건 관련 반란수괴협의로 구속 수감. 1996년 8월 26일 전두환 사형, 노태우 징역 22년 6개월 선고, 12월 2심공판 전두환 무기징역, 노태우 17년 징역 판결. 김영삼 취임 초 5 · 16, 12 · 12를 쿠데타적 사건으로 규정했다.

• 94년 3월 15일 공직선거 및 선거 부정 방지법, 정치자금 개정안, 지방자치법 개정안 등 3개 정치개혁법안 서명. 돈 안 드는 선거, 깨끗한 선거 위한 법적 조치.

• 95년 2월 9일. 김종필이 민자당에서 이탈, 자유민주연합 창당. 95년 6월 27일 지방선거에서 민자당 참패. 민주당이 선전하자 김대중 7월 18일 정치 복귀. DJ신당 국민회의 창당. 당시 야당을 대표하던 민주당은 김영삼의 3당 합당을 추종하지 않는 세력과 야권 정치인 재야 세력이 연합하여 만든 정당이었으나, 김대중 정치 복귀로 민주당 대부분의 인사들이 국민회의로 옮겨 민주당은 미니정당으로 전락했다.

• 자민련 국민회의 창당으로 3당 체제로 복귀. 민자당은 부산 경남, 대구 경북 연합세

력, 국민회의는 호남 지역, 자민련은 충청 지역.

- 95년 12월 18일 5·18특별 조치법 국회 통과로 과거 청산 시도, 역사 바로 세우기.
- 사정과 도덕 정치 표방－무기 도입 비리, 공직자 재산 공개, 공직자윤리법 개정.
- 95년 12월 6일 민자당 신한국당으로 개칭, 민주계 민정계로 재규합.
- 96년 4월 11일 제15대 국회의원선거에서 당명을 신한국당으로 바꾼 여당이 121석, 전국구 18석, 모두 139석을 차지했다. 새정치국민회의 79석, 자유민주연합 50석.
- 96년 1월 23일 전두환, 노태우 내란 및 군사반란 협의로 기소, 8월 5일 지검 특수부 전두환 사형, 노태우 무기징역 구형.
- 1995년 8월 15일 조선총독부건물 철거 시작, 1996년 11월 철거 완료.

## (2) 개혁정치 실패

- 민간화는 완성했으나, 정치 사회경제개혁 인식 미흡하고 개혁세력 무력화로 김영삼 정치의 한계를 드러냈다.

### 1) 금융실명제 성공. 부동산실명제 등 경제사회개혁
- 93년 8월 12일 금융실명제 도입, 95년 7월 1일 부동산실명제 법률 발효.

### 2) 세계화 계획 정경유착 청산 등 구호로
- 94년 11월 세계화 선언, 1996년 9월 12일 OECD 가입
- 한보사태, 기아사태, 김현철 사건
- 일인 지배체제 청산하지 못하고, 민주주의 제도 제도화 미흡했다.
- 정경유착, 부패청산 문제 제기만 했다.
- 산업화와 계층 간 타협필요성 제기
- 1993년 3월 구포역 열차 전복 68명 사망, 10월 부안 앞바다 서해페리호 침몰 200여 명 사망, 실종, 1994년 10월 성수대교 붕괴 32명 사망, 1995년 4월 대구지하철공사장 도시가스 폭발 100여 명 사망, 1995년 7월 삼풍백화점 붕괴 500여 명 사망 등 사건의 연발 속에 어수선한 정치였다.

## (3) IMF관리체제

1997년 12월 3일 IMF로부터 긴급 구제금융 580억 3,500만 달러를 차입하는 약정서에 서명함으로써 우리 경제운영을 IMF체제로 넘겼다. 국가가 부도가 난 것이다. 남덕우 전 국무총리는 1998년 9월 21일 문화일보 주최 IMF원인과 처방 대토론회의에서 김영삼 정부의 금융파탄 원인은 해외에서 과다하게 차입한 단기투기 자본을 장기 시설 투자와 증권투자에 투입한 결과 유동성 부족에 직면하여 일어난 금융사고라고 진단했다. 세계적 추세에 대응하는 산업 및 금융의 구조조정을 게을리하여 국제수지 악화를 예방하지 못한 것이라는 분석이다. 김영삼 정부의 민주화 양상은 '술에 취한 운전자'가 모는 차와 같았다고 혹평했다. 노사분규로 임금 급상승, 환율 고평가로 수출이 불리해졌다. 세계화 구호 아래 OECD 가입, 월드컵 유치, ASEM 유치 등 화려했으나 국가를 부도낸 실패한 대통령이라고 평가했다. 5년 동안 경제부총리 7번 경질. 한보그룹 부도, 은행장, 국회의원, 대통령 형무소 수감. 자율화, 개방화로 전당포 수준의 종금사를 허가해 대기업들이 외국 저리자본 차입. 인도네시아, 러시아에 부실 채권을 매입한 금융사고가 IMF의 원인이었다. 환율은 96년 말 840원에서 97년 12월 23일 1,962원으로 폭등하고 외환보유고는 97년 말 80억 달러였다. IMF가 정의하는 한국의 외채는 98년 4월 말 현재 1,552억 달러로 잠정 집계했다. 산업생산 98년 들어 계속 감소 추세. 1월에 11% 감소, 5월에도 11% 감소했다. 소비자물가지수는 97년 말 4.5%에서 98년 5월 말 현재 7.5%로 높아졌다. 97년 12월 이후 98년 5월 말 현재 15,000개 이상의 기업이 부도. 정상 조업 기업은 60% 이하다. 실업자 150만 명, 6.9% 실업률을 기록했다. 주가 96년 평균 833원에서 98년 7월 현재 300원대로 폭락했다. 홈리스 거지가 지하도에 가득 찼다. 정운찬 전 총리는 98년 한국금융학회 춘계 심포지엄에서 'IMF협약과 거시정책 운용 방안' 논문을 통해 '97년 늦가을 시작된 외환위기는 한국 경제의 구조적 문제'라고 지적했다. 외환위기는 일반적으로 정부가 막대한 재정 적자를 일으키면서 외환보유고를 소진하거나, 실업 등 거시 경제의 안정성 문제 때문에 환율 방어를 포기할 것이 예상될 때 일어나는 것이다. 그러나 한국의 경우는 달랐다. 환경 변화에 따를 충격을 흡수해 내지 못하고 급작스런 붕괴를 당한 것이다. 한국 경제는 과거 성장 제일주의의 보호 속에서 구조적 취약성을 심화시켜 왔다. 세계적으로 시장 이데올로기가 급격히 부상하면서 김영삼 정부가 갑작스레 시장주의를 추구. 시장주의를 수용할 수 있는 제도 구축이 선행되지 않은 상태에서 환경 변화에 대한 정부 대응이 미흡했던 것이 경제 붕괴를 유발. 총량 위주의 성장 제일주의 정책을 시행한 우리 정부는 유망산업을 선정하여 사업 영역을 구분해 주어 경쟁 제한을 하고, 인위적 자원 배분을 했다. 은행을 산업 정책의 수단으로 사용해 산업별, 기업별로 자금 지원 규모와 사후 관리를 모두 통제. 정부가 은행을 수단으로 기업을 밀어주는 방식으로 운영. 형평과 시장 규율을 훼손했다. 기업들은 효율성을 높이기보다는 희소성과 독점력이 가져다주는 부수입, 즉 막대한 불로소득을 누리는 데 급급했다. 대기업들은 정부가 경쟁을 막아 주고 은행이 저리로 돈을 대 주는 상황에서 희소성과 독점력이 가져다주는 막대한 이익을 누렸고 이것이 국제 경쟁력이 되었다. 기업은 투자를 일삼으면서 관료와 은행에 뇌물을 바치고 관료는 추가적 이득을 위해 규제를 거미줄처럼 확대 재생산하여 경제 체질은 허약해지고 비효율이 양산되었다. 모순이 가장 극명하게 드러난 분야가 금융 부문이다. 금융 기능은 금융 불안정성이나 불균형적인 금융 구조에 따른 성장 저해요인을 최소화하면서 기존 자원의 이용을 극대화시킬 수 있어야 한다. 대출심사를 통한 자원 배분의 효율성이 무시되고 부실 채권이 대규모로 양산되어 은행이 부실해졌다. 성장제일주의 체제에서 형평이 도외시되어 각종 불균형이 심화되었다. 중소기업이 취약해 대기업의 횡포가 심화되고 중소기업의 고유업종까지 대기업이 잠식했다. 재벌의 문어발식 팽창주의, 상호 지급 보증, 내부자 거래, 거품 경제가 한국 경제를 부도냈다. 기아 한보 사태에 이어 동남아시아의 외환위기 발생, 글로벌라이제이션으로 자본 이동에 국경이라는 제한이 없어졌다. 외국자본이 단기적 투기 목적으로 이동했다. 과거에도 단기 투기 수입을 극대화하려는 국제자본의 이동이 있었으나 자본주의 체제를 위협하는 재앙은 방지해야 한다는 경계심 때문에 자제했으나 사회주의 체제가 붕괴된 후 그러한 자제 요인이 사라졌다. 미국 중심의 세계경제 시대 도래로 철저한 시장주의 경제에 익숙하지 못한 나라들은 내재적인 문제들이 한꺼번에 노출되었다. 국제환경이 열악해진 것이 대외적인 원인이고 성장 일변도 정책으로 경제 불균형이 심화되고 과잉 투자 거품 현상 등이 만연 취약해진 것이 대내적 원인이다. 정부는 금융을 철저히 통제해 왔지만 김영삼 정부에 들어서 종금사를 중심으로 금융 부문에 대한 통제를 대폭적으로 풀기 시작해 무절제해졌다. 90년대 초까지도 금융은 밀착 감독, YS정부는 통제를 풀었다. 해외 자금 도입을 과하게 허용, 금융기관 감독에 실패했다. 94년 이후 난립한 후발 종금사들은 시장 규율도 규제도 존재하지 않는 틈을 타서 전사회적인 기품 현싱에 편승하어 무리한 영업으로 금융위기를 초래하였다. 실물 부문도 과잉투자로 거품 현상이 일어났다. 자유시장주의의 급속한 부가 속에서 YS정부는 선별적 산입징책 폐기를 가속화하였다. 자유시장

이데올로기가 부각되고 정부 규제 철폐를 바라는 재벌의 파워가 막강해지면서 정부의 산업정책 의지는 현저히 약해졌다. 이를 입증하는 것이 삼성의 자동차 산업 진출이다. 투자 조정 부재는 재벌들의 과도한 팽창을 부추겼다. 반도체, 자동차, 석유화학, 조선 등 공급 과잉, 재고 조정 실패로 96년 수출단가가 12.8% 하락하였다. 이것이 지속적인 대규모 경상수지 적자를 가져와 원화 가치 하락의 압력 요인이 되었다. 시설 투자에 주력하다 보니 자금 회수가 늦어지고 금융비용이 급증해서 재무 구조도 악화되었다. 97년에 한보, 진로, 대농, 기아, 뉴코아가 무너졌고, 차입 경영에 의존했던 기업들이 은행, 종금사 등 금융 부문 부실화와 맞물려 부도 위기에 직면하였다. 환율 정책 실패도 위기 발생을 일조했다. YS 정부는 93년 4억 달러 경상수지 적자가 95년 45억 달러, 96년 GDP의 5%가 넘는 237억 달러로 증가했다. 원화 고평가에 적절히 대응하지 못한 것도 작용했다. 95년 엔화, 94년 중국 위엔화 평가절하에 한국이 아무런 조치를 못 한 것이 결정적인 실수였다.

## (4) 외환위기 원인

### 1) 직접적인 원인
가. 외국인 주식 투자 회수 이유
① 고비용 저효율로 한국 기업 가치 하락
② 동남아 통화 위기 연쇄 파급 효과
③ 경상수지 적자에도 원화 고평가 유지 — 국민들이 저물가 고소득 향유대가로 오랫동안 고물가 및 저소득을 감수할 수밖에 없게 되었다. 국내물가 안정을 위한 원화의 인위적인 고평가 정책은 환란의 주요한 원인이 되었다.

나. 금융기관들의 외채 만기 불연장 이유
① 부실여신 증가로 금융기관 신인도 저하
② 동남아 통화 위기로 자산가치 하락

### 2) 간접적인 원인
① 기업의 직접 금융에 대한 규제
② 주인 없는 금융기관 및 관치금융

③ 잘못된 회계관행

### 3) 정책실패

가. 제도개선 실패

원화 가치에 대한 인위적인 고평가 정책, 경상수지 적자 누적으로 기업이윤율 떨어져 대기업 도산, 금융기관 부실 채권 증가.

나. 기존 제도 내의 실수들

① 증시 개방으로 유동성 부족 없을 것으로 판단한 실수

② 기아부도 장기화

③ 외국 언론 위기 경고 일축

④ 외환보유고 감소 부인

⑤ 한보철강 자금 1~2조 원 시중 은행에 강제 배분

⑥ 과다하게 종금사 허가

⑦ 종금사 해외 단기채 차입을 감독하지 못한 점

## 4. IMF관리체제의 충격과 사회변화

1997년 12월 3일 IMF관리체제 편입 후 전면개방화했으며 경제성장이 있었으나 중산층 붕괴 속에 양극화 갈등이 심화되어 사회통합이 적신호를 알렸다. 정부와 정당, 교회, 대학, 법조, 시민단체의 신뢰도가 떨어졌다. 지난 20년간 우리 사회발전의 동력이었던 사회성 복원이 논의되며 유럽연합에서 제기한 사회의 질(social quality) 향상이 과제로 부상했다. 사회 성원들이 사회적, 정치적 삶에 참여하여 자신들의 행복과 잠재력을 높일 수 있는 조건을 만들 수 있는 정도를 사회의 질이라고 유럽연합은 정의했다. 사회의 질 구성 4개 요소로 ① 사회 경제적 안정성, ② 사회적 응집성, ③ 사회적 포용성, ④ 사회적 역능성을 제시했다. 시회 경제적 안전성(socio economic security)은 사람들이 물질적, 환경적 사원 등에 접근 가능한 정도, 사회적 응집성(social inculusion)은 사회의 사회적 관계가 얼마나 공동의 징체싱과 가지규범에 기반을 두고 있는가의 성노로 측정될 수 있다. 사회적 포용성

(social cohesion)은 사람들이 일상생활을 구성하는 다양한 제도와 사회적 관계에 접근 가능한 정도를 말하고 사회적 역능성(social empowerment)은 개인의 역량과 능력 발휘가 사회적 관계를 통해서 얼마나 북돋워지는가의 정도를 가지고 측정한다. 사회경제적 안정성 측정 조건으로 소득 안정성, 주택안정성, 노동조건, 건강과 보건, 교육조건을. 사회적 응집성은 신뢰 규범과 가치, 결사체적 참여, 정체성을, 사회적 포용성으로 시민권, 노동시장 참여, 공적 사적 서비스 혜택 사회적 접촉을, 사회적 역능성으로 지식에 대한 접근권, 사회 이동성 정치 및 공공의사결정 참여 사적 관계 등에 의해 사회의 질을 측정할 수 있다. IMF 이후 이른바 민주화 이후 한국사회의 가치관과 신뢰에 심각한 문제가 생겼다. 한국일보와 동아시아연구원의 2005년 한국사회 신뢰도 여론조사에 따르면 대통령(48점), 사법부(46점), 국회(39점), 한국사회(55점)가 모두 낙제점(F)이고 대학교/직장(67점), 동창생(68점)이 D학점이고 친척(71점)이 C학점이고 가족(92점)만 A학점이었다. 2007년 서울대 사회발전연구소의 전환기 한국사회 국민 의식과 가치관 조사는 10년 전 조사에 비해 현격하게 신뢰도가 떨어졌다. 시민단체(21.5), 경찰(24)이 96년의 절반 점수고 대학(28)도 14점 차이가 났다. 노동조합(10.6), 종교(16.5), 언론(13.3)은 96년 신뢰도보다 크게 악화됐다. 대기업(13), 사법부(19), 행정부(8), 정당(2.9)의 신뢰도가 1나빠졌다. 군대(33.9)만이 96년보다 신뢰도가 좋아졌다. 서울대 사회발전연구소가 2007년 9월에 '외환 위기 후 10년 한국사회 변화'에 대한 의식조사 결과 한국사회는 경제적 풍요, 주가 상승, 취업률 상승, 무역호조, 물가 안정 등 물질주의적 가치를 중요시하는 경향이 두드러지고 있다. 가족 가치의 중요성은 감소했다. 가족 응집성도 약화됐다. 가족의식이 크게 변했다. 부계위중에서 양계 가족 관계가 동등해지고 있는 추세. 친족관념도 바뀌어 새 민법에는 반영되고 있다. 위험 및 불안 요인으로 급격한 경기변동, 취업난과 실직, 신용불량이 중요한 요인으로 부상했다. 김대중, 노무현 좌편향정부가 10년이나 집권했으나 북한을 적으로 경계하는 보수층 25%는 변함이 없었다. 종북성향의 적화통일도 좋다는 응답도 비슷하게 나타나고 있다. 대외호감도는 미국이 긍정적이고 중국, 러시아, 일본에 대해서는 부정적이었다. 한미관계는 10점 만점에 5.5점으로 한미동맹이 강화돼야 한다는 인식이 강했다. 정치성향은 중도(41.1%), 보수(31.4%), 진보(27.6%)의 순이다. 사회의 질 제고와 사회통합방법이 새 과제로 제기되었다. 효율성 못지않은 정당성에 대한 관심, 결과 못지않은 과정에 대한 관심, 성장 못지않은 배분과 배려를 소중히 여기는 사고의 전환이 정책 결정자들에게 요청된다.

# 인용도서 및 참고문헌

박석흥, 『건국 60년 한국 역사학과 역사의식』, 한국학술정보(주).
한영우, 『다시 찾는 우리 역사』, 경세원.
한국정신문화연구원, 한국 현대사의 재인식』 13권, 백산서당.
남덕우, '위기의 동태, 나는 이렇게 본다,' 『외환위기 대토론회 논문집』, 문화일보.
이규성, 『한국의외환위기』, 박영사.
정진성 · 이재열, 『한국사회의 트렌드를 읽는다』, 서울대학교 출판부.

# CHAPTER 08

전면개방과
사회통합위기

# 전면개방과
# 사회통합위기

## 1. 전면개방한 국민의 정부(1998. 2. 25.~2003. 2. 24.)

6·25전쟁 이후 대한민국 최대의 국난인 'IMF관리체제'를 다음 정권에 떠넘기고 김영삼 '문민정부'가 막을 내렸다. 김영삼 정부는 탈군사문화 문민우위의 정치를 주장하며 '문민정부'를 문패로 내걸었으나, 권위주의 정치 답습, 국회기능 약화, 가신그룹 정치, 문민독재 정치라는 비판을 받았다. 김영삼 정권 말기 국가 재조 논의를 문화일보가 제기했다. 성수대교 붕괴를 비롯하여 줄을 이은 육해공 대형 참사가 일어났다. 이른바 민주화 이후 사회기강 해이로 모든 것이 붕괴된 체제를 인수한 김대중 정부의 책임은 막중했다. 1997년 12월 이회창을 39만 표 차이로 누르고 득표율 40.3%로 당선했으나 김대중을 선택한 유권자보다 선택하지 않은 유권자가 더 많아(2위, 3위 후보자 득표율 합이 57.9%) 국민적 지지기반이 약했다. 김대중은 1998년 2월 25일 국회의사당 앞에서 베푼 취임식에서 '국민의 정부'를 표방했다. 김대중 red complex를 김종필이 보완해 가까스로 당선은 됐으나 DJP연합에도 불구하고 출발부터 여소야대 정국이었다. 정권의 수평적 교체를 성취한 김대중은 전 정권과 차별화하는 대북 대일 외교정책을 폈고 노벨상을 탔다. 건국 50주년 경축사에서 '제2건국' 선언을 한 김대중은 대북 햇볕정책과 대일외교로 노벨상을 탔지만 5억 달러 대북 불법송금이 확인돼 관계자들이 투옥되고 북한의 핵개발을 도운 일방적인 퍼 주기였다는 비판도 받았다. 노벨위원회는 김대중의 일본과의 화해노력을 높이 평가했다.

1998년 한일 정상 공동 파트너십 선언에 앞서 가진 양국정상회담에서 김대중은 "일제 한국침략 문제를 이제 더 이상 거론하지 않겠다"고 선언, 국제사회는 제2차 세계대전 전후처리 문제의 획기적인 진전이라고 높이 평가했다. 문제 발언을 기다렸다는 듯이 때맞추어 일본은 이웃 나라 침략사를 왜곡한 '신편교과서'를 정식 교재로 채택했고 총리가 제2차 세계대전 전범들의 위패를 안치한 야스쿠니신사도 참배했다. 1998년 공동파트너십 선언을 앞두고 김대중 정부가 독도 근해를 한일 공동관리수역으로 서둘러 합의한 것도 김대중 정부의 대일외교 문제점으로 거론됐다. 1997년 12월 김대중은 경제위기 극복, 노사정 협력, 복지사회 건설, 평화통일기반 마련, 공공부문 개혁 등의 내용을 담은 국정 100대 과제를 발표했다. 김대중은 탁월한 의사소통 능력이 있었다. 김호진 교수는 김대중의 계몽적 설교형 리더십을 높이 평가했다. 김대중은 집권 초기 국민의 지지를 어느 정도 받았다. 금모으기 운동, 노사정위원회 설립 등이 그런 예다. 그러나 잇달아 터진 두 아들의 구속, 옷 로비사건, 정현준, 진승현 이용호 게이트, 대전법조 비리사건 등으로 김대중의 도덕성은 땅에 떨어졌다. 좌파로 낙인찍힌 그의 지지는 한계가 있었다. 김종필의 보장으로 대통령이 됐지만 친북좌파라는 인식은 지우지 못했다. 대통령에 당선된 뒤 JP와 결별, DJP 연합을 깬 김대중은 임기 내내 소수파 정권이었다. 이승만의 건국, 박정희의 경제성장에 이어 김대중은 민족 재결합이라는 대과제에 도전했다. 임기 중 성공카드로 선전됐으나 퇴임 뒤 김정일을 만나기 위한 뒷돈 거래와 퍼 주기 일변도 포용정책의 결과가 자라는 세대의 안보 불감증과 정치불신을 남겼다는 비판도 받았다. 그는 IMF관리체제를 벗어나기 위해 금융개방정책과 외국인 주식 투자 한도 철폐를 단행했다. 한국전력, 포항제철 등 기간산업도 외국인 투자를 허용하여 모든 산업체를 개방했다. 30개 재벌기업 가운데 11개가 사라졌고 현대, 삼성, 대우, LG, SK 등 5대 재벌 체제로 개편했다. 그중 현대건설은 무리한 대북 사업으로 사장이 죽고 파산 직전까지 몰렸고 대우도 정치적인 환경으로 파산 선고됐다. 98년 금융감독위원회를 설치하고 5개 은행, 종합금융 16개, 리스사 10개, 보험사 4개 등 60개 금융기관을 구조조정했다. 108개 공기업은 25%의 인력 감축을 단행했다. 남해화학, 국정교과서, 한국통신, 한국중공업, 한국전력, 포항제철 등 공기업도 민영화가 추진됐다. 김대중 집권 시기 대표적인 업무추진으로 이해찬 교육부장관 주도로 전교조 인정, 교원정년 단축, 교원 비리 고발 센터 설치, 대학입시 변혁, BK21 등 교육 정책으로 공교육 무력화 현상을 초래했다. 중산층 몰락, 자살, 범죄, 가정 파탄 등 암울한 세월 속에 속 검은 일부 정치가만 즐거웠던 시대였다는 비아냥거리는 소리도 있었다. 1인당 국민소득도

6,300달러로 떨어져 세계 40위권으로 밀려났다. 김영삼, 김대중 두 대통령 시대에 일어난 사태였다.

98년 노사정 위원회 설치, 전국교직원노동조합 합법화를 김대중 정권은 업적으로 내세우지만 전교조 인정은 학교에 이념정치조직을 뿌리내리게 한 위험한 조치였다는 혹평도 받았다. 2000년 6월 13일 북한 방문, 6·15 남북공동선언문 서명, 5개항 합의는 큰 진전이었으나, 퍼주기식 조공외교라는 반대당의 비판이 커지고 있는 가운데 미국과의 틈새도 벌어지기 시작했다. NGO 역할 증대, 2000년 총선 시민연대 낙천 낙선운동 등 전향적인 정책으로 대중을 사로잡기도 했다. 그러나 초기의 야심 찬 계획은 햇볕정책을 제외하고는 용두사미가 되거나 왜곡되어 추진됐다. 측근과 자식, 인척들에게서 나온 부정부패 사건들이 김대중의 민주투사 이미지에 먹칠했기 때문이다. 2001년 1월 15일 김대중 언론개혁 선언으로 언론사 세무조사로 5천억 원 이상 세금을 추징하고 조선, 동아, 국민일보 3개 신문 사주를 구속했다. 김대중 정부는 언론장악 대책 등을 시사저널 등을 통해 흘리고 실행했다. 김대중 정부가 시작한 언론과의 전쟁은 노무현 정부까지 지속됐다. 안티조선운동에 앞장섰던 한 측근이 문화 관광부 산하기관장이 되기도 했다. 한국 언론의 정파주의 악습 때문에 벌어진 언론과 정부여당의 싸움은 좌편향정부가 마감한 뒤에 골이 깊은 언론의 정파주의 모순을 확대 재생산했다.

▶ 김대중 2000년 10월 13일 노벨평화상 수상

노르웨이 노벨위원회는 한국과 동아시아에서 민주주의와 인권을 위해 그리고 특히 북한과의 평화와 화해를 위해 노력한 업적을 기려 2000년 노벨평화상을 김대중 대한민국 대통령에게 수여하기로 결정했다. 한국이 수십 년간 전제주의의 통치하에 있을 때, 수차례의 생명에 대한 위협과 장기간의 망명생활에도 불구하고 김 대통령은 점차적으로 한국 민주주의를 대표하는 인물로 부상했다. 1997년 그가 대통령에 당선됨으로써 한국은 세계의 민주국가 대열에 확고히 자리 잡았다. 대통령으로서 김대중 씨는 확고한 민주정부의 수립과 한국에서의 내부적 화합 증진을 추구해 왔다. 강력한 도덕적 힘을 바탕으로 김 대통령은 인권을 제한하려는 시도들에 맞서 동아시아 인권수호자의 역할을 수행해 왔다. 버마(미얀마)의 민주주의를 지지하고 동티모르의 인권탄압에 반대하는 그의 헌신적 노력 역시 괄목할 만한 것이었다. 그의 북한 방문은 남북한 간의 긴장을 완화하는 과정에 큰 동력이 되었다. 이제 한반도에 냉전이 종식되리라는 희망을 가질 수 있을 것이다. 김 대통령은 또한 인근 국가들, 특히 일본과의 화해를 위해 노력해 왔다. 노벨위원회는 한반도의 화해 진전과 통일을 위한 북한 및 여타 국가 지도자들의 기여를 인정하고자 한다.

## 2. 노무현 참여정부(2003~2008)의 무모한 실험

제16대 대통령 선거에서 이회창 후보를 57만 표 차로 누른 1,201만 표(유효투표수의 48.9%)로 당선했다. 2003년 2월 25일에 출범한 노무현 참여정부(2003~2008년)는 4대 개혁 입법 대립 등으로 4년 내내 정쟁으로 얼룩졌다. 노사모, 진보적 시민사회단체 등 외곽 세력에 경도됨으로써 노무현은 보수 시민사회와 국민의 반감을 산 것이다. 보수세력을 적대시하고 그런 정책을 폄으로써 임기 중 그의 리더십과 국민지지에 부정적 영향을 미쳤다. 국회와 협력적인 관계는 취임 직후 2개월에 불과하고 나머지는 갈등 교착 극한 대립관계였다. 민중주의 정치였다(populism). 대화는 사라지고 힘겨루기와 정쟁이 지배했다. NGO, 기업, 지방이 다중적으로 권력을 공유하는 시대를 열었다. 김대중이 2000년 남북정상회담을 위해 5억 달러를 비밀송금한 사실을 특검법안을 통과시켜 확인시켰다. 지도자의 도덕성은 청렴만이 아니다. 올바른 가치관, 신념, 국가관, 정체성 같은 모럴의 정립도 요구되는 것이다. 노무현은 국회 탄핵을 받아야 했고 헌법기관들과 갈등했다. 대통령의 선거 개입 문제로 중앙선거 관리 위원회와 마찰을 빚었으며 언론과 갈등 관계를 드러냈다. 임기 말 측근 비리와 주변 인물들의 비리로 치명적 상처를 입고 리더십은 한계에 부딪혔다. 노무현이 퇴임 후 검찰조사에 몰려 자살로 생을 마감한 것은 한국정치사의 오점이다. 전문성 결여와 인사 정책 난맥으로 국정 혼란이 야기되고 공조직의 기강해이가 심각했다. 감정적인 반미 정책으로 주한미군 문제를 잘못 다루어 국방비 부담을 늘렸다. 권위를 등한시해서 국정 운영의 고비용 저효율 문제를 낳았다. 노무현 정부는 국민들과 함께하는 민주주의를 국정 목표로 했으며, 균형 발전 사회, 평화와 번영의 동북아시아 시대 등을 제시하였다. 동북아 균형자론을 표방하였으나 국력이 뒷받침되지 않는 발상이라는 혹평을 받았다. 대북정책은 김대중의 햇볕정책을 유지했다. 김대중, 노무현 10년의 지나친 유화정책이 오히려 북조선 민중의 고통만 가중시키는 결과를 초래했을 뿐이라는 보수세력의 비판도 있다. 제2차 북핵 위기 직후에 출범한 노무현 정부는 2006년 7월과 10월 북한이 장거리 미사일 발사와 핵실험으로 북한과의 관계는 진전을 보지 못했다. 2007년 10월 2일

도보로 군사 분계선을 넘어 10월 4일까지 평양을 방문, 김정일 국방위원장과 8개 조항의 공동선언문을 발표했다. 해주경제특구 개성관광, 백두산 관광사업 확대를 합의했다. 북한 IT인력 양성을 지원했다. 한미 간의 수평적 외교 관계와 미래지향적인 탈냉전 외교 지향을 강조하여 2002년 7월 미군 장갑차 여중생 사망 사건과 촛불 집회 등으로 표출됐다. 미국 정부와의 정책적 충돌이 자주 일어났다. 부시 행정부와 대북정책의 입장 차이로 '위험한 반미 외교'라는 비판을 받았다. 노무현은 북조선을 변호하는 것은 미국에 할 말을 하는 '실용주의' 외교라고 주장하였다. 실제로 미국 백악관 동아시아태평양 선임보좌관을 지낸 마이클 그린은 노무현에 대해 "부시 대통령이 만난 정상 중 가장 예측할 수 없는 인물이지만 그 어느 대통령보다도 한미동맹을 강화시킨 대통령"이라고 평가했다. 미국이 주도하는 MD 체제에는 참여하지 않았으며, 한미연합사령부가 갖고 있는 전시작전통제권 반환을 요구하였다. 노무현은 국가 균형 발전을 내걸고 지방 분권 정책을 시행했다. 국가 균형발전특별법, 신행정수도건설특별법, 지방분권특별법 3대 특별법을 제정하였다. 이 외에도 여러 공공기관의 지방 이전에 따른 혁신도시 계획을 수립하였다. 전국의 땅값을 올려 부동산투기를 조장했다. 신행정수도건설특별법제정, 신행정수도 이전도 계획하였으나 헌재의 위헌 결정에 의해 수도 이전은 불가능하게 되었다. 그 후 신행정수도 이전 계획은 수정되어 행정중심복합도시건설특별법으로 수정되어 행정중심복합도시 건설로 이어지게 된다. 국회에서 호주제 폐지가 통과되고 가족관계등록법이 시행되었다.

## 3. 김대중, 노무현 정부와 신문과의 전쟁

21세기 새천년 벽두 김대중 정부 후반기부터 공개적으로 불붙은 집권 세력과 유력 일간신문과의 갈등이 노무현 정부 집권 종반기까지 계속되었다. 국제적으로 언론 통제로 비친 정치권력과 언론과의 갈등은 정치, 경제, 법제 다방면으로 확산되어 정부의 신문보도에 대한 제소도 늘었다. 노무현 정부의 언론규제는 정치적·경제적 규제에 이어 언론을 통제하는 법률 개정과 제정 취재 제한까지 다양하게 전개되었다. 노무현 정부가 개정·제정한 신문법과 언론중재법은 논의 단계에서부터 반론이 제기되고 헌법재판소에 제소돼 위헌 판결까지 받았다. 2005년 1월 27일 정부가 제정한 '신문 등의 자유와 기능 보장에 관한 법률'(다음부터 신문법으로도 표기)과 '언론 중재 및 피해 구조 등에 관한 법률'(다음부터 언론중재법으로도 표기)을 헌법재판소는 2006년 6월 29일 위헌 판결을 했고, 대법원은 조선일보 등 언론 사주의 탈세 혐의를 유죄로 확정했다. 헌법재판소(다음부터는 헌재로도 표기)는 정부 권력의 언론자유 통제 위험을, 대법원은 언론의 관행적인 부조리를 징계하는 판결을 했다. 헌재는 노무현 정부가 이른바 '개혁 입법'의 일환으로 제정한 신문법과 언론중재법 중 4개 조문을 위헌, 1개 조문에 대해 헌법 불일치 판정을 했다. "1개 신문사의 시장점유율이 30% 이상, 3개 신문사 점유율이 60% 이상이면 시장지배적 사업자로 인정해 공정거래법에 의해 과징금 부과가 가능하다"는 신문법 17조는 신문사업자의 평등권과 신문의 자유를 침해해 위헌이라고 헌재는 판결했다. 신문법 34조 제2항 제2호가 제17조의 시장 지배적 사업자를 신문발전 기금 지원 대상에서 배제한 것도 신문 사업자를 차별하는 것이므로 평등원칙에 위반된다고 판결했다. 언론중재법 제26조(정정보도 청구 등의 소) 6항(정정 보도 청구를 민사집행법조 가처분 절차에 관한 규정에 의해 재판하면)은 "피해자의 보호만을 우선하여 언론자유를 합리적 이유 없이 지나치게 제한하는 것은 위헌이다"라고 판결했다. 헌재는 노무현 정부의 언론개혁 입법이 언론자유 침해 위험이 있다고 지적한 것이다. 또 신문법 제15조(겸영 금지 등) 2항 일간신문이 뉴스 통신이나 일정한 방송사업 겸영 금지에 대해 합헌으로 판결했으나, 3인의 위헌 판결 의견도 있었다. 신문법 제15조 3항의 복수 신문 소유 금지 조항은 헌법 불일치 결정을 했다. 헌재는 이른바 민주화 이후 정부 차원에서 제기한 언론규제론에 대해 적극적이지는 않지만 일부 제동을 건 셈이다. 권위주의 정치가 종식되고 언론이 정치적 통제에서 벗어났으나 김대중 정부부터 공개적인 마찰을 빚기 시작했다. 김대중 정부는 2001년 1월 대통령 연두기자회견에서 이른바 '언론개혁'을 선포하고 언론사 세무 사찰 결과에 따라 조선·동아 국민일보 사주를 구속, IPI로부터 언론자유 감시대상국으로 경고를 받았다. 노무현 정부도 집권 초기인 2003년 3월 29일 청와대직원 워크숍에서 노무현 대통령이 "우리는 나쁜 언론 환경 속에서 일한다. 우리는 언론의 시샘과 박해에서 우리 스스로를 방어해야 한다"고 언론과의 전쟁을 선언하고 집권 말기까지 언론과 불편한 관계였다. 노무현은 새 정부 출범 초기에 인터넷 매체와 단독 회견, 특정 신문 방문, 기자실 폐쇄, 보도 지침, 오보성 기사와 왜곡 보도에 대한 사안별 대응 조처 지시 등 적대적 신문에 대한 언론 대책을 속속 발표한 데 이어 2007년 5월에는 '취재선진화 방안'을 발표하고 취재를 통제, 언론과의 싸움을 집권 말기까지 지속했다. 권력과 언론의 적대적 관계는 노무현 정부에서는 비밀이 아니었다. 노무현 정부 출범 후 행정부와 정부 산하 기관의 대언론 제소가 급증했으며 대통령이 주관한 언론 대책 회의가 공개되기도 했다. 친여 언론 매체와 시민단체가 앞장섰던 보수 언론과의 싸움을 대통령이 전면에 나서, 언론의 대통령 비판 수위가 높아지고 노무현 대통령은 신문을 불량 상품이라고 비난하며 퇴임 후에도 언론과 싸움을 지속한다고 선언했다. 2007년 5월 22일 노무현 정부는 국무회의에서 '취재선진화 방안'을 공표한 데 이어 취재실 통폐합, 총리의 '취재지원에 관한 기준안' 등을 발표했다. 노무현 정부와 우호적이었던 기자협회를 비롯해, 편집인협회, 편집국장, 보도국장들의 공개적인 비판선언과 변협, IPI 등이 노무현 정부의 언론 통제에 항의했으나 노무현 정부는 굽히지 않고 강행, 정권 말기까지 언론과의 싸움 강도를 높였다. IPI 요한프리츠 사무총장은 "한국이 다시 IPI의 언론자유 감시대상국 명단에 들어가는 것을 보고 싶지 않다"는 서한을 2007년 8월 27일 노무현 대통령에게 보냈다. IPI 사무총장의 서한은 이른바 '취재선진화 방안'이 기자들의 관공서 출입을 금지하고 공무원들이 기자들에게 자유롭게 말하지 못하도록 함으로써 한국의 언론자유를 크게 해칠 뿐만 아니라 공중의 알권리를 침해하고 있다고 비난했다. IPI는 취재 봉쇄 조치뿐만 아니라 정부 부처들이 언론 비판에 대해 맞대응을 권장한 것과 비판 언론에 대한 정부광고 통제, 국정브리핑을 통한 언론 공격 등을 예로 들며 언론에 대한 노무현 정부의 적대적 감정과 오해를 지적했다. "기자실에 대못질하겠다"는 대통령 발언은 "전 세계 민주국가에서 활동하는 경험 많은 언론인들을 경악케 만들었다"고 꼬집었다. 2007년 8월 30일 전국 신문방송 통신편집 보도국장 일동도 "정부에 대한 취재 자체, 접근 자체를 원천적으로 차단하려 하는 노무현 정부의 취재 봉쇄 조치는 군사정권 시절보다 질적으로 더 나쁜 언론 탄압"이라는 결의문을 발표했다. 노무현 정부 집권기의 신문도 이데올로기를 개입시킨 대통령 비판 공격 저널리즘과 정치인의 비행을 폭로하는 적대적 보도의 비판 수위를 늦추지 않았다. 조심스런 분석 및 탐사보도보다는 논쟁을 일으켜 상대방 이미지를 훼손시키고 피상적인 비난에 중점을 두면서 투쟁과 불협화를 주제로 삼는 보도 행태가 많아진 것도 사실이다. 공평하고 객관적인 사회 감시 기능 수행의 한계선을 뛰어넘어 정권과 직접 투쟁하기도 하고 사회에 불협화를 초래하는 갈등과 충돌을 빚기도 했다. 기자들이 조용한 관찰자가 아니고 스스로 싸움 무대에 오르기도 했다. 비판저널리즘이 적대감을 증폭시키는 분노의 저널리즘으로 변질되기도 했다. 그 결과 갈등이나 충돌을 강조해 수용자들에게 갈등과 충돌이 문제를 해결하는 방법이란 인식을 심어 주기도 했다. 대통령에 대한 공격적인 기사가 정치에 대한 냉소주의를 심어 주어 정치적 무관심과 정치 참여 의욕을 상실케 하며 공중에게 정확한 정보나 사실을 전달하지 못해 신문의 신뢰도를 실추시켜 신문불신을 자초하기도 했다. 한국 언론은 선진언론의 기본 조건인 언론자유와 언론인의 윤리 모두 낙제점이다. IPI(국제언론인협회)는 2001년 한국을 OECD (경제개발협력개발기구) 가입국 가운데 유일한 'IPI Watch List' 국가에 포함시켰다. IPI는 2001년 9월 6일 서울에서 열린 2001년 IPI Press Conference 중 한국의 언론자유가 'IPI Watch List' 대상이라고 공식 발표했다. IPI는 2004년 5월 18일 바르샤바에서 개최된 이사회에서 "한국사회의 화해를 위해 일하고자 한다는 노무현 대통령의 발언을 환영하고 언론 분야도 한국 사회 내부의 화합을 위한 새로운 노력들에 포함되기를 희망하면서" 한국을 감시대상국에서 제외시킨다고 발표했으나 2007년 노무현 정권의 취재 봉쇄정책으로 감시대상국 재지정을 IPI가 노무현 대통령에게 보낸 서한에서 거론했다. 이른바 보수 언론과 연대해 권위주의 정부를 해체했던 구 한민당에 뿌리를 둔 민주당계의 정치 세력이 정권을 장악한 후 시작된 집권 세력과 유력 신문과의 이전투구의 진실은 무엇일까. 군부 권위주의 통치가 끝난 후 언론도 통제에서 풀려나 정치권력에 버금가는 유사 권력기관으로 변신했다. 언론의 변신과 부상이 정치권력과 신문의 전쟁을 불가피하게 했다고 진단하는 정치학자도 있다. 이 싸움은 식민지 시대와 권위주의 시대 신문의 굴종과 관행적인 윤리직 결함까지 파헤쳐 대중 특히 전후 세대의 유력 신문 거부현상을 일으켰다. 언론 윤리 확립은 정치적 탄압으로부터 언론의 자유와 독립 못지않게 한국 언론이 21세기 초에 풀어야 할 명제인 것만은 확실하다. 2001년 1월 김대중 전 대통령의 이른바 '언론개혁' 발언이 있기 전에 언론계 내에서도 21세기 한국 언론의 새 좌표를 모색하는 언론개혁이 90년대 중반부터 활발하게 논의됐었다. 관훈클럽, 한국언론학회, 한국언론연구원 등이 벌인 언론개혁 논의의 쟁점은 대체로 언론의 윤리 확립이 의제였다. 이런 논의를 집약해 관훈클럽 '한국 언론 2000년 위원회'가 5년간의 토론을 거쳐 2000년 10월에 발표한 '한국 언론의 좌표'는 한국 언론이 안고 있는 문제점을 분석하고 21세기 한국 언론의 새 방향을 제시했다. 그러나 관훈클럽의 '한국 언론 2000년 위원회 보고서'는 김대중 정부 주도의 '언론개혁 파동'의 외압에 밀려 선언으로 그치고 말았다. 2001년 김대중 정부의 언론사주 구속을 신호로 이른바 민주화 세력에 의해 한국 언론은 스스로 반성할 능력도 없는 비리와 부조리로 얼룩진 개혁 대상으로 매도당하고 있다. 노사모와 안티조선 등은 특정 신문 비방 운동을 공공연하게 벌였고 일부 젊은 세대에게 유력 신문을 나쁜 신문으로 각인시키는 역할을 하기도 했다. 21세기 초 한국 신문은 정치권과의 갈등뿐만 아니라 경영도 심각한 도전을 받고 있다. 신문의 위기 요인은 정치 세력과의 갈등, 흔들리는 언론 윤리, 인터넷 발전에 따른 언론 매체 환경과 수용자 변화, 경영불합리, 대중 영합주의 등 복합적인 것이다. 이미 20세기 말부터 전통적인 매체 외에 뉴미디어들이 여론시장에 대거 참여하며 영향력을 확대해 나가 언론 내부 질서가 재편되는 상황에 따라 권력과 언론 관계도 새로운 양상을 드러냈다. 2005년 11월 25일 '권력 비판과 언론: 표현의 자유와 한계를 주제'로 연 제11회 한국 언론법학회 세미나에서 최영재 한림대 교수는 대통령 관련 보도특성과 문제점으로 한국 언론의 정파성 공격 저널리즘의 문제점을 제기했다. 그러나 이 세미나는 정파성 공격의 문제점을 부각하면서도 "언론의 대통령에 대한 불공정 왜곡 편파보도를 문제 삼아 대통령을 포함한 국가 권력이 직설적으로 언론개혁에 나설 경우 언론자유를 침해한다"고 경고했다. 유재천 한림대 교수는 관훈저널 100호 기념 특집 논문을 통해 한국 신문이 주창(advocacy)하는 저널리즘을 지양, 공정하고 객관적이며 진실을 전달하는 보도를 통해 공론을 형성해야 한다고 지적했다. '전환기 한국 언론'을 주제로 한 2004년 한국 언론학회 학술회의에서 임상원 고려대 교수는 언론의 통치 도구화를 경고했다. 사실에 대한 충성과 정직성, 독립성을 강조한 것이다. 정파적인 미국 신문이 선정적인 황색 신문의 대중지 단계를 지나 진실을 보도하는 고급지, 정론지로 발전했다. 진보보수 싸움의 한복판에 있는 한국 신문 개혁 논쟁도 가면을 벗고 독자에게 진실을 알리는 역사의식 있는 신문으로 거듭나야 한다. 신문윤리강령, 신문윤리실천요강, 신문사마다 윤리강령 등이 제정되었으나 사문서가 되었다. 언론인재교육 등을 강화해 전문직 언론인으로서의 직업윤리를 제고시켜야 한다. 노무현 정권에 동원됐던 전 청와대 고위직 인사는 이임 후 "재직 중 언론 문제를 풀려고 노력했으나 최고 정책 결정권자가 단호히 거절했다"고 털어놓았다. 이 증언은 대통령 임기가 끝난 뒤에도 언론과의 싸움을 계속하겠다는 노 대통령의 발언으로 확인되었다. 21세기 초 언론과 정권의 정면충돌은 규범적인 언론 창달 목적보다 정치적 이해관계가 더 큰 요인이었다. 집권 세력의 강압적인 신문 규제에서 신문은 정면 대결과 함께 신문이 스스로 사회 책임형 언론으로 발전하는 방법을 강구해야 한다[2006년 12월 15~17일 인도 뉴델리 자와할랄 네루대학에서 열린 제8차 태평양─아시아 한국학 학술회의(8차 PACKS)에 보고한 논문 '21세기 한국 언론의 위기와 도전'에 '신문 등의 자유와 기능 보장에 관한 법률'과 '언론 중재 및 피해 구제 등에 관한 법률'에 대한 헌법 재판소의 2006년 6월 29일 일부 위헌 판결과 노무현 정권이 2007년 5월 22일 발표한 이른바 '취재선진화 방안'을 둘러싼 언론과 정부의 갈등을 추가했다].

## 4. 역대 정권의 대북정책

### (1) 박정희 정권의 대북정책

70년 8월 15일 박정희-평화통일 구상 선언, 유엔에서 북한과 통일 논의 제의 "한반도 장래는 우리의 주체적 노력과 자주적 결단에 달려 있다. 무력에 의한 적화통일이나 폭력 혁명에 의한 대한민국 전복 기도를 포기하고 전쟁 준비에 광분하는 죄악을 범하지 말고 선의의 경쟁-경제개발 건설 창조의 경쟁에 나설 용의 없는가."[60년 남한 1인당 GNP 94 달러, 북한 137달러, 70년 접근, 75년 591 대 579 역전. 북한도 미군 철수 가능성 기대, 남한에 애국적 민중세력 제휴 한국 정부 전복 가능성, 4대 군사 노선, 무리한 군비 증강, 심각한 경제난 직면, 남북대화 조건 조성]

- 71년 8월 15일 박정희-주체적 노력과 자주적 결단에 통일 문제 달려 있다.
- 71년 8월 12일 천만 이산가족 찾기 운동 대한적십자사 제의
- 71년 8월 20일 남북적십자 예비회담(판문점 중립국 감독위원회회의실)
- 72년 8월 11일까지 25차례 예비회담
- 72년 8월 29일~9월 2일 평양 남북 적십자 본회의
- 72년 7월 4일 7·4공동성명(이후락, 김영주)

① 쌍방은 조국 통일 원칙들에 합의를 보았다.

첫째, 통일은 외세에 의존하거나 외세의 간섭을 받음이 없이 자주적으로 해결하여야 한다.

둘째, 무력행사에 의하지 않고 평화적 방법으로 실현하여야 한다.

셋째, 사상과 이념 제도의 차이를 초월하여 민족의 대단결을 도모하여야 한다.

북한은 통일 3원칙['자주적 평화적 민족 대단결']에 의해 남한의 반공 정책 포기, 주한미군 철수, 남북한 연방제를 북한은 주장했다.

- 72년 10월 17일 대통령 특별선언 전국 비상계엄 선포(10월 유신)
- 73년 3월 13~14일 평양개최 제2차 본회담

북한 측 5개 제안

첫째, 무력 증강과 군비 경쟁 중지

둘째, 군대 10만 이하로 대폭 축소

셋째, 외국으로부터 군수물자 반입 금지

넷째, 주한미군 철수

다섯째, 평화협정 체결

남북조절위를 개편, 군사위원회 우선적 구성 요구, 별도로 '남북정당 및 사회단체 연석회의' 개최를 주장했다. 한편 남북적십자 본회담은 72년 8월 29일~73년 7월 13일 7차례 진행됐으나 북한의 무리한 요구로 7·4공동성명은 효력을 상실한다. 북한은 남북조절위 협의 선행 조건으로 '법률적 조건과 사회적 환경개선'을 내세워 한국의 반공정책, 주한미군 철수 문제 등 토의를 고집하여 회담이 불가능하게 됐다. 법률적 조건과 사회적 환경개선은 반공법 및 국가보안법 등 반공입법 폐지, 반공기관 단체 해체, 반공 활동 금지를 주장하고 북한의 적십자 정해 해설위원을 남한의 이와 동에 파견, 북한이념 전파를 고집해 결국 남북적십자회담과 7·4공동선언은 결렬됐다.

• 73년 6월 23일 6·23선언=평화통일 외교정책 특별선언 북한 공산 정권 인정

④ 북한이 우리와 같이 국제기구에 참여하는 것을 반대하지 않는다.

북한 지역에 실질적으로 통치하고 있는 현실을 인정한 것이다.

• 73년 8월 28일 남북조절위원회 평양 측 공동위원장 김영주 남북 대화 중단 선언
• 1974년 8월 15일 광복 29주년 기념 경축사를 통해 '평화통일 3원칙'을 천명.

첫째, 한반도에 평화를 정착시켜야 한다.

둘째, 남북 간에 상호 문호를 개방하고 신뢰를 회복해야 한다.

셋째, 이 바탕 위에서 공정한 선거관리와 감시하에 토착인구 비례에 의한 남북한 자유 총선거를 실시하여 통일을 이룩한다.

박정희 대통령은 남북대화가 교착 상태에 빠지자 이승만 대통령이 제시한 유엔 관리하 주민선택에 의한 통일을 주장했다.

## (2) 전두환 정권의 민족화합 민주통일방안(1979.~1988. 2.)

전두환 정권은 70년대 교류협력론, 기능주의 다각론 맥락에서 남북한 경제, 문화 인사 교류 우선 강조히고 실천 조치로 '남북한 기본 관계에 관한 잠정 협정' 체결을 주장했다. 1982년 1월 22일 '민족화합 민주통일방안' 발표[국정연설 1982. 1. 22.]

남북대표로 '민족통일협의회' 구성, 통일민주공화국 실현 위한 통일헌법 기초, 쌍방은

국민투표를 실시, 통일 헌법을 확정 공포. 그 통일 헌법에 따라 총선거, 통일국회, 통일정부 구성, 통일국가 완성. 통일 조국의 정치 이념 국호, 대외정책 기본 방향, 정부 형태와 국회 구성 위한 총선거 방법 시기 절차 등은 민족통일협의회가 구성되어 통일헌법 기초 과정에서 토의 합의할 문제다. 통일 이룩할 때까지의 실천 조치로서 '남북한 기본 관계에 관한 잠정협정'을 체결할 것을 제의한다.

첫째, 호혜평등 원칙에 입각하여 상호 관계 유지해 나간다.

둘째, 무력, 폭력, 위협 지양하고 상호 대화와 협상 통해 평화적으로 해결한다.

셋째, 상이한 정치질서와 사회제도를 인정하며 내부문제에 간섭 않는다.

넷째, 상호 교류와 협력 통해 사회적 개방을 추진하며 이산가족 재회 문제, 남북 간 자유로운 인적 왕래, 다각적 교류를 촉진할 수 있도록 교역, 교통, 우편, 통신, 체육, 문화, 보도, 기술, 환경보존 등 제 분야에서 협력하며 민족 이익을 증진시키는 구체적인 노력을 경주한다.

다섯째, 각기 체결한 쌍무적 다자간 국제협약과 협정을 존중한다.

여섯째, 각료급 전권대표를 임명하고 서울과 평양에 상주연락대표부를 설치한다.

　• 북한 '고려민주언방공화국통일방안'(1980. 10. 10.)

북한 정권은 1980년 조선로동당 제6차 대회 중앙위원회사업 총회 보고에서 '고려민주연방공화국 창설 방안'을 발표. 남과 북에 사상과 제도를 그대로 인정한 바탕 위에서 지역 자치를 하고, 중앙정부가 군사 외교권을 행사하는 고려연방공화국을 만든다는 것이다. 1국가 2체제 상태. 연방정부 만들기 위해 국가보안법 폐지, 정전협정 평화협정 대체, 주한미군 철수 등을 주장하고 있다. 남한의 적화통일 전 단계 조치로 주한미군 철수와 미국과 평화협정 체결을 이루기 위한 전략으로 분석된다. 김대중과 김정일의 2000년 6·15선언도 이 원칙을 따른 것이다.

### (3) 노태우 정권의 북방정책(1988. 3.~1993. 2.)

1987년 12월 유효 투표의 36.5%를 얻어 출범한 노태우 정권은 금융실명제, 토지공개념 도입을 시도했으나, 금융실명제는 좌절하고, 토지정책은 양도소득세 택지 상한제를 채택했다. 자본가와 정치 세력의 반개혁적 지배 연대 유지로 개혁에 실패했다.

1989년 2월 헝가리와 수교, 유고슬라비아(89. 12), 소련(1990), 중국(92. 8.)과 수교, 그 연장선상에서 북한과의 관계 개선에 나서 1990년 12월 '남북 사이의 화해와 불가침 및 교류협력에 관한 합의서'를 체결했다.

- 북방정책 – 88년 민족자존과 통일 번영을 위한 대통령 7 · 7특별선언

① 남북동포 교류, 해외동포 남북 자유 왕래

② 이산가족 상봉, 서신 왕래

③ 남북 교역 문호 개방

④ 우방 비군사 물자 교역 인정

⑤ 남북 대결 종식

⑥ 북한 대미일 관계 개선 협조. 소련 동구 국가와 국교 수교, 중국과 교류 확대

90년 남북총리회담, 91년 말 남북한 간 기본 관계 합의서 채택, 한반도 비핵화 선언, 군축 협상, 남북정상회담 분위기 조성

*남북기본합의서＝남북 사이 화해와 불가침 및 교류협력에 관한 합의서(91. 12. 13, 92. 2. 19 발효)

1989년 2월부터 8차에 걸친 예비회담 끝에 남북고위급회담 개최가 합의되고 90년 9월부터 총리 수석대표로 하는 남북고위급 회담이 열렸다.

한반도 비핵화에 관한 선언(92. 1. 20, 92. 2. 19 발효) 정원식, 연형묵


## (4) 김영삼 문민정부(93. 2.~98. 2.)

남북정상회담 개최를 위한 실무절차 합의서(94. 7. 2.)

이인모 미전향죄수를 조건 없이 북으로 보내고 남북정상회담을 추진한 김영삼 정부는 94년 6월 28일 부총리급 예비 접촉에서 합의한 '남북정상회담 개최를 위한 합의서'에 따라 94년 7월 1일부터 2일까지 판문점에서 대표 접촉을 갖고 실무 절차를 합의했다. 94년 6월 김일성 카터 회담에서 남북정상회담이 거론되자 이영덕 총리는 북한 강성산 총리에게 전화통지문을 보내 정상회담을 위한 예비접촉을 제안했다. 북한 측이 이를 수용함으로써 6월 18일 예비접촉이 열리고 13시간 마라톤협상 끝에 7월 25일부터 27일까지 평양에서 정상회담을 열기로 합의했다. 7월 1일과 2일 실무문제를 합의함으로써 정상회담이 열리고 남북관계 획기적 개선이 기대되었으나 7월 8일 김일성 사망으로 무산되었다.

## (5) 김대중 국민정부 햇볕정책 – 미국 포용정책

2000년 6월 15일 남북공동선언문 서명 5개 항 합의

① 통일문제의 자주적 해결

② 통일을 위한 연합제와 연방제의 공통성 인정

③ 이산가족 방문단의 교환과 비전향 장기수 문제 해결을 위한 노력

④ 경제 협력을 통한 민족 경제의 균형적 발전과 사회, 문화, 체육보건, 환경 등 제 분야
　 의 협력과 교류의 양성화

⑤ 합의 사항 실천을 위한 당국 사이의 대화 개최 약속

## (6) 북한의 남한적화통일 추진의 일환으로 침략 후 역대 남한 정부의 대북정책 변화

• 1954년 5월 23일 한국 통일에 관한 대한민국 제안 UN 감시하 총선거

• 1954년 6월 25일 이승만 북진통일론

• 1960년 8월 북한 과도적 연방제론

• 1970년 8월 15일 광복절 25주년 경축식사 평화통일구상 발표

• 1972년 7 · 4공동선언

• 1982년 민족화합 민주통일방안

• 1988년 민족자존과 통일번영 위한 특별선언(7 · 7선언)

• 1990년 9월 남북한총리 고위급회담

• 1991년 12월 13일(92년 2월 19일 발효) 남북한 사이의 화해와 불가침 및 교류협력에
　 관한 합의서 조국통일 3대원칙 재확인, 남북 화해, 남북 불가침, 남북 교류협력, 철도,
　 도로 연결, 항로 개설

• 1992년 1월 20일 한반도 비핵화에 관한 공동성언

• 노태우 정권 : 자유주의 체제하 통일

• 김영삼 정권 : 1994년 6월 18일 남북정상회담 합의–94년 6월 김일성 카터 회담 정상
　 회담 거론 후 이영덕 남한총리 북 강성산 총리에게 정상회담 위한 접촉 제안, 6월 18
　 일 예비 접촉, 7월 25~27일 개최키로 합의, 7월 8일 김일성 사망

• 2000년 6월 15일 남북공동선언문

# 인용도서 및 참고문헌

박석흥, 『건국 60년 한국의 역사학과 역사의식』, 한국학술정보(주).

한국정치학회, 『한국 대통령 리더십』, 관훈클럽.

한영우, 『다시 찾는 우리 역사』, 경세원.

연세대 국가관리연구원, 『노무현 정부의 국가관리 성과와 과제』, 연세대학교 출판부.

박석흥, 『신뢰와 존경을 받는 언론』, 한국학술정보(주).

바른사회시민회의, 『혼란과 좌절 그 4년의 기록』, 해남.

CHAPTER 09

중도실용의
과도사회

# 중도실용의
# 과도사회

## 1. 이명박 정부의 시대정신

　　이명박 정부가 성공한 정부로 역사에 기록되기를 대통령 취임식 날 전 국민은 기원했다. 국민들은 이명박 대통령이 정체(停滯)된 대한민국에 다시 활력을 불어넣고 국민 도의와 국가 정체성(正體性)을 재확립하는 대통령이 되길 간구했다. 이런 국민의 열망과 시대정신에 화답하기 위해선 새 정부가 김대중·노무현 정권과 확연히 다른 이념을 제시하고 실천해야 할 것이다. 2008년 2월 25일 취임한 이명박 대통령은 대대적인 개혁과 효율성 제고, 창조적인 실용주의를 내걸고 첫발을 내디뎠다. 차점자보다 500만 표 이상 차이로 압승한 이명박 대통령의 자신감에 그동안 국민 모두 박수를 보냈지만 새 정부는 자만만 할 수 없는 여러 문제를 안고 출범한다. 사실 17대 대통령선거에서 한나라당이 압승한 것은 새 인물에 대한 선호보다 서민들의 경제회복 열망과 김대중, 노무현 대통령에 대한 부정적인 정서가 더 비중 있는 요인이었던 것으로 정치학자들은 분석했다. 25일 퇴임하는 노무현 전 대통령의 업적으로 권위주의와 정경유착 청산, 대통령의 전투 작전 통수권 회수 등을 열거하는 사람도 있으나 보통 국민들은 노무현 정부 5년을 힘들고 지겨웠던 시절이리고 부정적으로 평가한다. 이런 반노무현 정서로 선거 직전 여론조사에서 BBK사건이 사실이라 하더라도 이명박 후보를 찍겠다는 국민 반응까지 나왔었다. 이런 민심을 잊지 말아야 한다. 지난 대선은 후보자들의 사상과 이념·도덕 성·리더십·성실성·정책 등에 관한 세밀한 검증도 없이 대통령을 뽑은 이상한 선거였다. 이명박 당선인의 지지율이 취임 직전 떨어진 것은 대통령직 인수위원회 활동 기간 중 국민의 뒤늦은 당선인 검증 결과였다. 이것은 자만심에 빠진 이명박 정부에 오히려 쓴 약이 될 것이라고 정치학자들은 긍정적으로 분석한다. 지금과 같은 판세라면 다음 국회의원선거도 예측 밖의 결과가 올 것이라고 내다보는 학자까지도 있다. 노 대통령 퇴임과 새 대통령 취임을 앞두고 숭례문·정부종합청사 화재, 헬기 추락 등 재난의 연속에 국민들은 김영삼·김대중 정권 교체기의 악몽을 연상하며 불안해한다. 이명박 정부는 대통령직 인수 위원회의 50여 일 활동기간의 시행착오를 교훈 삼아 포퓰리즘과 독선의 유혹을 떨쳐 버려야 한다. 인수위원회가 실수한 교육개혁논의는 개혁의 순서부터 잘못됐다. 교육은 사람다운 사람을 만드는 것이 기본이다. 인성교육보다 실용주의 위주의 현행 교육목표부터 재검토돼야 한다. 교육이념부터 바로잡고 좋은 교사 양성, 교육환경 개선 등을 추진하고 세부적인 교육방법은 다음에 풀 문제다. 시간이 걸리더라도 근본 문제를 진지하게 고민하는 자세를 새 정부는 이 기회에 배워야 한다. 효율성과 기념비적인 사업에 너무 현혹돼서는 안 된다. 균형발전 명분으로 전 국토를 투기장으로 만들고 국가 부채를 눈덩이처럼 부풀린 노무현 정부 개발 정책에 버금가는 새 정부의 대운하 건설 추진 고집에 국민들은 불안하다. 이명박 정부는 첫째, 김대중·노무현 정권의 잘못된 정책을 과감히 단절하고 새로운 정책과 청사진을 제시하고 국민을 설득하는 화합의 정치를 해야 할 것이다. 전 정권이 잘못 박은 못 뽑는 것만도 벅찬 작업이다. 둘째, 이명박 대통령은 역대 대선 중 가장 적은 국민이 참여한 선거에서 유권자의 3분의 1 미만 지지로 대통령에 당선되었다는 것을 명심하고 항상 겸손한 자세로 국회와 타협해야 한다. 그러나 국가 정체성을 흔드는 것까지 타협의 대상이 되어서는 안 될 것이다. 셋째, 새 정부는 좌파 정권의 천박한 선전선동 정치 풍토를 극복하고 고품격의 선진 민주 정치를 뿌리내리게 해야 한다. 불투명한 목적으로 국익을 소홀히 해 독도 근해를 한일 공동관리수역으로 넘긴 것이나 천박한 말로 대중에게 아부하는 저질 정치는 청산돼야 한다. 넷째, 금년은 국가 건국 60돌이 되는 해다. 대한민국사를 바르게 정리해 우리 역사를 부끄러운 역사라고 가르치는 자학사관이 학교교육에서 사라지게 해야 한다. 다섯째, 탁월한 국가 관리 능력과 아울러 새로운 국제 질서 개편 과정에서 국가의 장기 발전도 마련한 대통령으로 평가되어야 할 것이다. 우리 국민은 국민의 진정한 환송을 받으며 행복한 마음으로 퇴임하는 대통령을 보고 싶다[2008. 2. 25. 대전일보 박석홍 세상보기].

## 2. 부끄러운 대통령

박연차 사건으로 불거진 노무현 정권의 권력형 부패는 놀랄 일이 아니다. '386 도덕정치'의 가면이 벗겨지고 왜곡된 '민주화' 10년의 부패와 무질서가 곪아 터진 것뿐이다. 노무현 전 대통령은 집권 중반기에 이미 정권의 부패와 도덕적 결함으로 반체제운동을 함께했던 진보 진영의 이론가들로부터도 공개적인 비판을 받았다. 2005년 6월, '민주화운동'을 주도했던 김정남 전 평화신문 편집국장의 민주화운동 30년 출판기념회에 참석한 진보 진영의 이론가들은 김대중 · 노무현 정권의 파행정치에 "민주화운동이 과연 이런 정치를 위한 것이었나" 하는 반문을 하게 된다며 386 실세들의 부도덕성을 입을 모아 비난했었다. 세종문화회관에서 베풀어진 이 출판기념회에는 권위주의 체제에 저항했던 교수, 변호사, 문인, 종교인과 탄압을 받았던 희생자들이 대거 참여해 민주화운동 30년 역정을 회고하며 "노무현 정권의 실정으로 민주화운동에 앞장섰다는 말을 하기도 쑥스럽게 됐다"고 한탄했었다. 노무현 전 대통령 인척과 히로뽕을 복용했던 장사꾼, 노 전 대통령의 핵심참모, 386 실세가 연루된 박연차 사건으로 세상은 시끄럽지만 사실 이것은 부정부패의 깃털에 지나지 않는다. 권위주의 체제에 저항했던 김동길, 김지하 씨 등 양심세력과 진보파의 이론가 최장집 씨 등 지식인들은 '민주화' 실세의 도덕적 해이가 도를 넘어선 심각한 수준이라고 여러 번 지적했었다. 이들은 김 · 노 정권의 도덕적 해이와 법질서 파괴가 국가 기강과 사회조직까지 해체시키고 있다고 걱정했었다. 실제로 박연차 사건도 노 전 대통령형, 조카사위뿐만 아니라 YS 정권 이후 노무현 정권까지의 국회의장, 지방단체장 등 권력층 및 현 정권의 실세도 연루되어 '민주화' 이후 권력 핵심의 윤리와 도덕성이 완전히 망가졌음을 드러냈다. 대통령 주변의 부패는 망국의 조짐이다. 박연차 사건은 노 전 대통령형, 조카사위, 이 대통령 홍보기획비서관, 노 전 대통령 민정수석비서관, 386 실세인 이광재 의원, 부지사, 해양수산개발원장 등 권력형 비리 혐의자들을 사법처리하고 적당한 시기에 전직 대통령의 아들처럼 사면 복권하는 정치 수순을 밟게 될 것이라고 사람들은 예측한다. 정권 교체기마다 재연되는 대통령 친인척 연루 권력형 범죄의 여론 재판에 익숙해져 윤리의식이 마비된 보통 사람들의 생각이다. 그러나 비록 많은 사람이 그렇게 생각한다고 하더라도 이명박 정부의 검찰은 김대중 · 노무현 정권 10년의 권력형 비리와 구조적인 범죄를 차제에 투명하게 밝혀 사법처리해야 할 것이다. 특히 항간에 떠도는 국민의 정부 권력의 부정한 뒷거래 치부 의혹과 노무현 정권의 각종 위원회와 정부 산하 기관의 국가재정 낭비 등의 비리가 차제에 밝혀져야 한다고 사람들은 생각한다. 검찰은 박연차 사건을 조기 종결하고 이른바 민주화를 내걸고 저지른 법질서 파괴와 권력형 부정부패를 차제에 발본색원해서 척결해야 할 것이다. 노무현 전 대통령 형과 측근들이 구속된 박연차 사건은 전직 대통령이 수사대상에 떠오른 대한민국 역사를 더럽힌 권력형 비리의 하나다. 민주화를 내걸고 대통령이 된 김영삼, 김대중, 노무현 전 대통령이 한결같이 퇴임 후 대통령의 친아들, 친형 등이 구속되는 부도덕한 정치 소용돌이에 휘말리는 것은 부끄러운 일이다. 국민을 부끄럽게 하는 불쌍한 대통령이 더 나와서는 안 되겠다. 대통령이 부정부패 범죄에 연루되는 부끄러운 역사 반복을 종결하기 위해서는 대통령선거에서 거짓말로 선전선동이나 일삼으며 부도덕한 짓을 저지르는 저질 정치가를 뽑지 말아야 할 것이다. 눈앞의 이익이나 따지는 장사꾼이나 거짓말로 선전선동하는 구악정치가 대신 도덕성을 갖춘 지도자 선택이 국가를 안정시키고 존경받는 국민이 되는 길이다[2009. 4. 26. 대전일보박석홍 세상보기].

## 3. 올림픽금메달과 어머니들

금 6개, 은 6개, 동메달 2개로 역대 최고성적(세계 5위)과 최대 메달(메달 14개)을 획득한 2010 밴쿠버 동계 올림픽은 세종시와 4대강 정치싸움으로 짜증나던 국민들에게 오랜만에 가슴 뿌듯한 자긍심과 진한 감동을 심어 주었다. 잇따른 승전보로 국민 모두 기뻐했고 행복했던 시간이었다. 김연아, 모태범, 이상화, 이승훈, 이정수 등 대학 초년생과 여고생이 가세해 이룩한 밴쿠버의 쾌거는 젊은 세대의 잠재력 확인과 교육개혁의 가능성과 방향도 제시해 주었다. 올림픽을 준비하던 정부와 대기업이 추진한 체육 엘리트 교육, 어머니들의 헌신적인 자녀교육, 선수지도의 국제화가 삼위일체가 되어 창출한 기념비적인 결실이었다. 밴쿠버의 올림픽 경기장에도 대한민국 어머니들이 나타나 빙상의 아들과 딸을 격려하고 지도하고 있었다. 이번 동계올림픽의 기적도 국제 경쟁력이 있는 젊은 세대와 어머니들의 헌신적인 노력이 결집된 사교육의 성공이었다. 건국 60년 한국의 비약적인 성공을 상징하는 세계 정상의 음악, 체육, 무용, 예능 분야의 신세대 스타 대부분이 어머니들의 노력 등 사교육의 결실이었다. 세계가 감탄하는 한국 교육의 수월성은 자녀교육을 위해 가정부로 나서기까지 하는 어머니들의 헌신이 큰 비중을 차지한다. 고교 교육 평준화 이후 공교육은 오히려 교육의 수월성 추구와 교육 정상화의 걸림돌로 지탄받고 있다.

유아교육에서 취업시험 준비 교육까지 사교육과 학원교육에 의존하고 공교육은 장식품으로 전락하는 교육 파행이 벌어지고 있다. 대부분의 상급학교 진학 시험과 각종 자격고사 임용 시험 준비 교육을 모두 사설 학원이 주도하고 있다. 사대졸업 일부 수험생은 교사임용시험까지 사설학원에서 준비하고 있다. 한국 공교육은 비리와 숙정 대상으로 신문 사회면을 자주 장식한다. 이런 현상은 좌편향정부가 학생을 위한 교육 수월성 추구보다 정치 세력화한 교사집단과 야합한 교육정책을 추진한 이후 가속화된 것이다. 오바마 미국 대통령이 부러워한 한국 교육은 공교육이 아니고 어머니들의 헌신적인 사교육에 의한 수월성 추구 결과였다. 밴쿠버에서 신세대가 세계를 놀라게 하는 기적의 신기록 행진을 하고 있는 기간에 국내에서는 공교육 비리 보도가 속출, 대통령이 교육비리와의 전쟁을 선포하고 대통령이 직접 교육 현장에 나가 장학사들이 할 일까지 대신 하고 다녔다. 밴쿠버 동계올림픽 기간 중 사교육의 성공과 공교육의 참담한 실패를 국민들은 동시에 보았다. 이승훈 한국체대학생이 1만m스케이팅에서 세계 신기록을 수립한 다음 날 안병만 교육과학기술부장관은 시도교육감 회의에서 "봇물 터지듯 쏟아지는 교육 비리에 자괴감을 느꼈다"고 고백했다. 알몸 졸업식 뒤풀이, 자율고 부정입학, 대입사정관제비리, 교육청 인사와 재정비리 등 교육의 난맥상이 보도됐기 때문이다. 교육계 비리가 경찰 검찰 감사원 청와대의 수사 대상에 떠올랐으나 교육계는 크게 놀라는 기색도 없었다. 승진 인사를 둘러싼 뇌물 수뢰, 학교공사 발주 과정의 교육청 공무원의 비리 등이 적발됐으나 빙산의 일각이 드러난 것뿐이라는 반응이다. 교육재정의 낭비는 지방교육청 관리의 부정보다 교육부 전직 고위 관료들이 사립대학에 진출 교육 재정을 낭비한 것이 액수도 크고 심각하다. 이명박 정부가 척결하겠다는 교육계 비리 숙정은 공무원 기강확립 차원에서 당연히 해야 할 사전 작업이다. 본질적인 교육 개혁과 교육 정상화를 위해 먼저 교육 이념과 국가교육 목표부터 정립해야 할 것이다. 그동안 이명박 정부가 추진한 이른바 교육개혁도 노무현 정부의 포퓰리즘과 큰 차이가 없었다. 대입 사정관제도, 자율고 확대, 교원평가제 등 새로운 구호가 많이 나왔으나 민원해소 방안 수준으로 공교육 정상화와는 거리가 멀었다. 친북좌파정부가 검인정한 현대사 교과서의 오류를 임기 3년차에도 완벽하게 수정하지 못했으며 빨치산을 애국열사로 가르친 전교조 교사를 법원이 무죄 판결하는 혼란까지 초래하고 있다. 교육 질서를 바로잡기 위헤서는 교육행정가 교육학자 교사 입시 산업 부흐를 위한 교육 관행을 국가와 학생을 위한 교육으로 전환해야 할 것이다. 교원양성제도의 획기적인 개혁, 고교평준화 제도개선, 교원노조 정비, 교육자치제 개혁 등을 서둘러야 한다. 정운찬

총리의 대학 3불정책 수정 지적은 시의적절하다. 정부의 교육목표부터 바로잡으면 교육계 부조리는 자연스럽게 사라질 것이다. 적화통일도 좋다며 빨치산을 찬양하는 교사를 무죄라고 판결하는 시대에 이명박 정부의 교육 목표는 무엇이 되어야 할까. 이명박 정부의 고뇌의 결과가 국가 100년 대계에 반영되기를 바란다[2010.3.8. 대전일보 박석흥 세상보기].

## 4. 세계 15위 국가와 떠나고 싶은 나라

한국이 미국 시사주간지 뉴스위크가 선정한 '세계 최고의 나라' 15위 국가로 뽑혔다. 경제의 역동성, 교육, 건강, 정치 환경, 삶의 질 등 5개 부문 평가 총점에서 83.28을 받아 100개 국가 중 15위 국가로 평가된 것이다. 각종 국가경쟁력 지표와 전문가 평가를 토대로 한 뉴스위크의 한국 평가 순위 15위는 세계은행이 발표한 한국의 지난해 명목 GDP(국내총생산 8천325억 달러) 세계 15위와 동일하다. 한국은 '교육' 부문에서 핀란드에 이어 2위를 차지했고 경제 역동성은 싱가포르, 미국에 이어 3위였다. 그러나 갤럽이 2007년부터 2010 사이에 148개국 35만 명 성인을 대상으로 이민 가고 싶은 이상적인 나라 조사에서는 50위 국가로 나타났다. 이민 관련 규제를 철폐할 경우 한국 인구는 8%가 줄어들 것으로 분석됐다. 한국을 선망하는 외국인보다 한국을 떠나고 싶어 하는 한국인이 더 많다는 분석이다. 잠비아 등 아프리카 국가, 우즈베키스탄, 크로아티아, 체코 등 공산권 국가보다도 순위에서 밀렸다. 뉴스위크와 갤럽 발표는 한국은 외형상 선진국이지만 바람직한 국가 순위는 중진국 수준이라는 혼란스런 분석이다. 노무현 좌편향정권 들어서 극대화된 양극화, 부패, 무질서 등을 탈피하기 위해 국민들이 500만 표 차이의 압도적인 지지로 출범시킨 이명박 정부의 현주소와 과제를 상징적으로 제시한 것이다. 권위 있는 두 기관의 상반되는 한국 평가만 혼란스런 것이 아니다. 집권 후반기로 들어서는 이명박 정부에 대한 국민들 심사도 혼란스럽다. 지식인들이 이른바 이재오 내각이라고 부르는 새 내각의 인사청문회, 한상렬진보연대 상임고문 등 종북 세력의 국가반역 행위, 일부 전교조와 좌편향 교육감의 포퓰리즘 교육정책에 흔들리는 이명박 정부의 교육행정 등 작금의 사태가 국민을 더욱 혼란스럽게 한다. 이번 인사청문회도 베스트 오브 베스트였다는 출범내각에서 제기되었던 내정자의 위법 도덕성 등이 제기되었다. 문제는 내정자들의 문제를 알고도 능력을 평가해 선택했다는 정부의 해명과 여야의 실속 없는 공방이다. 그러나 청문회 앞두고 불거져 나온 노무현 전 대통령의 자살 원인에 대한 온 국민의 관심을 잘 읽어야 할 것이다. 국회 명예를 걸고 실체적 진실을 밝혀야 할 것이다. 70일 동안 북한에서 대한민국을 비방하며 반역 행위를 한 한상렬고문과 관련자들을 법에 의한 엄정한 제재가 있어야 할 것이다. 종북 세력의 반역과 범법 행위 시위는 해방 직후 위조지폐를 만들어 공산당 자금으로 제공했던 박낙종 정판사사건과 이 재판에 좌익변호사들이 재판을 지연시키고 테러단까지 동원해 법정을 아수라장으로 만들었던 좌파 난동을 연상케 한다. 한상렬 고문이 체포될 때도 북과 남에서 많은 동조 세력들이 집단 시위를 했다. 한상렬 고문 사건을 통해 국가보안법을 위반 사안에 대한 의법 처리를 이번에 분명히 해야 할 것이다. 교육과학기술부가 좌파 성향 일부 교육감과 전교조가 들고 나온 학생체벌 금지, 학생의 표현의 자유 법제화 등 다음 선거와 학생 의식화를 노리는 좌파의 정치놀음에 휘둘리고 있다고 지적하는 학자도 있다. 레이건, 오바마 등 미국 대통령들이 한국 교육의 질과 높은 성취도를 부러워했다. 실제로 한국 학생들의 읽기 · 수학 · 과학 성적은 각각 OECD 1위 · 2위 · 7위였다. 유엔의 인간개발지수(HDI)도 한국은 7위였다. 그러나 한국 교육의 수월성은 학부모의 교육열에 의한 사교육의 결실이었다. 이 한국 교육의 수월성 추구도 노무현 정부의 평준화 이념에 의한 획일화 추진으로 많이 흔들렸다. 부실한 공교육에 대한 불안 때문에 학부모의 사교육비의 증가와 조기유학이 늘고 있는 것이 현실이다. 이러한 문제를 해결하기 위해 교육하향 평준화, 교사의 자질 향상, 교육 이념 정립, 전교조문제 해결, 교사양성교육 개혁, 교육의 다양화 등을 검토해야 할 이명박 정부가 의식화 교육 공인을 노리는 교육법 수정 등에 부화뇌동한다는 지적도 있다. 교육의 수월성 제고와 다양화를 위해 이명박 정부가 지난 3월에 도입한 자율고를 7월에 취임한 교육감이 중도에 바꾸겠다고 해도 정부는 소극적으로 대응하고 있다. 이것이 뉴스워크가 15위 국가로 선정한 한국의 현주소다. 겉보기엔 화려하나 내실을 다지지 못한 것 같다. 서둘러 바로잡지 못하면 통일의 기회도 잃어버리고 종속국가로 전락할 수도 있다. 국민정신을 바로잡을 교육 개혁이 화급하다.[2010. 8. 23. 대전일보 박석홍 세상보기].

## 5. 북한 3대 세습과 남한의 안보

북한은 2010년 9월 마지막 주 노동당대표자회의에서 김정은 3대 권력세습을 공식화하면서 조선로동당을 김일성당으로 규정하는 정치 이벤트를 연출, 월드뉴스의 초점이 됐다. 김정일은 9월 28일 북송 재일동포 무용수 고영희가 낳은 셋째 아들 김정은을 인민군 대장 · 당군사위 부위원장 · 중앙위원으로 임명했으며, 조선노동당 규약 서문에 명시된 "조선노동당은 '맑스-레닌주의 당'이다"라는 규정을 삭제했다. 노동당 규약 수정으로 북한은 이제 마르크스 · 레닌주의를 신봉하는 사회주의 · 공산주의 국가가 아니고 6 · 25 전범 김일성이 시조(始祖)며 영원한 주석(主席)인 김일성국가로 변신했다. 김정일은 아들 김정은과 함께 누이동생인 노동당 경공업부장 김경희도 인민군 대장으로 임명했으며 김경희의 남편 장성택은 국방위원회 부위원장과 노동당 행정부장으로 겸임 발령, 김정은을 보호할 혈연조직을 보호막으로 세웠다. 김정일은 6명을 무더기로 대장 발령하는 퍼포먼스를 베풀었다. 북한 노동당대표자회의는 29일 선군정치의 깃발 아래 김일성, 김정일, 김정은 3대(代) 세습 체제를 공식화하고 이를 뒷받침할 김일성 일가 권력 체계도 공인한 것이다. 김일성이 1945년 10월 14일 평양 공설운동장에서 열린 '소련해방군 환영 군중대회'에 처음 모습을 드러냈을 때와 유사한 사태가 다시 북한에서 벌어지고 있다. 소련 군대에 둘러싸여 젊은 김일성이 연설을 시작하자 군중은 조만식 등 지도급 인사들을 제치고 소련군 앞잡이 등단에 웅성거리는 소동이 벌어지기도 했었다. 지금 평양에서 김일성의 손자 김정은이 65년 전 소련 군정의 꼭두각시 역할을 했던 할아버지 흉내를 내고 있다. 김일성이 소련군에 업힌 괴뢰였듯이 김정은은 '김정일 선군(先軍)정치'가 역점을 두었던 북한 군부의 위세를 업고 등장했다. 민중의 선택을 무시한 군의 위압 분위기가 동일하다. 기성세대를 무시한 젊은이 출현도 비슷하다. 김정은은 김일성의 당시 나이(33세)보다 6살 아래인 27세다. 김정일은 김정은을 군 대장으로 임명하여, 군을 먼저 접수하고, 노동당과 군을 연결하는 당 중앙군사위원회 부위원장도 맡겨 북한 권력을 장악하도록 구상했다. 군(軍)에 의한 폭압적인 체제 유지를 지속, 군을 김정은 권력 세습의 울타리로 삼겠다는 것이 김정일의 속셈이다. 그러나 이것은 김정은 정권의 독(毒)이 될 수도 있다. 김정은 체제의 운명은 군과 당의 실력자들 사이의 권력 분배와, 권력투쟁에 좌우될 것이다 특히 20대 후반의 김정은이 김정일을 대신할 경우 북한군의 강경 정책 선택이 우려가 된다. 북한 군부는 재래식 전력은 대한민국 군부의 전력에 비해 열세라고 판단하고 핵 · 미사일 · 게릴라 부대 등을 집중 강화해 왔고 지금도 잔행 중이다. 김정은 체제를 군부가 실질적으로 장악하게 되면 군부의 모험으로 한반도 평화가 위태롭게 될 확률이 높다. 그래서 북한의 3대 세습쇼 이후 남한은 북한의 침략 위협 외에 파산 상태의 북한경제와 김정일의 건강까지 걱정해야 할 형편이 되었다. 그래서 김정은 동영상을 처음 공개했을 때 남한 미디어는 김정은 얼굴과 함께 김정일의 다소 건강한 모습을 긍정적으로 보도했다. 1968년 26세의 김정일을 후계자로 부상시키는 과정에서 김신조 부대의 청와대 습격시도, 삼척울진 무장게릴라 침투, 미국 정보기 격추, 미국 7사단 철군 등 한국 안보를 뿌리부터 흔드는 사건이 속출했었다. 김정은의 권력 세습을 공식화한 29일 박길연 북한 부상(副相)은 유엔총회에서 "우리의 핵 억지력은 결코 포기될 수 없으며 오히려 강화될 것"이라고 핵무기 개발을 계속하겠다고 말했다. 북한은 한반도의 적화통일 야망도 버리지 않았다. 북한의 3대 세습 이벤트를 통해 국민들은 김대중, 노무현 정권의 선전과 다른 북한의 실체를 알게 되었다. 북한의 3대 세습을 지지 찬양하는 정치세력도 있지만 일부 친북언론인까지 당혹감을 감추지 못하고 있다. 정부는 대한민국에 위해한 김일성 세습체제의 실체와 위험성을 국민에게 정확하게 알리는 소통을 해야 할 것이다. 그리고 대북정책과 한국안보와 관련된 대외정책이 원칙에 충실해야 한다. 중국 중앙정부가 서두르는 장춘, 길림, 도문을 잇는 만주개발이나 러시아 극동시베리아개발도 북한을 배후 지역으로 한 것이다. 천안함사태로 중국·러시아·북한 대 미국·일본·남한의 대결 구도가 됐으며 그런 가운데도 북한은 미국·일본과 물밑 거래를 하고 있다. 눈앞의 이익이나 대중지지에 연연해 국가대사를 망쳐서는 안 된다. 북한의 3대 세습 이벤트를 보면서 남한은 북한 도발 위험에 대한 긴장과 안보의식 실종을 반성해야 할 것이다[2010.10.4. 대전일보 박석흥 세상보기].

## 6. 100년 전 식민지전략과 부도덕한 정치

100년 전 8월 싸워 보지도 못하고 나라를 빼앗긴 경술국치(庚戌國恥)를 잊지 말아야 한다. 경술년(1910년) 8월 22일 한국은 일본의 식민지가 됐으나 국민들은 나라를 빼앗긴 사실조차 알지 못했다. 부끄러운 역사다. 8월 29일 일본이 한국 병합(倂合)을 공식 발표했을 때 판서, 승지, 지평 등 관리 20명과 유생, 백정 등 20여 명이 조선이 망한 것을 애통해하며 자결했을 뿐 백성들은 조용했다. 오사까 마이니찌 서울 특파원은 우려했던 1천만 조선인의 저항이 없었던 것에 놀라며 "너무 조용해 여우에 홀린 것 같다"는 기록을 남겼다. 일본 관학자들은 메이지유신(明治維新) 7년 만에 강화도를 침략한 일본이 35년 만에 한국을 조용하게 독식한 것은 주도면밀한 침략 전략과 무단통치 때문이었다고 해석했다. 그러나 9년 뒤 3·1운동이나 8·15광복까지 50년간 지속된 한민족의 끈질긴 독립운동사를 보면 일본학자의 주장은 설득력이 없다. 1910년 8월 일본의 한국 병합이 조용히 이루어진 것은 일본의 무력보다 조선이 이미 나라가 아니었기 때문이었다. 왕족과 고관대작들은 일본의 은사금 회유에 넘어갔으며 나라는 김정일 정권처럼 굶어 죽는 서민들을 방치해서, 국민통합 능력을 상실했었다. 당시 한국에 와 있던 일부 외국인들은 조선왕실이 굶어 죽는 백성들의 고통을 외면하는 부도덕성과 고관대작들의 부패와 권력싸움을 고발하는 글들을 남겼다. 이런 미국인들의 편향 시각과는 다르게 높은 문화를 향유하던 조선이 열등한 일본의 식민지로 전락하여 귀중한 전통문화가 사라져 감을 애석해했던 베네딕도 수도회장 노베르토 베버 신부도 백성을 지도하고 외침에 맞서야 할 고관대작들이 타락한 것을 가슴 아파했다. 경술국치 5개월 뒤 한국에 와서 반년간 한국을 답사하고 '조선', '금강산' 등 저술과 민속자료를 영상제작해서 뮌헨대학에서 박사학위를 받았던 베버 신부는 "서울 성곽이 견고한데도 조선이 망한 것은 지배층이 부패하고 기백을 잃었기 때문"이라고 지적했다. 언론인 박은식도 '한국통사'에 비슷한 지적을 하며 혼이 살아나야 한다고 역설했었다. 2010년은 경술국치 100년, 6·25 60돌, 4·19 50주년, 광주 참변 40년이 되는 해다. 일제 침략·동속상잔의 비극·학생과 시민이 피 흘린 격변 등의 큰 위기를 극복하고 한국은 후진국을 돕는 선진국 대열에 합류했다. 그러나 외형은 강대국이 되었지만 적화통일도 좋다는 종북(從北) 세력의 선전선동에 의한 이념 갈등·양극화·북한을 둘러싼 중국, 러시아, 미국, 일본의 각축·북미평화협정 물밑 거래 가능성·당쟁재연 등으로 한반도의 미래는 불확실하다. 붕괴 직전인 북한의 국지전 도발 위험과 한국사회를 견고하게 유지시켰던 이념도 깨어질 수도 있다는 위기감까지 엄습하고 있다. 21세기 첫 10년 한국은 국가 정체성의 혼란과 잘못된 역사교육의 부작용을 비싼 월사금을 주고 학습하고 있다. 대한민국 건국부터 부정하는 종북자학사관(從北自虐史觀) 교육을 받은 세대가 정치, 사법, 언론, 교육 분야의 파워엘리트가 되어 국가 정체성을 뿌리째 흔들리고 있기 때문이다. 김대중, 노무현 좌편향정부 10년의 후유증이라고 하지만 종북자학사관교육은 위험수위를 넘어서 국가 통합까지 크게 위태롭게 하고 있다. MB 정부의 천안함사태 발표를 20% 이상의 국민이 안 믿는다고 반정부 세력들이 나발 불고 있다. 이승만, 박정희 대통령은 폄하하고 기백만 국민을 살상한 전범 김일성과 국민을 굶겨 죽인 김정일은 옹호하는 일부 전교조의 종북사관 교육을 정부가 방관하고 반역자를 찬양하는 교육도 무죄라는 사법부 판결도 나왔다. 국가 정체성의 혼란은 그 끝을 알 수가 없다. 반역세력까지 합류한 신뢰할 수 없는 사람들이 정치판을 흔들고 있기 때문이다. 100년 전 조선이 일본에 조용히 망한 원인은 지배세력의 부패와 국민교육 실종이었다. 새 출범을 다짐하는 MB 정부는 국민들에게 국가 정체성·대통령의 이념·이상을 밝혀 우리나라가 어떠한 미래를 향하여 가고 있는가를 알려 주어야 한다. 그것이 국민을 결집시키는 참다운 소통이다. 100년 전 나라 팔아먹은 매국노를 타산지석 삼아 권력 쟁취를 위해 이전투구하는 여야정당과 정치인도 반성해야 할 것이다[2010.8.9. 대전일보 박석홍 세상보기].

## 7. G20 서울 회의

G20 서울 정상회의를 취재했던 외국 언론의 회의결과 분석과 한국 재조명 보도가 줄을 잇고 있다. 프랑스 르몽드는 한국이 G20 정상회의를 치밀하게 준비한 저력에 찬사를 보냈다. 르몽드는 1910년 일본의 침략으로 식민지로 전락했던 한국이 선진국과 어깨를 나란히 하며 G20회의를 주관한 것을 '한국의 기적'이라는 표제의 해설기사로 분석했다. G20 회원국과 초청된 5개국, 유엔·IMF(국제통화기금)·세계은행·국제노동기구 등 7개 국제기구 대표 등 세계 정상급 인사와 글로벌 기업의 최고경영자, 기자 등이 대거 몰려와 21세기 현안을 논의한 것은 격동의 세월을 지혜롭게 극복한 한국 현대사 역정에 의한 귀결이었다. 이데올로기전쟁 IMF 고난을 극복하고 선진국에 합류한 한국은 선진국과 개발도상국을 잇는 조정자의 역할을 서울 G20회의에서 충실히 했다. 월스트리트 저널(WSJ)은 "위안화 환율과 경상수지 문제를 관철하려던 미국은 자국 입장을 변명하기에 급급했다"고 오바마를 비판했다. 워싱턴포스트 뉴욕타임스도 부정적으로 보도했다. 일부 국제통신도 비슷한 시각이었다. AFP통신은 "경상수지 흑자 및 적자 폭을 제한해야 한다는 미국 제안을 빠뜨린 선언문은 금융시장에서 무력한 것으로 해석될 수 있다"고 지적했다. 로이터통신도 "이번 회의가 공허한 가이드라인을 마련하는 데만 합의했을 뿐 미국이 추진했던 보다 과감한 대책은 중국의 강력한 반대로 빠졌다"고 부정적으로 평가했다. 그러나 중국, 독일, 프랑스 언론은 서울 G20회의를 일단 긍정적으로 평가했다. 금융위기 재발을 막기 위한 규제 강화와 글로벌 금융안전망 구축, 각국의 거시경제 정책 공조, 개발도상국의 경제성장 지원 합의 등은 평가할 만하다. IMF 개혁 단행도 모든 나라가 높게 평가했다. IMF 지분조정을 통해 중국, 한국 등 아시아국가의 발언권이 다소 강화된 것은 큰 변화였다. 금

융위기에 직면한 국가에 대한 탄력대출 제도와 예방대출 제도를 도입한 것도 지금까지 금융위기 국가를 사후에 지원하던 시스템에서 진일보한 것이다. 신흥국으로 투기자본(핫머니)이 급증했을 때 거시 건전성 규제를 할 수 있도록 20개국 정상들이 의견을 모은 것도 바람직한 조치였다. 은행 자본 확충과 대형 금융회사에 대한 규제와 감독 강화 등 금융규제 개혁의 세부적 사항이 마련된 것도 성과다. 이명박 대통령이 직접 제안했다는 비즈니스 서밋과 정상회담이 유기적으로 연계되고 공공과 민간 부문의 파트너십이 향상된 점도 평가할 만하다. 한국은 G20 서울회의에서 개발도상국 지원 문제를 의제에 포함시켜 논의를 주도했고, 구체적 방안을 선언문에 포함시켰다. 개발도상국의 인프라 구축, 담당 자육성 자원 개발, 무역선용, 식량안보 등 9개 핵심 분야에 걸친 실천계획을 담은 '서울 개발 컨센서스'를 채택했다. G20 차원의 개발도상국 지원방안 채택은 비록 종이 개발계획이라는 비아냥거리는 소리도 있긴 하지만 부자나라들에 가난한 나라 도울 방법은 제시한 것이다. 서울 G20회의 평가는 다양하겠지만 MB 정부를 상징하는 노작으로 기록될 만하다. 사공일준비위원장 등 회의 준비위원들의 노고와 헌신을 높이 평가한다[2010.11.15. 대전일보 박석흥 세상보기].

## 8. 대한민국 군(軍)이 약하다니

북한의 연평도 포격 도발은 좌편향정권의 햇볕정책으로 무장해제됐던 대한민국의 안보의식을 각성시켰다. 이명박 대통령은 국방장관 경질에 이어 2010년 11월 27일 청와대 안보총괄점검 회의에서 주적 개념 부활, 국방 개혁, 국민 안보의식 제고 등을 논의했다. 인수위원회에서 논의했을 과제를 뒤늦게 챙긴 것이다. 북한도발 다음 날 실시한 한 여론조사는 북한 도발에 적극 대응해야 한다는 국민의 응답이 전에 비해 높게 나왔다. 적극적 군사 대응을 선택한 응답자가 44.8%, 확전 막아야 한다가 33.5%였다. 연평도 충격으로 대한민국이 김대중, 노무현 좌경정권 시대 조성된 혼미한 대북 안보 미몽에서 깨어나는 조짐을 보이고 있다. 그러나 종북 세력의 위장평화 선전에서 국민이 깨어나는 것만으로 해결될 문제가 아니다. 북한의 연평도 도발은 국제적으로 한반도가 미국과 중국의 한판승부 지역의 하나로 부상하고 내부적으로는 이명박 정부의 국가보위 의식에 대한 국민의 불신, 군기강 해이, 군 부패와 정치군인 숙정 문제, 종북 세력 제거 등이 이명박 정부의 긴급 과제로 떠올랐다. 6·25전쟁 60주년인 올해 군은 잇따른 육해공군 대형 사고와 군사무기와 관련된 군 부패 표출, 천안함 침몰, 연평도 해병부대 피습 등 전대미문의 사건이 줄을 잇고 있다. 불량 전투화, K-21, 장갑차 침몰, 헬기 불량 정비, K-9 자주포 불능 등으로 불거진 군의 조직적 부패와 기강해이는 5·16 직전 군 부패와 크게 다르지 않다. 연평도 해병대의 K-9 자주포도 6문 중 3문만이 북한 기습에 대응했다. 1문은 작동이 안 됐으며 2문은 적의 포격에 맞아 전자회로에 고장이 났었다는 것이다. 일본 산케이신문은 "충돌이 반복되어 온 최전선임에도 불구하고 한국군이 의외로 약하다는 사실이 드러난 것"이라고 놀라움을 표시했다. 이 신문은 한국군의 전력 저하는 햇볕정책으로 반공 이데올로기를 무력화시킨 김대중·노무현 정권 10년 동안에 급속히 진행되었다는 것이 중론이라고 지적했다. 월남전쟁에서 귀신 잡는 해병으로 칭송을 받았던 한국 해병대가 연평도에서 북한군 포격에 묵사발당한 것은 김영삼, 김대중, 노무현 세 정권의 지속적인 군 깎아내리기와 정치권력 눈치만 살피는 정치군인 양산 때문이었다는 비판도 제기되고 있다. MB 정부는 6·25와 월남전에서 용명을 날린 한국군의 명예와 전통을 되살려 군을 다시 막강군대로 탈바꿈시켜야 한다. 정부는 고가 무기들이 불량품으로 보급되어, 병사들이 희생된 군부패 등을 파헤치는 군 개혁과 정치군인 숙정을 단행, 군을 국가보위의 선봉장으로 재무장시켜야 할 것이다. 북한의 도발에 밀리기만 한 MB 정부는 국민에게 진심으로 사과하고 국가안보를 강화해야 할 것이다. 이명박 대통령은 천안함 침몰 후 전쟁기념관에서 "북한이 우리 영토·영해·영공을 침범한다면 즉각 자위권을 발동할 것"이라고 천명했었다. 그러나 이 말은 빈말이 되고 말았으며 연평도 도발에 대한 정부와 군의 발표는 천안함 침몰 때와 같이 갈팡질팡했다. 북한도발에 계속되는 청와대의 혼선은 북한군의 NLL 도발에도 선제사격을 못 하게 한 좌경정권 지침 때문에 2차 연평해전에서 참패했던 사실을 연상시킨다. 북한은 남한에 좌경정부가 들어선 후 6·25 정전 이후 공인해 온 서해 북방한계선(NLL) 대신 '해상군사분계선'(?)을 들고 나와 분쟁 지역화하며 노무현 정권과 물밑협상을 벌이기도 했었다. 독도 근해를 한일공동수역으로 넘긴 좌파정권은 NLL까지 공동관리수역으로 무력화시킬 뻔했었다. 23일 북한의 연평도 도발 후 종북좌파들은 TV 토론이나 인터넷에 북한의 NLL 문제 제기를 거들고 있다. 민주당 소속 송영길 인천시장은 북한의 연평도 포격이 우리 군의 호국훈련에 자극을 받았기 때문이라고 말하고 서해오도 주민을 전부 다른 지역으로 이주시켜야 할 것이라고도 말해 북한의 NLL 무효화를 간접적으로 돕는 것이라고 보수정당이 공격했다. 북의 국지전 도발에 종북 세력의 북한 편들기 우려가 현실화된 것이다. 좌경세력의 반역을 제재할 적극적인 대책이 시급하다. 사법부, 국가안전기획부, 의회, 행정부, NGO, 언론, 대학에까지 종북 세력이 침투했으나 경찰 조직만은 아직 건전하다. 반국가세력 규제를 위해 경찰을 강화해야 할 것이다. 이승만 건국 대통령은 북한과 좌익세력의 도전에 국가보안법 반공교육 보도연맹으로 응전, 북한의 침략을 막았다. 이명박 정부가 지금 그러한 결단을 하지 못하면 5·16 전야의 허정, 장면 정권과 비슷한 정부로 평가될 수도 있다. 정부는 경찰과 군이 제자리를 찾게 해야 한다[2010.11.29. 대전일보 박석흥 세상보기].

## 9. 북한의 핵 위협과 남한의 대응

21세기 첫 십 년을 마감하는 2010년 경인년이 저물어 간다. 한 해를 결산하는 아쉬움을 담은 송년회와 성탄절의 기쁨 대신 북한의 잇단 무력 도발 폭언과 여야극한 대립에 구제역까지 확산돼 어수선하고 을씨년스럽기만 한 세밑이다. 북한은 23일 "핵 억제력에 기초한 우리식 성선을 개시할 순비를 갖추고 있다"고 남한을 위협했다. 올해 들어서만 벌써 세 번째 전쟁도발 협박이다. 57년에 착수하여 유신정권이 거의 완성한 핵무기를 포기하지 않았다면 북한에 이런 수모를 당하지는 않았을 것이다. 최근 외신기사는 한반도 국지전 발발 가능성을 거의 기정사실화하며 '화약고'란 단어가 빠지지 않고 들어간다. 팔레스타인 뉴스에 등장하던 '화약고'가 세밑 한반도 긴장을 상징하는 단어가 됐다. G20 정상회의 자축 분위기는 사라지고 전쟁을 걱정하는 불안한 국면이다. 북한의 연평도 폭격 도발 후 일본은 한반도 전쟁 개입을 공개적으로 언급하고 있고 중국은 한국의 자위권 발동을 통제하려고까지 했다. 역사가 반복되는 것은 아니겠지만 100년 전 중국과 일본이 한반도에서 각축한 악몽이 되살아나고 있다. 어쩌다 대한민국이 이 지경이 된 것일까. 경술국치 후 망국·동족상잔의 전쟁·국가부도 등 많은 고난을 겪고도 뼈를 깎는 반성이 없었던 한국 사회의 역사의식 빈곤과 포퓰리즘 정치의 선전선동에 국민이 놀아난 필연의 악순환이다. 자살한 노무현 전 대통령과 그를 따르던 민주당은 "북한 핵무기가 자위용이라는 북한 주장에 일리가 있다"고 북한의 핵무장을 옹호했었다. 남한에 대한 핵전쟁 준비를 갖추었다는 북한의 위협 발언을 듣고도 그들은 과연 같은 말을 할 수 있을 것인가 궁금하다. 좌편향 정치 집단만이 그런 것이 아닌 것이 문제다. 한나라당 최고중진 연석회의에서 386세대

여당국회의원도 "햇볕정책이 상당한 성과가 있었음을 부인하기 어렵다"고 좌편향정권의 대북정책을 옹호하며 "구조적인 평화체제를 마련하자"고 종북 세력과 비슷한 주장을 했고 386세대 한 최고위원도 이 말에 동조해서 "강경 일변도 대북라인과 외교라인을 재점검해야 한다"고 거들었다고 한다. 전쟁과 평화의 기로에서 집권당의 혼미를 국민들이 걱정해야 할 사태다. 북한의 핵 협박이 어떻게 현실화할지는 예상하기 어렵지만 북한의 대남공세로 남한이 보수와 종북 세력으로 분열되어 남남갈등이 심화될 것은 뻔하다. 이미 일부 야당과 여당의 386세력 일부가 북한 주장을 수용하고 김대중, 노무현 정부처럼 북한에 조공(?)할 것을 주장하고 있다. 이명박 대통령은 대통령 선거 중 노무현 정부의 대북정책을 비판해 5백30만 표 차이로 대승했으며. 대선 후 대통령직인수위원회는 노무현 정권의 국방개혁 보완을 핵심과제로 선정했었다. 지난 3월 천안함 폭침사건 이후 이명박 대통령은 국방개혁을 다시 천명했고 5월 국가안보총괄점검회의에서 국방개혁 계획 전면 재검토를 지시했다. 그러나 군 복무기간을 21개월로 동결한 것 외에는 아직 큰 변화가 안 보인다. 이명박 대통령은 적극적인 안보의지를 표명했으나 한나라당은 아직도 정신 못 차린 것 같다. 싸워야 할 적도 모르는 사람들에게 국가 운영의 중책을 맡긴 것 같아 국민은 불안할 뿐이다. 북한의 핵 위협만이 문제가 아니다. 안보에 직결되는 중국, 일본, 미국과의 관계가 모두 석연치 않다. 북한의 핵공격 위협 속에 한미 FTA 재협상, 한국 EEZ에서 불법 조업했던 중국 어선과 우리 해경 충돌 사건에 대한 중국 정부의 공갈이나 우리 정부의 대응 등이 모두 선명하지 못하다. 국제관례와 국제법에 의한 합리적이고 객관적인 타결이었다고 보기에는 아쉬운 점이 있었다. 안보와 국제관계만 위기가 아니다. 사회기강 해이와 부패도 심각하다. 국가 요직이 오랜 기간 공석으로 있고 노무현 정부가 남발한 각종 위원회가 MB 정부에서도 존속되고 있다. 감사원장은 3개월째 넘게 공석이고 8월에 고별사까지 한 장관이 그 자리를 지키고 있으며. 국민권익위원장은 6개월 가까이, 금융통화위원 한 자리는 8개월 다 되도록 비워 놓고 있다. MB 정부의 기강해이를 단적으로 드러낸 것이다. 인사나 안보뿐만 아니라 학교교육의 주역인 교사의 권위가 땅에 떨어졌으나 교과부는 모르는 척하고 있다. 한국교원단체총연합회는 학생이 교사에게 폭행과 폭언을 하며 학부모가 교사의 뺨을 때리는 등 충격적인 사례까지 학교에서 벌어지고 있다고 호소했다. 국가안보위기 · 정치가의 좌편향 의식 · 사회기강해이 · 권력층 부패 · 교육 부조리가 동시다발로 폭발하고 있다. 어느 것 하나 온전한 것이 없다. 대수술을 단행할 대통령의 결단만이 이 난국을 푸는 열쇠다[2010.12.27. 대전일보 박석홍 세상보기].

## 10. 사법개혁 또 용두사미 돼서야

　2010년 사법개혁 논의로 사법판결의 투명성을 위한 판결문 전면 공개 필요성, 사법부 신뢰 회복을 위한 판사 검사의 인사 쇄신과 조직 개편, 대법관 대폭 증원 등 해묵은 법조 삼륜의 문제점과 개혁방법이 구체적으로 정리 집약되었다. 대한변호사협회 김평우 회장은 제100회 광화문 문화포럼에서 "정의와 법치주의 실현, 국가와 사법부 선진화를 위해 사법개혁을 서둘러야 한다"고 주장했다. 김 회장은 과감한 법관 인사제도 개혁, 판결문 전면 공개, 사법선진화와 절차의 투명성과 신뢰회복을 주장했다. 변호사협회 조사에 따르면 법관의 신뢰도는 의사, 교수, 은행원 다음의 14위다. 국민들의 판결에 대한 불신이 높아, 항소율과 상고율이 다른 나라에 비해 높은 편이다. 1심 판결에 대한 항소율이 형사 57%, 민사 41%이며, 2심 판결에 대한 상고율도 형사 29%, 민사 42%다. 사법의 신뢰 회복을 위한 사법부 조직체계와 인사제도의 개혁이 제기됐다. 우리나라 법관 연령이 외국의 법관보다 낮다. 미국, 영국 등에서 법관이 되는 50대에 한국 법관은 대부분 조기 퇴직한다. 현재 대한민국 법관은 20대가 10%, 30대가 55%, 40대가 28%고 50세 이상은 6%에 불과하나. 현역법관의 평균 연령이 30대 후반이다. 법조 경력 15년 미만과 40세 이하의 사회 경험이 부족한 젊은 법관이 대부분을 차지하는 구조적인 문제가 사법 불신의 한 원인이라고 변협은 지적했다. 법조 경력이 있는 40대, 50대 법조인 중에서 신규 판사와 검사를 선발하는 인사 제도 개선을 개혁안들이 제시했다. 변협은 또 2009년 현재 대법관 1인당 2,500여 건의 재판을 맡아 접수 후 70% 이상이 기각처리(즉결재판)되고 있다며 대법관을 대폭 증원해야 한다고 주장했다. 변협은 사법정보 공개도 주장했다. 헌법 109조는 "재판의 심리와 판결은 공개한다"고 규정하여 재판 공개원칙을 선언하고 있으나 현재 1심과 2심 판결은 일반에게 공개되지 않고 있다. 신뢰받는 사법은 법관의 자질이나 재판 구성도 중요하지만 투명한 사법 절차가 무엇보다도 필요하다. 판결문 미공개가 법관의 조기퇴직과 전관예우의 부조리와 연결된다고 변협은 지적했다. 사법정보가 일반에게 공개되고 양형기준도 객관화되어야 법원에 대한 신뢰와 존경이 높아질 것이다. 사법불신이 심각한 상황에서 법조 삼륜의 기득권 수호를 위한 다툼과 사법부를 정치적인 시녀로 이용하려는 후진 정치 인식은 사법개혁을 혼란에 빠트릴 뿐이다. 이해당사자 간의 활발한 논쟁과 타협을 통해 개혁 논의의 마침표를 찍고 사법 개혁이 착수돼 사법부의 신뢰와 존경이 회복돼야 할 것이다[2010. 3. 22. 대전일보 박석홍 세상보기].

## 11. 경술국치(庚戌國恥) 100년과 일본의 사과

2010년 5월 10일 일본 지식인 105명이 1910년 일본의 '한국 병합'(경술국치)은 원천적으로 무효(null and void)라고 성명(聲明)했다. 이 성명을 한국 언론이 주목한 것은 1965년에 체결된 한일기본조약 2조를 "한일병합조약 등은 1948년 대한민국 건국으로 무효(are already null and void)"라고 해석하며 "패전하기 전 일본의 한국 침략과 지배는 합법적이며 유효했다"는 일본 측 주장을 수정 촉구하는 획기적인 것이기 때문이다. 그동안 일본 정치가와 지식인들의 잇따른 망언도 사실은 일본 정부의 이 기본조약 해석에 의한 것이었다. 이른바 청구권 자금도 한국 정부는 "과거 식민지 지배에 대한 보상금"이라고 밝혔으나 일본은 "한국 경제 재건을 위한 경제 협력 지원"이라고 전혀 다른 주장을 했었다. 한국 병합은 국제법상으로도 당초부터 무효인 제국주의 침략이었다고 일본 지식인 백여 명이 동의했으나 이들의 주장을 일본 언론은 거의 묵살했다. 이것이 일본의 한국 침략에 대한 일반적인 시각이다. 일본이 한국을 바르게 이해하도록 이명박 정부는 한국 침략에 대한 일본 정부의 진정한 사죄를 받아 내고, 독도 근해를 한일 공동관리수역으로 결정한 김대중 정부의 잘못을 차제에 바로잡아야 할 것이다. '한일병합' 과정의 영국, 미국, 러시아, 독일, 일본 등 제국주의 세력의 한국 식민화 국제 음모와 한일 양국 파워엘리트들의 망언의 진상도 재조명, 역사의 '반면교재'로 삼아야 할 것이다. 1868년 메이지유신(明治維新)을 한 일본은 1875년 강화도를 침략한 후 30년 만에 태프트 가쓰라밀담(1905. 7.)으로 일본의 한국 병탄 합병(併呑合倂)을 미국과 사전 협의했고 영일동맹(1905. 7.) 포츠머스 조약(1905. 9.)으로 영국, 러시아의 양해하에 1905년 11월 17일 을사조약(제2차 일한협약)으로 한국 침략을 본격화했다. 그러나 한국의 외교권을 박탈하고 일본 통감이 통치하는 보호국으로 규정한 을사오조약은 최고 통치자인 광무 황제의 서명이 없는 원천 무효의 괴문서였다. 문제는 6 · 25 전쟁과 베트남전으로 한국과 혈맹이 되어 한국을 적극 지원하고 한국 안보를 떠맡고 있는 미국이 태프트 가쓰라밀담 이후 일본의 한국 침략을 적극 지원했다는 사실이다. 일본이 한국보다 가치가 있다고 본 루스벨트의 인식에 따른 것이었다. 1907년 6월 헤이그 회의에 이상설 특사와 함께 참여했던 허벌트 박사는 뉴욕 헤럴드지(1907. 7. 23.)에 "일본이 한국을 강점하는 과정에서 미국의 역할이 좋지 않았다. 포츠머스에서 루스벨트는 러시아에 한국을 일본에 넘길 것을 제안했으며 한국 특사의 헤이그 회의 참가를 미국이 방해했다. 미국이 한국과 맺은 약속을 저버려 한국의 몰락과 불행을 가져왔다"고 고발했다. 1965

년 한일기본조약 체결과정에도 일본의 오만무례한 협상 조건을 한국이 수용하도록 미국은 종용했다. 한국과 일본의 국교 정상화를 이승만 건국 대통령은 서두르지 않았으나 공화당정부는 미국의 지침대로 굴욕적인 협상을 감수했다. 미국의 지역 통합정책을 이용해 한일기본조약을 타결한 일본은 잇따른 망발과 한국 침략을 미화하는 일본 역사교과서 편찬 등으로 한일 간 갈등을 계속 조성했다. 한일관계 망언은 일본 정치인만의 전유물이 아니었다. 1998년 한일 공동 파트너십 선언에 앞서 가진 한일 양국정상회담에서 김대중 전 대통령은 "일제 한국침략문제를 이제 더 이상 거론하지 않겠다"고 선언, 문제의 발언이 노벨상 수상식장에서도 언급되고, 국제사회는 제2차 세계대전 전후 처리 문제의 획기적인 진전이라고 높이 평가했다. 그러나 제국주의 침략을 속죄하지 않은 일본의 "침략 문제를 더 이상 거론하지 않겠다"는 김대중 전 대통령의 발언은 적절치 못했다고 당시 학계는 비판했다. 일제 침략이 한국인에게 준 엄청난 피해를 아직 객관적으로 소상하게 파헤치지도 못했고 한일기본조약도 애매하다는 점을 이유로 지적했다. 김 전 대통령의 문제 발언을 기다렸다는 듯이 때맞추어 일본은 이웃 나라 침략사를 왜곡한 '신편교과서'를 정식 교재로 채택했고 총리가 제2차 세계대전 전범들의 위패를 안치한 야스쿠니신사도 참배했나. 일본의 이런 삭태를 누가 방조한 것일까. 사려 깊지 못한 정치인뿐만 아니라 학자와 언론인들의 망언도 일본의 한국 멸시를 조장했다. 일본의 한국 침략이 한국 근대화의 밑거름이 되었다며 제국주의 시혜론을 들먹이는 경제학자도 나타났다. 경술국치의 수모를 뼈를 깎는 자세로 반성해야 할 것이다[2010. 5. 17. 대전일보 박석홍 세상보기].

## 12. 6·2지방선거의 경고

이명박 대통령이 사면초가다. 천안함 사태에 중국이 등을 돌리고 북한과 국내 종북(從北) 세력의 공동전선 형성에 일부 야당까지 가세한 MB 정권 비방 등이 확산되고 있기 때문이다. 나라가 흔들린 것은 아니지만 6·2지방선거로 표출된 민심 이반은 MB 정권의 리더십과 신뢰 추락을 분명히 지적했다. 새삼스럽게 MB 정권의 정체성을 묻는 질문에 이어 대통령의 비전제시·인사관리·위기관리·도덕성·민주적 정책결정과 실천력 등 기본자질에 대한 검증까지 쏟아지고 있다. 많은 국민이 친노무현 정치 세력을 선택한 6·2지방선거 후에도 국회, 청와대, 내각은 시끄럽기만 할 뿐 난국 타개책을 내놓지 못했다. 집권당은 물론 반대당까지 혼란에 빠져 정치권은 총체적인 난국이다. 이데올로기·세대·지역 갈등으로 우리 사회 통합이 또 한 차례 위기 국면을 맞고 있다. 이명박 정부는 과감한 인사 개혁을 단행하여 대전환을 모색해야 할 것이다. 지난 대선에서 좌편향정권과 다른 바른 정치를 하겠다고 다짐했던 이 대통령의 결연한 의지와 국리민복을 위해 헌신하는 모습을 국민들은 지금 보고 싶어 한다. 17대 대선에서 이명박 대통령이 48.7%(1,149만 2,389명)의 지지로 26.1%(617만 4,681명)의 지지를 받은 야권후보를 532만여 표 차이로 누르고 당선된 것은 정치적 안정, 대북정책 변화, 지속적 성장을 바라는 국민들의 기대가 모아진 획기적인 것이었다. 15대 대선에서 김대중 후보가 DJP 연합을 하고도 39만 표 차, 16대 대선에서 노무현 후보가 57만 표 차이로 이긴 것과는 전혀 다른 압도적인 국민 지지를 받은 것이다. 17대 대선 기간 중에도 MB의 도덕성·철학·능력 검증이 제기되긴 했으나 대다수 유권자들은 좌편향정권 10년에 대한 염증으로 따지지도 않고 무조건 표를 몰아준 것으로 정치학자들은 분석했다. 이번 6·2지방선거에서는 정반대 현상이 나타났다. MB를 지지했던 대다수 국민이 등을 돌렸다. MB 정부가 중도실용, 국격 높이기, 경제 살리기 등을 내걸었으나 서민들에게는 말뿐인 구호로 들렸기 때문이다. 강 파기 토목사업, 국제회의 유치, 정상외교 등을 화려하게 진행했으나 MB는 신뢰를 상실, 국민과 멀어졌다. 성난 민심 이반을 돌려놓을 수술 선택은 이명박 대통령의 결단에 달려 있다. 청계천은 MB에게 성공한 시장의 명성을 안겨 주었으나 MB를 실패한 대통령으로 전락시킬 유혹이 될 수도 있다. 강 파기 토목사업을 조절하고 그 재원을 서민 경제 회생 등 보다 시급한 분야에 투자해야 할 것이다. MB 정부는 대한민국 정체성과 이명박 대통령의 정치 철학 및 비전을 선명하게 천명해야 한다. 종북 세력의 눈치까지 보는 포퓰리즘 정치는 청산해야 한다. 구악정치인과 종북 세력에 대한 MB 정권의 연민도 청산해야 한다. 국민의 압도적인 지지를 받았던 MB가 절체절명(絕體絕命)의 위기에 빠진 것은 정리해야 할 대상을 포용 대상으로 조언한 측근들의 오판을 MB가 수용한 것도 한 요인이 된다. 서울고법은 11일 이광재 당선자에게 징역 6개월에 집행유예 1년을 선고했다. 이광재 씨 외에도 6·2지방선거 당선자 중에는 선거법 위반자와 전과자들이 많다고 한다. 국민을 혼란스럽게 하는 이런 사태가 반복돼서는 안 될 것이다. 형무소에 수감되었던 범법자들이 대통령 특별사면으로 복권되어 국회의원이 되는 이상한 정치 풍토도 이제는 사라져야 한다. 이명박 대통령은 남은 임기 중 사회기강을 바로잡고 국가안보를 튼튼하게 하여 통일을 준비한 대통령으로 기록되어야 할 것이다. MB가 6·2지방선거가 대통령에게 경고한 현상을 냉철하게 인식하고 반성하지 않으면 자살한 노무현 전 대통령보다도 낮은 평가를 받게 될지도 모른다[2010. 6. 14. 대전일보 박석홍 세상보기].

## 13. 교육과학기술부 '석고대죄'해야

1946년 이른바 '9월 총파업'과 '10월 인민항쟁(추수 폭동)'을 평양 주둔 소련 점령군이 거액의 거사자금을 지원했다는 것은 당시 평양 주둔 소련군 최고실력자 스티코프 사령관 비망록 공개로 확인된 사실이다. 국방부가 소련 점령군이 남한사회의 교란을 목적으로 거금을 지원했던 이 사건에 관한 한국 근현대사 교과서의 좌편향 시각 기술 시정 지적에 대해 교과부는 2008년 10월 30일 "사전에 계획 유도 조종했는지의 문제가 학문적으로 규명되지 않았으나 대규모 봉기는 조직의 동원 없이는 불가능할 것 같다"고 애매하게 수정을 권고했다. 건국 전 좌우 대립의 상징적인 이 사건을 좌편향 시각으로 재단한 교과서 기술의 문제를 교과부는 학문적인 연구 여부로 언급했다. 소련이 공개한 문서에 의해 밝혀진 분명한 사실조차 수성해야 한다고 지적하지 않고 이렇게 발표한 교과부의 안일한 자세를 국민들은 도무지 이해할 수 없다. 역사왜곡과 좌편향 역사 교육의 심각성을 교과부는 아직도 인식하지 못하고 있는 것 같다. 교육과학기술부는 10월 30일 좌편향 교과서 수정을 출판사에 권고했다고 발표했다. 그러나 교과부의 이날 발표는 교과서 포럼 · 통일부 · 국방부 · 대한상의 등이 잘못 기술된 것이라고 제기한 253개 항목 중 55개만 간추려 오해와 혼동의 소지가 있으니 수정하는 것이 바람직하다는 교과부의 소극적인 입장을 밝힌 것에 지나지 않는다. 문제의 교과서를 집필한 한 필자는 "교과부의 권고 내용을 살펴보니 교과부가 고심을 거듭하고 꽤 신중을 기해 권고안을 만들었다"고 논평했다. 지식사회의 좌편향 교과서 질타에서 문제의 교과서를 검인정한 교과부도 자유롭지 못하며 동병상련(同病相憐)이다. 교과부는 출판사에 수정을 권고하기 전에 친북자학사관을 자라는 세대에게 주입시킨 교과서를 보급하게 한 잘못부터 국민과 역사 앞에 사죄했어야 한다. 대한민국의 건국과 발전을 좌편향 시각으로 비판하고, 6 · 25를 일으키고 북한 동포를 굶주림과 억압 속에 살게 하는 북한 정권에 대해서는 온정적인 이상한 교과서가 나온 과정과 책임자를 밝혀 친북자학사관이 김대중, 노무현 정부에서 뿌리내린 진실을 구명해야 한다. 교과부 보도 자료에 따르면 55개 항의 수정권고 사항 외에도 102건 자체 수정 조항도 있다. 160

여 항목의 수정 사항이 제기된 교과서가 학교에 보급된 잘못에 대해 교과부는 응분의 책임을 져야 할 것이다. 수정권고안은 헌법정신에 입각한 대한민국 정통성 저해 여부와 학생 수준에 적합한지를 검토 수준으로 삼았다고 밝혔으나 수정안은 그렇지 않다. 문제의식, 성실성, 전문성 모두 수준 미달이다. 수정대상 교과서 필자도 "교과서가 대단히 잘못된 것으로 논란이 있었지만 교과부 권고안은 애매모호하며 용어 수정 요구에 그쳐 알맹이가 없다"고 지적했다. 핵심쟁점이 되었던 분단 책임을 대한민국 건국 때문인 것처럼 정리한 좌편향 교과서 기술에 대해서도 이승만 박사의 정읍 발언 전에 이미 북한은 사회주의 위성국가 수립 준비를 끝냈고 남한까지 공산화를 획책하는 중이었다는 역사적 사실을 밝히게 하지 않고 '오해와 충돌을 줄 염려가 있음'이라고 지적했다. 이처럼 중요 쟁점사항은 '지나치게 주관적인 견해', '객관적 근거가 불충분', '해석상 오해' 등의 용어로 수정 사항을 명확하게 제시하지 않았으며 구체적 지적은 '공출'을 '미곡수집'으로 하나 마나 한 단어 수정 수준으로 긴장했던 교과서 집필자들이 '알맹이가 없다'고 비웃을 만하다. 지난 3년 좌편향 교과서의 오류와 영향 등에 대해서 언론과 지식인들이 여러 번 귀에 못이 박히도록 지적했고 대안도 제시했다. 지식사회의 열띤 논의를 비웃듯 이번에 교과부가 내놓은 수정안 권고는 맹물이다. 정체성을 분명히 하라는 지적을 받아 온 이명박 정부를 더욱 의심하게 할 교과부의 행태다. 10년 전 교육개혁은 교육부 개혁부터라는 아픈 지적을 받은 교과부가 아직도 환골탈태를 하지 못한 것 같다[2008. 11. 3. 대전일보 박석흥 세상보기].

## 14. 동북아(東北亞) 논의에 한국도 당사자다

신묘년 새해 벽두 동북아 새 질서 개편을 모색하는 미국 중국 일본 의 물밑 작업이 부산하다. 2011년1월 19일 미국 중국 정상회담에 앞서 보즈워스 미 국무부 대북정책 특별대표가 한중일 삼국을 방문 사전 조율했으며 마에하라 세이지 일본 외상도 북한과 직접 대화 추진을 밝혔다. 기타자와 도시미 일본 방위장관도 '한·일 군사협정'을 논의하기 위해 1월10일 방한한다. 보즈워스를 수행 취재한 뉴욕타임스(NYT)는 미국의 대북 정책이 대화 쪽으로 이동히고 있다고 보도했고 국무부도 이를 확인했다. 미국의 대북 정책이 또 바뀌는 것 같다. 핵전쟁을 위협 하던 북한도 신년공동 사설에 이어 5일 '실권과 책임 있는 남북 당국 사이의 무조건 대화'를 주장했다. 북한과 일본의 협상제의는 미국과 중국의 종용에 의한 것으로 추리할 수도 있으나 북한 일본의 국익 추구를 위한 전략일 것이다. 이런 것이 북한핵 제거와 한반도 통일을 위한 것이라면 바람직한 일이다. 그러나 한국 지식인들은 그렇게 생각하지 않는다. 센카쿠열도 문제에 대해서는 미일 안보동맹 공약을 재천명했던 미국이 중국과의 협상 조건으로 북한 문제를 양보하는 것이 아닌가 하는 의구심이 있기 때문이다. 2010년 북한의 연평도 포격도발 사건에 대한 공식 사과나 제재 없이 중국 주장을 미국이 받아들여서 한국 안보문제가 바둑판의 패감이 되는 것이 아닌가 우려한다. 이자괴감은 약소국가 국민의 컴프렉스일 수도 있지만 1945년 한국에 진주한 미군의 49년 전면 철수, 50년 6·25전쟁 참전,중국과 관계 개선한 닉슨의 주한미군1개사단 철수, 카터의 철군 엄포 등 미군 철수와 개입의 진자운동을 한국인이 여러차례 목격했기 때문에 갖는 이유 있는 불신이다. 특히 6·25 전쟁중 중국의 한국전 참전 공갈에 밀려 휴전을 서둘던 미국 정책을 반대했던 이승만대통령을 제거하는 에버레디 플랜까지 미국이 추진했던 것을 기억하기 때문이다. 가쓰라 태프트 밀약 이후 미국은 6·25휴전, 한국의 미사일과 핵개발 포기 등 한국안보와 관련된 중요 문제 결정에 한국의 처지를 깊이 고려하지 않았다. 북한핵과 북한 붕괴후 만주까지 포괄하는 동북아문제 협의에 또 한국이 제삼자가 되어서는 안될 것이다. 19일 미국 중국 정상회담을 앞두고 미국 중국 일본 북한까지 의견을 발표하고 있으나 한국만 조용하다. 정치가들은 통일과 실지회복 등의 중차대한 국가 대사는 모른척하고 이명박정부 이후의 2013년 정권쟁탈을 위한 정쟁에만 몰입해 있다. 한나라당은 개헌 타령이고 야당은 이명박정부 흠집내기에 혈안이다. 100만마리 가축이 생매장되는 재앙에도 정치인들은 대권만을 쳐다보고 있다. 이런 혼미 속에서도 이명박대통령이 군인사 개편과 군 개혁 지시는 시의 적절한 결단이었다. 국방장관이 일 할 조건을 뒷받침해주어야 할 것 이다. 이대통령은 신묘년 한해에 혼신의 힘을 쏟아 흐트러진 나라의 기강을 바로잡고 적화통일이 가까웠다고 날뛰는 종북 세력들을 척결해야 할 것이다. 그렇게 하지 못하면 이명박정부는 무책임한 과도정부로 역사에 기록될 것이다. 혁명하는 자세로 부패를 발본색원하고 개혁에 나서야 할 것이다. 종북 세력의 교란으로 많은 생산산업체가 외국으로 빠져나가 공과대학도 공멸했다. 우수한 인재들이 몰려와 한국 산업화의 용광로였던 공과대학이 천덕구러기가 되고 머리 좋은 사람들은 의과대학이나 법과대학으로 몰리고 있다. 이런 교육의 맹점을 서둘러 바로 잡지 못하면 한국의 미래는 불확실하다. 교육 개혁을 서둘러야 할 것이다. 부도덕한 정치인·법조인·좌경 세력이 흐려놓은 사회윤리와 법질서도 서둘러 바로잡아야 할 것이다. 현 정부의 요직 인사를 배출한 교회의 교권싸움이 주먹싸움으로 표출됐다. 세상의 빛과 소금이어야 할 목사까지 예언자적 사명은 망각하고 추악한 권력싸움을 드러낸 것이다. 종교인의 추락보다 더욱 놀라운 사태는 곱게 자라야할 아이들이 도의 교육을 받지 못하고 있다는 현실이다. 학생들의 대화가 거의 욕지거리로 이어진다. 학교는 물론 가정도 아이들을 돌보지 않기 때문이다. 부도덕한 사람들이 TV에 출연 욕지거리나 하는 세상에서 아이들이 배울 것이 욕뿐이라면 할말이 없다. "먼 장래를 염려하지 않으면 가까이 근심이 있을 것"(人無 遠慮면 必有近憂니라)이라는 공자의 경고를 정치인들은 음미해야 할 것이다. 대낮에 등불을 켜고 다니며 교화했다는 신라 스님의 고사가 생각나는 시절이다.[2011.1.10. 대전일보 박석홍 세상보기]

## 15. 국민 도의를 진작하는 교육을

길게는 일주일의 긴 설 연휴를 끝내고 사람들은 2월 7일 다시 일상 삶의 현장으로 돌아왔다. 지난 일주일 이집트 폭동 구제역 충청도 강타 등 충격적인 뉴스 폭주 속에서도 3일 석해균 삼호주얼리호 선장의 웃는 얼굴은 설날의 기쁜 소식이었다. 13일만에 잠시 의식을 회복한 석해균선장 뉴스를 제외한, 어머니를 살해한 40대 대전경찰청 이경정, 의정부 경찰서에서 어머니를 흉기로 찔러 살해한 40대 아들, 설 전날 형제와 말다툼하다 분신 자살한 부산의 30대 동생, 판교 동사무소에서 난동을 부린 민주노동당 30대 성남시의원 등이 저질른 존속 살해와 최고급 교육을 받은 사회 중견층의 일탈행동은 우리사회의 도덕 붕괴를 알리는 나쁜 뉴스였다. 그 중에서도 존속살해범 대전경찰청 이경정과 성남시 이숙정 민주노동당의원은 국립경찰대학과 국립대학의 엘리트코스를 밟은 사람들이라 사회에 던진 충격은 컸다. 가족 윤리 파괴와 학교도덕교육 실종을 알려준 연휴기간중 사건들을 이명박정부는 심각한 경고로 받아들여야 할 것이다. '국격'을 높인 국제회의 축제 분위기에 도취해 사회 윤리 기둥이 좀 먹는 것을 가볍게 본 것은 아닌지 반성해야 할 것 같다. 성남시의원 난동에 대한 민주노동당 대표의 사과에 사람들은 쓴웃음을 지었다. 사과하는 대표가 국회에서 난동부린 TV 영상을 사람들이 기억하고 있기 때문이다. 김일성 전범이 일으킨 6.25 전란과 외래 하수도 문화의 유입에도 우리사회가 건강을 유지한 것은 연면하게 지속된 가족제도와 전통문화의 힘이 강력했기 때문이다. 이 두 기둥이 지금 흔들리고 있다. 여성가족부가 만 15세 이상 4천여명을 대상으로 한 2010년 가족실태 조사에서 23.4%

만이 친조부모를 가족으로 생각한다는 놀라운 통계가 나왔다. 4명중 3명이 할머니 할아버지는 가족이 아니라고 생각했다. 고령화 이혼자 미혼자 증대로 단독 세대가 늘어나는 사회변화로 전통적인 가족제도가 무력해진 결과로 친족살해 등 가족 범죄가 늘어났다는 해석도 제기됐다. 그러나 경찰대학을 졸업한 중견 경찰의 어머니 살해는 가족제도 실종 차원을 뛰어넘는다. 도덕교육 실종 및 부도덕한 사람들의 정치로 인한 전통적인 가치관 붕괴가 그 원인으로 떠오른다. 1945년 패전후 일본은 미군정 2년만에 이른바 '민주주의 교육'을 일본의 전통을 파괴하는 무국적교육이라고 비판하며 일본 전통을 계승하는 도의교육 부활을 역사학자들이 촉구했다. 8.15후 이승만 건국대통령은 홍익인간(弘益人間)을 교육이념으로 제시하고 일제 식민사관 극복과 반공교육을 역설했고 박정희 대통령은 국적 있는 교육을 제기하며 국민교육 헌장을 선포했다. 건전한 국민 양성을 위한 국가교육을 강조한 것이다. 그러나 김영삼 정부가 역사 바로세우기를 제창하고 김대중 정부가 전교조를 합법화시킨후 학교교육은 정치도구화 되어 대한민국의 교육이념은 실종되었다. 교육 이념 실종과 부도덕한 정치 세력의 정권 장악 이후 때맞추어 존속 살해와 화이트칼러 범죄가 증가했고 국회인사청문회는 부도덕한 재산 모으기 고발장소가 되었다. 그래서 개혁 대상으로 손꼽히는 국회의원늘도 다음 대통령의 덕목으로 도덕성을 지적했다. 지난주 국회의원 설문조사에서 다음 대통령 덕목으로 사회통합능력(72.6%) 국정추진능력(31%) 도덕성(25.4%) 등을 지목했다. 지난 대선에서 무시했던 도덕성을 경제마인드(14.7%)보다 10%높게 평가한 것이다. "신행정수도 공약으로 재미 좀 봤다"고 부도덕한 말을 하고 자살한 노무현스런 대통령이 또 나와서는 안되겠다는 의견으로 해석해도 무리가 없을 것 같다. 학교와 가정의 도의교육 부활과 함께 정치인들의 도덕성 확립이 시급한 현실이 반영된 사회조사결과였다. 주희(朱熹)는 지도층 덕목을 제시한 대학(大學)의 3가지 기본 목표와 8가지 실현 방법을 제시하며 특히 통치자가 백성을 자기 몸처럼 아끼는 친민(親民)을 강조했다. 살기 좋은 가정과 사회를 이룩하도록 해야한다는 대학의 정신을 통치자는 잊지 말아야 한다고 주장했다. 대학은 남을 배려할 줄 모르고 자기를 위하여 재물을 모으는 사람은 소인으로 보았고 이러한 소인들이 나라를 다스리는 일이 없어야 한다고도 했다. 노(魯)나라 맹헌자(孟獻子)는 재물을 거두어 윗 사람에게 바치는 신하보다 차라리 재물을 도덕질하는 신하가 오히려 낫다고 했다. 정치가의 재산은 늘었으나 국민의 도의는 땅에 떨어졌다는 모순은 이제 극복돼야 한다. 독립선언서가 희구했던 양심과 진리가 함께하는 '신천지'를 만들기 위해 국민들이 대오각성 해야 할 것이다.[2011.2.7. 대전일보 박석홍 세상보기]

박석흥 ─────────────────────────────────────────────

충남 대전 출생
대전 고등학교 졸업
서울대학교 문리대학 불문학과 졸업
연세대학교 행정대학원 졸업
(학위논문: 「다산정약용의 행정개혁론연구」)
경향신문 문화부 기자, 문화부장, 학술문화부장, 논설위원, 문화일보 편집국 부국장 대우 학술문화부장·편집국 국장
대우·출판국장 겸 편집국 오피니언 포럼 담당국장, 독립기념관감사, UNESCO 한국위원회 문화분과위원, 건양학원 이
사, 간행물 윤리위원회위원, 국제기독청소년교류 한국위원회 위원, 관훈클럽 43대 편집위원, 서울 Y.M.C.A. 국제친선위
원회 위원, 한국행정학회 회원, 한국정치학회 회원, 한국 언론학회 회원, 언론법학회감사 이사, 한국외국어대학교 언론
정부학부 강사·겸임교수, 숙명여자대학교 정법대학 정보방송학과 강사, 건국대학교 시간강사, 대전대학교 문과대학
한국문화사학과, 겸임교수, 가톨릭대학교 영성대학원 강사역임, 대한언론인회 논설위원 편집위원(현), 한국전통문화연
구회 이사(현), 건양대학교대우교수(현) 문화재위원(현), 서울 Y.M.C.A 홍보위원회 위원(현), 언론법학회이사(현)

『건국 60년 한국의 역사학과 역사의식』(한국학술정보(주), 2008)
『존경과 신뢰를 받는 언론』(한국학술정보(주), 2009)
『한국 근현대사 100년의 재인식 : 경술국치부터 이명박정부까지의 논점(論點)』(한국학술정보(주), 2010)
「위기의 한국 어디로 가야 하나」(문화일보(편집), 2001)

제국주의 침략과 내부 모순을 극복한 대전환의 역사과정

# 21세기 선진국에
## 진입한 한국사회

초 판 인 쇄 | 2011년 2월 25일
초 판 발 행 | 2011년 2월 25일

편 저 자 | 박석흥
펴 낸 이 | 채종준
펴 낸 곳 | 한국학술정보㈜
주    소 | 경기도 파주시 교하읍 문발리 파주출판문화정보산업단지 513-5
전    화 | 031) 908-3181(대표)
팩    스 | 031) 908-3189
홈 페 이 지 | http://ebook.kstudy.com
E - m a i l | 출판사업부  publish@kstudy.com
등    록 | 제일산-115호(2000. 6. 19)

ISBN        978-89-268-2020-9 93070 (Paper Book)
            978-89-268-2021-6 98070 (e-Book)

이담Books 는 한국학술정보(주)의 지식실용서 브랜드입니다.